国家语委语言文字科研项目优秀成果后期资助2016年度项目
“中外语言保护典型个案比较研究（HQ135-5）”

中外语言保护典型个案比较研究

Comparison Study on Language Protection in China and Abroad

姚春林　著

中国社会科学出版社

图书在版编目（CIP）数据

中外语言保护典型个案比较研究 / 姚春林著 . — 北京：
中国社会科学出版社，2018.2
ISBN 978-7-5203-0629-4

Ⅰ. ①中… Ⅱ. ①姚… Ⅲ. ①语言—保护—对比研究—
世界 Ⅳ. ① H0

中国版本图书馆 CIP 数据核字 (2017) 第 150441 号

出 版 人　赵剑英
责任编辑　蔡　莹
责任校对　王纪慧
责任印制　王　超

出　　版　中国社会科学出版社
社　　址　北京鼓楼西大街甲 158 号
邮　　编　100720
网　　址　http：//www.csspw.cn
发 行 部　010-84083685
门 市 部　010-84029450
经　　销　新华书店及其他书店

印　　刷　北京明恒达印务有限公司
装　　订　廊坊市广阳区广增装订厂
版　　次　2018 年 2 月第 1 版
印　　次　2018 年 2 月第 1 次印刷

开　　本　710 × 1000　1/16
印　　张　17
字　　数　270 千字
定　　价　69.00 元

序　言

我是在参加博士论文开题报告会上认识姚春林的，当时对他的语言文字功底印象很深。后来春林的博士导师王远新教授推荐他做我的博士后，我欣然同意他来申请；2011 年 6 月经中国社会科学院民族研究所学术委员会考核，春林正式成为我的博士后，协助我完成国家社科基金特别委托的一项关于藏语文使用活力的研究项目。我安排春林负责安多藏区的藏语文活力调查。在田野调查中，春林不怕苦、不怕累的精神以及与社会各界沟通协调的能力，给我留下了深刻的印象。

在完成这项社科基金课题的过程中，春林表现出对语言保护研究浓厚的研究兴趣和较强的研究能力。后来他获得国家留学基金委资助，到澳大利亚阿德莱德大学从事博士后研究。这是一次非常难得的了解国外语言保护理论和实践的机会。结合他的研究兴趣和这次出国机会，春林和我选定了他博士后研究的选题“中外语言保护典型个案比较研究”。选定题目后，春林以此题目申报了博士后科研基金面上资助项目并成功获得了资助。这是对这个选题的肯定。2015 年 3 月，春林完成了他的博士后出站报告。在出站答辩环节，中国社会科学院资深教授孙宏开先生、孙伯君研究员，中央民族大学李锦芳教授、罗自群教授都给予春林的出站报告好评；如今春林的研究报告获得国家语委语言文字科研项目优秀成果后期资助。这是对他这几年辛勤付出的肯定，我也为他感到骄傲。

《中外语言保护典型个案比较研究》以现有的中外不同类型语言资源保护个案为对象，探讨中外语言保护实践中值得借鉴和总结的理论和措施。

四个研究个案中，希伯来语复兴是截至目前国际上影响最大的语言复兴实践，有人称之为人类历史上的“第八大奇迹”。研究语言保护时选择希伯来语复兴为个案，是非常合适、非常权威的。目前国内学界对希伯来语复兴的了解并不全面和客观，有时还会被教科书错误地引述。所以本书对希伯来语发展历程的介绍、对古典希伯来语和当代希伯来语在语言学层面的比较，许多都属在国内学界首次的评介。

澳大利亚原住民语言复兴是20世纪末才发生的事情，目前国内学界对这一活动关注不够。能够深入细致地描写和记录澳大利亚原住民语言复兴的过程和措施，分析这一活动对语言发展和语言保护的影响，对探讨我国“科学保护各民族语言文字”的理论具有重要的参考价值。

客家话不是独立的语言，属于汉语的一种方言；客家人是台湾地区四大主要族群之一。从语言的社会功能看，台湾客家话和台湾地区的少数民族语言比台湾岛内的“国语”以及闽南话活力弱得多。为了保护客家话的活力，台湾当局实施了一系列客家话保护政策。这些政策的具体措施是什么样的、具体效果如何，值得关注和总结。

藏语是我国少数民族语言中最主要的语言之一，也是国际社会较为关注的语言。客观地说，国内藏语文的活力并不弱。从语言地位规划看，藏语在我国属于省区语言；而周边国家印度和尼泊尔境内的藏语仅为“用于母语教育”的语言。但由于历史地理等原因，国内不同地域的藏语文活力并不相同，天祝藏族自治县境内藏语文的活力要弱于国内其他主要藏区。这种地域濒危语言，是一种语言走向濒危的过渡状态，是研究语言濒危和语言保护的“活化石”，具有较大科研价值。

中国有超过1.1亿的少数民族人口，130多种少数民族语言和30多种少数民族文字。其中有6000万左右仍在使用本民族语言。中国少数民族社会语言生活的可持续发展包括两方面，一是在民族地区推广普及国家通用语言文字，二是依法保障少数民族使用发展本民族语言文字的权利。

中国国家通用语言文字是国家语言生活中重要的知识载体和信息传播工具。中国绝大多数现代政治、经济、科学技术的知识信息都是通过国家通用语言文字产生、传播和应用的。因此，包括少数民族在内的中国公民如果不掌握国家通用语言文字，就无法平等和充分地参与到社会生活当中。

一方面，少数民族使用发展本民族语言文字的权利是《中华人民共和国民族区域自治法》规定的民族区域自治权利之一。显然，少数民族语言的社会功能与国家通用语言不同，它们更多地体现在少数民族的母语权利、传统文化载体和协调国家语言与民族语言关系等方面。因此，少数民族使用发展本民族语言文字，对于保障少数民族平等的社会权利、传承民族传统文化、维护国家安全和稳定、促进民族团结进步和民族地区经济社会的繁荣发展具有重要意义。

我国对推广国家通用语言文字比较重视。1955 年全国文字改革会议和现代汉语规范问题学术会议制定了普通话的语音、词汇和语法规范，普通话的法定地位为现代汉民族共同语；2001 年公布的《中华人民共和国国家通用语言文字法》把普通话进一步提升为“国家通用语言”。我国绝大多数现代政治经济、科技文化的知识信息都是通过国家通用语言文字产生、传播和应用的。国家通用语言文字（普通话和规范汉字）是中央和包括少数民族地区在内的地方政府行政、学校教育、新闻媒体和商业服务业的正式用语和主要用语。

另一方面，国内对少数民族语言保护的理论研究却相对落后。新中国成立初期，民族语言研究界的主要任务是“摸清家底”，调查和描写国内各民族语言。这一任务持续了很长时间：20 世纪八九十年代中国社会科学院民族研究所和国家民委文化宣传司牵头开展的国家“七五”规划重点课题“中国少数民族语言使用情况调查”、1998 年开始开展的“中国语言文字使用情况调查”、2005 年中央民族大学“985”工程设立的“中国少数民族语言国情调查研究”课题，都是为这一目的而实施的研究计划，研究目的都是掌握我国的语言国情。对于如何“科学保护各民族语言文字”，目前学术界研究还不够深入，并没有成熟的看法。事实上，目前我们对濒危语言认定标准、少数民族濒危语言选定、濒危语言保护的执行标准、濒危语言调查保护操作规范等有关语言保护理论的基本问题还没有搞清楚。从这个角度来说，语言保护研究还是一门“新兴学科”，需要越来越多的学者投身其中。

《中外语言保护典型个案比较研究》正是这一领域的一项积极尝试。全书运用翔实的数据描述了国内外语言保护领域的四个典型个案，比较了不同语言保护措施对语言保护和语言活力的影响；最后全书根据数据比较结果，提出了语言保护的一些新观点，如“语言保护至少应包括保护语言活力与保护语言认同两方面，甚至后者比前者更为重要”“语言保护并非在实践中推行‘语言纯语主义’，也不是维护‘语言纯洁性’，语言保护不能排斥语言的发展与变化”，等等。这些观点颇具新意，对于我国开展语言资源保护工作也具有较好的理论和实践参考意义。希望春林今后能够更加努力，在语言保护领域多出研究成果。

曹竹

中国社会科学院研究员，博士研究生导师

二零一七年元月

摘　要

语言是人类区别于动物的重要特征之一，是民族文化的重要载体，是人类的精神家园。由于语言具有如此重要的文化特性和民族特性，人们都希望保护自己的民族语言，保护语言多样性。但目前从世界范围看，"语言趋同"或"语言求同"已经成为语言生活的主旋律，越来越多的语言正加速走向濒危。为研究语言发展的一般规律，本书剖析了语言保护的四个个案（希伯来语复兴、澳大利亚 Kaurna 语复兴、台湾客家话保护、天祝藏语文保护），探讨保护濒危语言的相关理论。

古典希伯来语曾是古犹太人的唯一语言。犹太人用这种语言创造了灿烂的古代文明。后由于犹太王国被其他民族入侵，犹太人被流放到世界各地，他们开始转用希伯来语与居住地语言混合而成的语言变体，作口头交际语，如法语—希伯来语、拉迪诺语（Judaeo-Spanish，即希伯来—西班牙语）、意第绪语（Yiddish Language）。希伯来语口语暂时"休眠"。在这段"休眠"期，希伯来语仍是犹太人的宗教用语和法律用语，部分作家还继续用希伯来语创作文学作品。这些创作活动不仅继承了古典希伯来语，还扩展了希伯来语的使用领域，使其超出宗教走入世俗生活，同时丰富了希伯来语词汇。

19 世纪中后期，在犹太复国运动的感召下世界各地的犹太人纷纷返回现在的巴勒斯坦地区，他们希望重建自己的国家，复兴犹太王国。来自世界不同地区的犹太人聚集到一起，客观现实要求在他们中间推行一种共同语；由于古典希伯来语曾是古代强大的犹太王国的语言，出于政治的考虑，古典希伯来语理所当然地被认定为最适合未来犹太王国的官方语言。在现实需求和政治需求的双重作用下，以耶胡达为首的一批犹太人开始复兴古典希伯来语。

经过多年的努力，希伯来语复兴取得了一些成果。其中重要的事件是

《巴勒斯坦托管条例》（*British Mandate of Palestine*）和《法律与行政条例》（*Law and Administration Ordinance*）确认将希伯来语定为以色列的官方语言之一。这些被看作希伯来语复兴成功的标志。客观地说，希伯来语复兴并不完美。与希伯来语复兴中的语言地位规划相比，希伯来语的本体规划不能认为是成功的。现代希伯来语（有人将其称为“以色列语”）和古典希伯来语在语音系统、词汇系统和语法系统上都存在很大的差异。复兴后的希伯来语已不属于亚非语系的语言，而是一种多层次、多来源的亚非语系与印欧语系语言的混合语。

澳大利亚 Kaurna 语曾经是 Kaurna 人的母语和日常生活语言。从 18 世纪中后期开始，在殖民者的杀戮、外来瘟疫以及民族歧视政策的多重夹击下，以 Kaurna 语为母语的人越来越少。1929 年世上最后一个 Kaurna 母语人 Ivaritji 去世，从此 Kaurna 语进入“休眠”状态。

从 1990 年开始，在语言学家的帮助下 Kaurna 人开始复兴 Kaurna 语。经过二十多年的努力，Kaurna 语复兴活动取得了一定成绩，但更多的是失败。在语言本体规划方面，复兴者已经确定了 Kaurna 语的音位系统，编写了《Kaurna 语–英语词典（草稿）》，确定了 Kaurna 语主语–宾语–谓语的句法结构，但是在 Kaurna 语名词、动词等的形态变化方面还存在争议。在语言教育规划方面，Kaurna 语教学已经走入校园；2011 年，南澳大利亚州共 10 所学校开设 Kaurna 语课程。同时，Kaurna 语也进入了一些培训机构。在语言地位规划方面，Kaurna 语未能获得任何官方语言地位，目前仅有部分公园、建筑物、河流等的名字用 Kaurna 语和英语双语命名；并且在双语名称中通常英语名称更被外人知晓。

台湾地区的客家话是台湾客家人的母语。从 17 世纪开始，客家话来到台湾地区，并逐渐与闽南话、日语、“国语”等接触。在此过程中，部分客家人转用其他语言或方言。为保护客家语言文化，2001 年 6 月台湾地区成立了“行政院客家委员会”（现改为“客家委员会”），主导台湾地区的客家语言文化保护。目前台湾地区颁布了多项客家语言文化保护的规章制度，着力培养客家人的客家话能力，同时创造使用客家话的社会环境。从目前情况看，这些努力似乎并没有像人们预期的那样增强台湾客家话的活力。近些年，台湾地区使用客家话的人数呈减少趋势，只不过这种趋势在逐渐放缓。也就是说，台湾地区颁布实施的保护客家话的措施似乎没有达到预期效果，其作用仅仅是延缓了客家话的濒危。

天祝藏族自治县位于河西走廊东端。多年来这里一直是多民族聚居的地区。由于特殊的地理环境和社会环境，当地的藏语文环境相对国内其他藏区较弱，部分藏族已转用藏汉双语甚至汉语单语。新中国成立后，国家和地方相应机构出台了一系列保护藏语文的法律和政策，以保护藏族语言文化。这些法律法规着眼于天祝藏语文的政治规划、教育规划和本体规划。通过这些努力，半个多世纪以来天祝藏语文保持了原有活力。目前该地城镇和半农半牧区藏族群众掌握藏语文的能力与三十年前几乎没有差异。这可以看作语言保护的成功个案。

通过比较这些个案，本书认为语言保护是一项系统工程，不仅要保护语言活力，还应该保护语言使用者的语言认同。同时，语言保护并非在实践中践行"语言纯语主义"，并非维护"语言纯洁性"，不能否定语言的发展变化。也就是说，语言保护与语言发展并不相互排斥。

事实上，语言发展变化是不可阻止的，而且在语言发展变化过程中必定伴随语言借用。如果语言借用的比例达到一定程度，甚至会造成语言转用。语言保护工作无法让语言的本体保持不变，但可以帮助语言使用者维持对其使用的语言的认同。即使语言的本体发生了很大变化，语言使用者的语言认同可以保持不变。语言保护工作的理想方式应该不排斥语言的发展与变化，尤其是语言变化中的"无意识的变化"，同时重点培养语言使用者的语言认同。

关键词：语言保护；语言活力；语言认同

Abstract

Language is one of the most important distinctive characters between human beings and animals. It is the spiritual home for human beings and the carriers of ethnic culture. Therefore it is required to protect the varieties of language. However, in the current time "language convergence" is the main tendency in language life and more and more languages are going to be extinct. The current study analyses Hebrew revival, Australia Kaurna revival, Taiwan Hakka protection and Tianzhu Tibetan protection and explores the theories in the protection of endangered languages.

Classical Hebrew was the only language for the Jews, with which they created the splendid ancient civilization. After their kingdom was invaded by other ethnics the Jews were exiled in the world. From that time on the Jews began to take some mixed languages as their oral language, such as French - Hebrew, Judaeo-Spanish, Yiddish language, and so on. However during the Hebrew "sleeping" period some writers still created literature with Hebrew language, which not only inherited but also extended the using domain of Hebrew, making it beyond the realm of religion into secular life, and enriching the Hebrew vocabulary.

In the late 19th century the Zionism inspired many Jews to return to the Palestinian territories and to revive the Jewish kingdom. As the Jews lived in different parts of the world before they backed to Palestinian, most time they could not communicate with each other. In addition for political consideration the future Jewish country required a *lingua franca* as the national language. As the symbol of the ancient Jewish kingdom, the Classical Hebrew was selected as the future national language. From that time on the Hebrew was on the way to be revived.

After many years' effort the Jews revived the Hebrew successfully in some fields. The *British Mandate of Palestine* September 29th 1923 and the *Law and Administration Ordinance* have confirmed the Hebrew language, together with other language(s), as Israel's official languages. However, the Modern Hebrew language (some people call it "Israel") is different from the Classical Hebrew on voice system, lexicon and grammar system in some degrees. It has become a multi-leveled and multi-sourced mixed language of Afro-Asiatic languages and Indo-European languages. From this perspective of view we cannot regard the Hebrew revival as a successful language corpus planning.

The Kaurna language was the native and everyday language for Australian Kaurna people. As the result of the killing, plague and discrimination for many years, the number of Kaurna speakers became less and less. In 1929 the last native Kaurna people Ivaritji died. From that time on Kaurna language began to be in "sleep" status.

In 1990 with linguists' help Kaurna people began to revive Kaurna language. After 20 years of effort, Kaurna language revival has achieved some achievements. The revivalists have identified the voice system of Kaurna language, drafted the *Kaurna-English Dictionary*. They have also distinguished the syntactic structure for Kaurna language and subject-object-predicate order, while they still have some confusion in morphological change for the Nouns and the Verbs. Another achievement is the popularization of Kaurna language education in schools and training agencies. By the year of 2011 there were 10 schools offering Kaurna language courses in South Australian. However, Kaurna language has not gotten any official language status by now. There are only some parks, buildings, rivers named by both English and Kaurna language and the Kaurna name is less popular than the English name among Non- Kaurna people.

The Hakka is the mother language and the first language for Hakka people. As the Hakka's contact with other language varieties such as Minnan dialect, Japanese and Mandarin in different periods, some Hakka people transferred their first language into other languages or dialects. In June 2001 Taiwan set up the

Council for Hakka Affairs (now Hakka Affairs Council) to manage the affairs about Hakka language and culture protection. The Council issued a number of regulations on the protection of Hakka language. On the one hand the Council tries to cultivate Hakka people's Hakka language abilities; on the other hand, it builds the social environment for Hakka people to speak Hakka language. These efforts do not seem to enhance the vitality of Hakka in Taiwan. The number of Hakka speakers decreased a little although the decrease trend becomes slow gradually. That is to say, the Council's efforts can slow the Hakka' endangered speed but it cannot enrich the Hakka' vitality.

Tianzhu Tibetan Autonomous County is located in the eastern end of the Hexi Corridor. Due to the special geographical and social environment, the local Tibetan language environment is weaker than other Tibetan areas relatively. Some Tibetan transferred into Bilingual speakers, and even Chinese speakers. After 1949, the Chinese central government and the Tibetan local governments issued a number of laws and policies to protect the vitality of Tianzhu Tibetan language. These laws and regulations are mainly focused on Tianzhu Tibetan political planning and Tianzhu Tibetan education planning. The invested data between 1980s and 2010s witnessed that theses efforts can protect Tibetan language vitality in Tianzhu Tibetan Autonomous County, which is the successful cases of language protection.

Comparing the above cases, this study suggests that language protection is a systematic project. It includes protecting not only the language vitality, but also the user's language identity. Language protection has nothing to protect "language purity" and it does not contradict with language development and language change.

Language developing and changing are the nature requirements for language, which are accompanied with language borrowing, even language shifting. Language protection cannot remain the language ontology static but can help maintain the user's language identity even the language ontology has changed greatly. The study believes that the ideal way to protect language is not to exclude the language development and change, especially the "unconscious change", but to cultivate language users' language identity.

Key Words：Language Protection; Language Vitality; Language Identity

目　录

第一章　引论

语言是文化的载体，是人类区别于动物的重要特征之一。由于使用的语言不同，人们看世界的角度和观点也有很大差异（Whorf, et al., 1956）。[①] 极端研究者甚至认为，"每一种语言都包含着一种独特的世界观"（洪堡特，1997），[②] 认为使用不同语言的人的世界观完全不一样。正是由于语言的多样性，世界才变得丰富多彩。

遗憾的是，近些年伴随着全球化的汹涌大潮，语言求同或语言趋同已成为世界语言生活的主旋律。一些弱势语言正逐渐走向濒危，汉语、西班牙语、英语等少数几种语言的使用人数逐渐增加，似乎人类又要走向巴别塔倒塌前的同语世界。据世界少数民族语文研究院（SIL International）2009 年统计，全球约有 6909 种语言，其中 51% 的使用人数不足 10000 人，22% 的使用人数不足 1000 人（Lewis, 2009）。[③] 该机构 2014 年最新统计结果显示，全球语言数量变为 7106 种，在这些仍被使用的语言中，有 1537 种（占 21.6%）使用人数不足千人；3515 种（占 49.5%）不足万人；而汉语（11.97 亿）、西班牙语（4.14 亿）、英语（3.35 亿）、印地语（2.60 亿）、阿拉伯语（2.37 亿）、葡萄牙语（2.03 亿）、孟加拉语（1.93 亿）、俄语（1.67 亿）、日语（1.22 亿）九种语言被全世界 49.7% 的人口作为第一语言习得（Lewis, Simons & Fennig, 2014）。[④] 虽然两次统计的结果并不完全相同，但从这些数据中可以看出世界语言趋同的趋势。发表在《美国国家科学院院

---

① Whorf, Benjamin Lee (author), John B. Carroll (Ed.), *Language, Thought and Reality: Selected Writings*, Cambridge, Mas, MIT Press, 1956.

② 洪堡特（Humboldt）:《论人类语言结构的差异及其对人类精神发展的影响》，姚小平译，商务印书馆 1997 年版。

③ Lewis, M. P., *Ethnologue: Languages of the World, Sixteenth Edition*, Revue Roumaine de Linguistique, SIL International, Dallas, 2009.

④ Lewis M. P., Gary F. Simons, and Charles D. Fennig (Ed.), *Ethnologue: Languages of the World, Seventeenth Edition*, Dallas, Texas: SIL International, 2014.

刊》上的一篇文章更是指出，语言消亡速度比物种消亡速度快千倍，估计50%–90% 的人类语言将在未来的 100 年间消失（Gorenflo, et al., 2012）。[①] 如果作为人类精神家园的语言逐渐消失，部分人将失去自己的母语和文化，他们的生活也会变得暗淡。为丰富人们的精神文化生活，保护世界语言的多样性，从 2000 年开始，联合国将每年的 2 月 21 日定为“国际母语日”（International Mother Language Day），以唤起人们保护语言文字多样性的意识。

第一节　语言文化多样性国际共识

保护语言文化多样性已经成为世界各国以及各种非官方组织的共识，相关原则已经成为国际法律和公约的重要组成部分。较重要的有《公民权利和政治权利国际公约》《在民族或族裔、宗教和语言上属于少数群体的人的权利宣言》《土著和部落人民公约 1989》《联合国原住民权利宣言》等。另外，国际上有关消除歧视与不平等、人权保护等方面的法律和公约，如《取缔教育歧视公约》《消除一切形式种族歧视国际公约》《世界文化多样性公约》等，都或多或少地提及保护语言文化多样性。除了国际公约和法律，一些区域内的条约或文件以及非政府组织的宣言中也涉及语言保护，如《保护国内少数民族架构条约》《欧洲区域或少数民族语言宪章》《亚洲原住民部落民族权利宣言》《印地安–拉丁美洲原住民族基本权利宣言》《世界语言权宣言》等。现将世界上主要的语言保护国际公约及宣言简述如下。[②]

一 《公民权利和政治权利国际公约》

在国际法律和公约中，《公民权利和政治权利国际公约》（*the International Covenant on Civil and Political Rights,* ICCPR）是保护语言文

---

① Gorenflo, L. J., Suzanne Romaine, Russell A., Mittermeier & Kristen Walker–Painemilla. Co–occurrence of Linguistic and Biological Diversity in Biodiversity Hotspots and High Biodiversity Wilderness Areas, *Proceedings of the National Academy of Sciences of the United States of America*, Vol. 109, No. 21, 2012, PP. 8032–8037.

② 以下的国际法均来自相关机构的官方网站。

化多样性方面的一份重要文件。该公约于 1966 年 12 月 16 日依据《世界人权宣言》拟定，1967 年 4 月 23 日开始执行。其中第 27 条明确了语言权是个体和团体的一项重要权利：

> 凡有种族、宗教或语言少数团体之国家，属于此类少数团体之人，与团体中其他分子共同享受其固有文化、信奉躬行其固有宗教或使用其固有语言之权利，不得剥夺之。

《公民权利和政治权利国际公约》第 27 条从总体原则上明确了保护少数人的语言，随后，国际人权委员会（the Human Rights Committee）颁布了有关原住民语言保护的解释性条款（General Comment No. 23: The Rights of Minorities），进一步明确保护少数人的语言，其中的第六款如下：

> 6.1 《公民权利和政治权利国际公约》第 27 条用双重否定的形式，确认了少数人的“权利”，并认为其不可侵犯。因此，任何执政党有义务确保少数人获得此权利，并提供切实措施，保证此权利不被侵犯。这些措施应包括不仅自身在立法、行政、司法等领域不违背少数人的权利，还应该要求其他人不违背这些权利。
>
> 6.2 虽然《公民权利和政治权利国际公约》第 27 条仅涉及个人权利，但不可否认，少数人群体能够依据此条款保护他们的文化、语言和宗教。因此，政府的相关措施应包括保护少数人身份，保护少数人同他们的集团中的其他成员共同享有自己的文化、信奉和实行自己的宗教或使用自己的语言的权利。

目前《公民权利和政治权利国际公约》有 149 个缔约国。中华人民共和国政府于 1998 年 10 月 5 日在纽约联合国总部签署了《公民权利和政治权利国际公约》。中国香港特别行政区于 1976 年随英国一起加入《公民权利和政治权利国际公约》，成为缔约组织。中国台湾地区于 1967 年 10 月 5 日签署公约，于 2009 年 3 月 31 日获立法机构通过；同年 5 月 14 日由台湾地区领导人签署公约的批准书，当月22日正式实施。由于台湾地区并非独立国家，其通过并实施《公民权利和政治权利国际公约》并未获得联合国批准。

二 《在民族或族裔、宗教和语言上属于少数群体的人的权利宣言》

1992年12月18日，联合国大会上各会员国一致通过《在民族或族裔、宗教和语言上属于少数群体的人的权利宣言》（*Declaration on the Rights of Persons Belonging to National or Ethnic, Religious and Linguistic Minorities*），其中有关语言保护的条款如下：

1.1 各国应在各自领土内保护少数群体的存在及其民族或族裔、文化、宗教和语言上的特征并应鼓励促进该特征的条件。

2.1 在民族或族裔、宗教和语言上属于少数群体的人（下称属于少数群体的人）有权私下和公开、自由而不受干扰或任何形式歧视地享受其文化、信奉其宗教并举行其仪式以及使用其语言。

2.5 属于少数群体的人有权在不受歧视的情况下与其群体的其他成员及属于其他少数群体的人建立并保持自由与和平的接触，亦有权与在民族或族裔、宗教或语言上与他们有关系的其他国家的公民建立和保持跨国界的接触。

4.4 各国应酌情在教育领域采取措施，以期鼓励对其领土内的少数群体的历史、传统、语言和文化的了解。属于少数群体的人应有充分机会获得对整个社会的了解。

三 《土著和部落人民公约1989》

《土著和部落人民公约1989》（*Convention Concerning Indigenous and Tribal Peoples in Independent Countries*）于1989年6月27日在国际劳工组织大会第七十六届会议上通过，1991年9月5日生效。其中第28条是有关少数人语言的条款，具体如下。

1. 在可能的情况下，有关民族的儿童应学习使用本民族的土著语言，或他们所属群体之最通用的语言进行阅读和写作。当这一考虑不现实时，主管当局应与这些民族进行磋商，以期采取某些措施来达到这一目的。

2. 应采取充分的措施，保证这些民族有机会流利地掌握所在国的语言或该国的一种官方语言。

3. 应采取措施，保留并推动有关民族土著语言的发展和使用。

四 《联合国原住民权利宣言》

2007 年 9 月 13 日世界各国在联合国总部讨论了《联合国原住民权利宣言》(*The United Nations Declaration on the Rights of Indigenous Peoples*)。虽然美国、澳大利亚、加拿大和新西兰对此议案投了反对票，但该宣言最终还是在此次大会上顺利通过。其中部分条款涉及少数人的语言权，具体如下：

13. 1 原住民族有权振兴、使用、发展和向后代传授其历史、语言、口述传统、思想体系、书写方式和文学作品，有权自行为社区、地方和个人取名并保有这些名字。

14. 1 原住民族有权建立和掌管他们的教育制度和机构，以自己的语言和适合其文化教学方法的方式提供教育。

14. 3 各国应与原住民族共同采取有效措施，让原住民族，特别是原住民族儿童，包括生活在原住民族社区外的原住民族，在可能的情况下，有机会获得以自己的语言提供的有关自身文化的教育。

16. 1 原住民族有权建立自己的使用自己语言的媒体，有权不受歧视地利用所有形式的非原住民族媒体。

以上是国际组织和多数国家达成的有关保护语言文化多样性的共识。各国际组织以及国家能够探讨并达成共识，足以说明各国对保护语言文化多样性的重视。同时，这些共识也是各国多年实践的结晶，对保护语言文化多样性具有很强的指导意义。

第二节　国外语言复兴与复兴语言学研究概述

第一节简要介绍了保护语言文化权利的国际共识。事实上，在达成这些共识之前，人们已经认识到了语言文化对一个民族的重要性。政治家希特勒曾说过：要消灭一个民族，首先瓦解它的文化；要瓦解它的文化，首先消灭承载文化的语言。因此历史上的语言消亡通常与民族征服相伴，而语言复兴与民族独立为伍。纳尔逊·曼德拉曾说过，如果你用他人听得懂的语言与之交谈，那么你的话只能说到他的脑子里；但是如果你用他人的本族语言与之交谈，那么你的话就能说到他的心坎里。从这些言论足以看出语言对一个民族的重要性。

近代语言保护与语言复兴的历史中，较著名的是埃利泽·本－耶胡达（Eliezer Ben-Yehuda）等人推动的希伯来语复兴运动。在经过近 1750 年的“休眠”后，从 19 世纪末 20 世纪初开始，古典希伯来语逐渐复兴，变为现代希伯来语，成为当代以色列人的日常交际语。这成为人类语言史的奇迹。

一　苏联加盟共和国的语言复兴

第二次世界大战以后，随着世界范围内民族运动的兴起，越来越多的民族获得了独立。获得独立的民族几乎都希望复兴和发展自己的民族语言，并把民族语言定为国家通用语。苏联解体以后，原加盟共和国迎来了语言复兴的高潮。

苏联解体后，各加盟共和国获得独立。它们都根据历史、人口等特征，推出本国的语言复兴政策。总体来看，各国的语言政策都包括以下两项：第一，把本国主体民族的语言确立为国家官方语言。目前除白俄罗斯和吉尔吉斯斯坦共和国各自把本国主体民族的语言和俄语共同定为官方语言外，其他独立后的原加盟共和国都把自己主体民族的语言定为本国唯一的官方语言；在乌兹别克斯坦、塔吉克斯坦、土库曼斯坦等国，仅使用本国主体民族的语言颁布和发行官方文本。第二，增加以本国主体民族语言为教学用语的学校数量，减少俄语教学的学校数量；在其他语言教学的学校增开本国主体民族语言的课程。以爱沙尼亚共和国为例，爱沙尼亚族占全国人口的68.7%，但采用爱沙尼亚语授课的中学高达82.3%；同时国家规定以其他语言授课的中学必须开设爱沙尼亚语课程；在高等教育中，所有学校必须采用爱沙尼亚语授课（Aneta Pavlenko, 2008）。[①]

这些语言政策确保了在新独立的国家中，主体民族学习和使用本民族语言的权利和机会，同时也增加了其他民族使用本国主体民族语言的人数。根据2002年针对拉脱维亚共和国境内的俄罗斯族的一项统计，拉脱维亚语在该国的俄罗斯族中正在逐渐推广。3%—8%的俄罗斯族与父辈或祖父辈交流时使用拉脱维亚语，与同辈交流时12%使用拉脱维亚语，与儿女辈或孙子辈交流时这一数字分别骤升为27%和33%（Hogan-Brun & Ramoniene, 2005）。[②]从这组数字可以看出，通过语言复兴政策，拉脱维亚共和国境内使用拉脱维亚语的人数逐渐增加。

二　爱尔兰语复兴简介

在已经发生的语言复兴运动中，有一些复兴结果并不理想，爱尔兰语复兴就是其中一例。爱尔兰语属于印欧语系的凯尔特语族，和威尔士语、苏格兰盖尔语等关系密切。在公元1172年盎格鲁—诺曼人（Anglo-Norman）入侵前，爱尔兰语是爱尔兰人的唯一语言，他们用爱尔兰语创造了大量优秀的文学作品（张学谦，1998）。[③]随着盎格鲁人对爱尔兰人的统治不断加深，在政治上英语首先取代了爱尔兰语，成为当地的官方语言。1367年英格兰人通过了《基尔肯尼法案》(*Statutes of Kilkenny*)，限制爱尔兰人学习

① Aneta Pavlenko, Multilingualism in Post-Soviet Countries: Language Revival, Language Removal, and Sociolinguistic Theory, *The International Journal of Bilingual Education and Bilingualism*, Vol. 11, No. 3-4, 2008, PP.275-314.

② Hogan-Brun, G. and Ramoniene, M., Perspectives on Language Attitudes and Use in Lithuania's Multilingual Setting, *Journal of Multilingual and Multicultural Development*, Vol. 26, No. 5, 2005, PP.425-441.

③ 张学谦：《爱尔兰语言运动及独立建国》，载林央敏《语言文化与民族国家》，台北前卫出版社1998年版，第171—174页。

爱尔兰语。1831年英国政府在爱尔兰推行《国民教育体系》，规定学校教育只能采用英语，爱尔兰语被禁止出现在学校教育体系中。如果学生用爱尔兰语交谈，不但会被老师和同学嘲笑，还会被在脖子上挂上“从此不说爱尔兰语”的警示牌（施正锋，2002）。[①] 在这样的语言政策下，讲爱尔兰语的人越来越少。到19世纪50年代，爱尔兰语单语总人数低于全部爱尔兰人口的5%，双语人数低于总人数的23%。1851年和1861年的语言人口普查结果显示，会讲爱尔兰语的人口不足爱尔兰总人口的25%（Hudson-Edwards, 1990）。[②]

随着爱尔兰语不断被英语同化，一些爱尔兰人开始组织起来反抗英国当局的爱尔兰语灭绝计划。海德（Hyde）博士是这次反抗运动的主要人物。他是第一位爱尔兰语教授，也是爱尔兰独立后的第一任总统。1893年海德创办了盖尔语联盟（Gaelic League），确定了联盟的两项终极目标：第一，使爱尔兰语成为国家用语和爱尔兰人的生活用语；第二，用爱尔兰语整理和出版爱尔兰文学作品（Riona Nic Congaif，2012）。[③]

盖尔语联盟把爱尔兰语复兴运动的地点最先选定在爱尔兰语保留较好的阿伦岛（Aran Island）。他们在岛上推广爱尔兰语，在岛内中小学校开设爱尔兰语言课程和历史课程；大力培训爱尔兰语教师，为把爱尔兰语推广到整个爱尔兰地区做准备；在岛内的居民社区推广爱尔兰语，形成爱尔兰语社区；把女性看作学习爱尔兰语的主要群体，期望母亲在家中与下一代讲爱尔兰语。阿伦岛上的爱尔兰语复兴取得一定成就以后，盖尔语联盟又把复兴计划推广到整个爱尔兰岛，并试图建立一所爱尔兰语“大学”。在盖尔语联盟的推动下，开设爱尔兰语的学校在1900年达到88所，1904年达到1983所（H.M. Stationery Office, 1905）。[④] 在盖尔语联盟以及其他社

① 施正锋：《各国语言政策：多元文化与族群平等北爱尔兰语言政策》，台北前卫出版社2002年版。

② Hudson-Edwards, A. Language Policy and Linguistic Tolerance in Ireland, Adams & Brink (Ed.), *Perspective on Official English: The Campaign for English as an Official Language of the USA*, New York: Mouton de Gruyter, 1990, PP.63-81.

③ Riona Nic Congaif. “Life and the dream” : Utopian Impulses within the Irish Language Revival , *Utopian Studies,* Vol. 23, No.2, 2012, PP.430-449.

④ H. M. Stationery Office, *National Education in Ireland*: 71*st Report of the Commissioners*, 1904 , Dublin: HMSO, 1905.

会政治因素的影响下，1922 年爱尔兰获得独立。独立后通过的第一部宪法就确立了爱尔兰语在爱尔兰的官方地位。宪法的第四条规定，“爱尔兰的第一官方语言为爱尔兰语，第二官方语言为英语”（It was provided that Irish was the “National Language” but English was “equally recognised as an official language”）。[①]

独立后到 1997 年，爱尔兰境内的爱尔兰语的发展经历了三个发展阶段：1922—1950 年的爱尔兰语复兴时期；1950—1970 年的复兴停滞时期；1970—1997 年的自由放任时期（O. Riagain，1997）。[②] 随着爱尔兰调整国家语言政策，爱尔兰国内开设爱尔兰语课程的学校以及会讲爱尔兰语的人数也相应变化，具体见表 1-1 和表 1-2。

表 1-1　　爱尔兰语小学数量变化情况　　单位：所

学年	学校总数	完全用爱尔兰语授课学校	部分用爱尔兰语授课学校	爱尔兰语作为第二语言的学校
1930—1931	5378	228（4%）	0	5150（96%）
1940—1941	5077	623（12%）	2193（43%）	2261（45%）
1950—1951	4987	523（10%）	1955（39%）	2509（50%）
1960—1961	4880	420（9%）	2055（42%）	2405（49%）
1970—1971	4117	194（5%）	49（1%）	3874（94%）
1980—1981	3294	161（5%）	21（1%）	3112（94%）

资料来源：Department of Education, Annual Statistical Reports，转引自 Fishman, 1991:138 [③]。

① https://en.wikipedia.org/wiki/Constitution_of_the_Irish_Free_State.

② O. Riagain P., *Language Policy and Social Reproduction*: *Ireland* 1893-1993, Oxford: Clarendon Press, 1997.

③ Fishman, J. A., *Reversing Language Shift*: *Theoretical and Empirical Foundations of Assistance to Threatened Language*, Clevedon-England: Multilingual matters, 1991.

表 1-2　　会讲爱尔兰语的比例　　单位：%

年份	1926	1946	1981	1996
3—4 岁	4.6	4.1	4.9	10.0
5—9 岁	19.8	21.6	27.8	48.2
10—14 岁	39.2	47.5	50.8	68.0
15—19 岁	27.6	43.4	51.0	68.0
20—24 岁	15.8	32.2	40.0	51.7
25—34 岁	13.2	20.8	32.8	37.3
35—44 岁	11.9	11.2	30.0	39.8
45—54 岁	13.7	10.0	28.3	37.1
55—64 岁	16.9	9.5	22.9	32.9
65 岁及以上	25.1	11.9	13.0	27.7
合计	18.3	21.2	31.6	43.5

资料来源：Census of Population，转引自 O. Riagain, 2001: 200①。

虽然获得了第一官方语言的政治地位，并且几乎所有学校都教授爱尔兰语课程，但爱尔兰语却始终没有成为爱尔兰人主要的日常交际语。一项调查结果显示（Fasold，1984），9% 的被访者自报能流利使用爱尔兰语；63% 的被访者自报仅会一点点爱尔兰语；27% 的被访者自报完全不会爱尔兰语。②

没有成为人们的日常交际语，这被看作爱尔兰语复兴不成功的主要表现。为改善这一状况，2010 年 12 月 21 日爱尔兰政府颁布《爱尔兰语 20 年复兴策略 2010—2030》（*20-year strategy for the Irish language* 2010—2030），确定到 2030 年爱尔兰语复兴的目标：第一，日常生活中讲爱尔兰语的人数由 83000 人增加到 250000 人；第二，在爱尔兰语区，讲爱尔兰

① O. Riagain, P., Irish Language Production and Reproduction 1981-1996, Fishman, J. A., *Can Threatened Language Be Saved*? Clevedon: Multilingual Matters, 2001: 195-214.

② Fasold, R., *The Sociolinguistics of Society*, Oxford: Basil Blackwell Ltd.，1984.

语的人数增加 25%；第三，在公共领域（政府服务、电视、广播、印刷品等）增加爱尔兰语服务。同时规定在教育、家庭、媒体、立法等八个方面加强爱尔兰语复兴。[①] 究竟新的政策能否真正复兴爱尔兰语，我们拭目以待。

世界上已经发生或正在发生的语言复兴运动中，除了这些与民族独立一道、借助国家语言规划得以推广的个案以外（如前面所说的爱尔兰语复兴和苏联解体后原加盟共和国原住民复兴，如乌克兰语复兴、拉脱维亚语复兴、乌兹别克语复兴、柯尔克孜语复兴等），更多的是原住民自发或由非政府机构倡导的语言复兴，如威尔士语复兴（Welsh Assembly Government, 2011），[②] 日本的阿依努语（Ainu）复兴（Martin，2011），[③] 美国的 Mutsun 语复兴（Natasha Warner, Quirina Luna & Lynnika Butler, 2007）[④] 和 Chochenyo 语复兴（Blevins, J. & Monica, A., 2004），[⑤] 英国的康瓦尔语（Cornish）复兴（Mercator-education, 2001），[⑥] 澳大利亚原住民语言（Kaurna 语，Gumbaynggirr 语，Ngarrindjeri 语，Walmajarri 语以及 Kamilaroi / Gamilaraay 语等）复兴（Christina Eira & Vicki Couzens, 2010；诸葛漫、姚春林、徐佳，2012）[⑦][⑧] 等。

通过研究这些语言复兴活动，语言复兴者及语言学家初步总结出测量语言活力的标准以及指导语言复兴的一些原则。Fishman（1991）语言复兴的八个阶段（GIDS）理论认为，语言的活力主要体现为语言的代际

① http://www.ahg.gov.ie/en/20-YearStrategyfortheIrishLanguage2010-2030/.

② Welsh Assembly Government, *Welsh Language Scheme* 2011-2016, http://wales.gov.uk/docs/drah/ policy/20110331wlseng.pdf, 2012-07-16.

③ Martin, K., Aynu Itak: On the Road to Ainu Language Revitalization, *Media and Communication Studies*, Vol. 60, 2011, PP.57-93.

④ Natasha Warner, Quirina Luna & Lynnika Butler, Ethics and Revitalization of Dormant Languages: The Mutsun Language, *Language Document and Conservation,* Vol.1, No.1, 2007, PP.58-76.

⑤ Blevins, J. & Monica, A., *Chochenyo Language Revitalization*: *A first Report*, The annual meeting of the Society for the Study of the Indigenous Languages of the Americas, Oakland, 2004.

⑥ Mercator-education, *Cornish: The Cornish Language in Education in the UK*, http://www.mercator- research.eu/fileadmin/mercator/dossiers_pdf/cornish_in_uk.pdf, 2001.

⑦ Christina Eira & Vicki Couzens, *Meeting Point*: *Setting up a Typology of Revival Language in Victoria*, Victorian Aboriginal Corporation for Language /AIATSIS Grant Project, 2010.

⑧ 诸葛漫、姚春林、徐佳：《一门新的语言学分支：复兴语言学——兼谈濒危语言和濒危方言复兴的普遍制约条件和机制》，《世界民族》2012 年第 6 期，第 66—73 页。

传承，其活力等级可分为八级；[①] Lewis 和 Simons（2010）扩展了 Fishman 的语言活力指标，将其分为十三个阶段（EGIDS）；[②] 联合国教科文组织（UNESCO）非物质文化遗产部濒危语言特设专家组（2003）依据语言应用活力、语言态度、记录该种语言的紧迫性三方面的指标，制定了语言活力与语言多样性标准，认为语言的濒危程度可以通过语言的代际传承、相对使用人口和绝对使用人口、使用领域、政府和语言使用者对该语言的态度、记录该种语言的材料数量等因素进行测量；[③] Crystal（2000）曾提出语言复兴时可以使用的六个策略；[④] 诸葛漫、姚春林、徐佳（2012）在总结希伯来语复兴和澳大利亚原住民语言复兴的基础上，提出了看待语言复兴的三个观点。[⑤] 这些语言复兴理论是对目前从事的语言复兴活动的总结和理论升华，对指导今后的语言复兴和语言保护工作具有一定的意义。但是这些理论还只是初步性的，大多建立在单一语言复兴的基础之上，其普遍适用性还需进一步检验。

第三节　国内语言保护概述

中国是一个多民族、多语言的国家，56 个官方确认的民族使用着 130 多种语言，除此以外还有一些待确认的族群（王远新，2010）。[⑥] 中国政府及相关决策机构历来重视保护各民族语言文字。新中国成立不久我国就开展了全国少数民族语言普查，这次普查大致摸清了国内的语言状况。当时国内的语言大师（如罗常培、傅懋勣、马学良等）都参加了这次调研，“其

① Fishman, J. A., *Reversing Language Shift: Theoretical and Empirical Foundations of Assistance to Threatened Language*, Clevedon-England: Multilingual Matters, 1991.

② Lewis, M. P. & Gary F. Simons, Assessing Endangerment: Expanding Fishman's GIDS, *Revue Roumaine de Linguistique*, Vol. 55, No. 2, 2010, PP.103–120.

③ 联合国教科文组织非物质文化遗产部濒危语言特设专家组：《语言活力与语言濒危》，布鲁塞尔：新欧洲的语言多样性研究大会，2003 年。

④ Crystal, D., *Language Death*, Cambridge: Cambridge University Press, 2000.

⑤ 诸葛漫、姚春林、徐佳：《一门新的语言学分支：复兴语言学——兼谈濒危语言和濒危方言复兴的普遍制约条件和机制》，《世界民族》2012 年第 6 期，第 66—73 页。

⑥ 王远新：《中国少数民族非物质文化遗产中的民族语言文字》，载赵学义、关凯《政策视野中的少数民族非物质文化遗产》，民族出版社 2010 年版，第 134—192 页。

调查规模之大，动员人数之多，搜集的语料之丰富，后期成果之辉煌，对语言规划、语言政策和少数民族文字创制等领域的实践意义之重大，在世界语言学史上都是罕见的”（马学良、瞿霭堂、劲松，2000）。① 在语言大调查获取的第一手资料的基础上，国家组织相关专家先后改革了傣、彝、景颇、拉祜等文字；采用拉丁字母帮助壮、布依、苗、黎、纳西、傈僳、哈尼、佤、侗等十多个民族设计了十四种文字方案。后来由于“文化大革命”等的影响，我国的民族语言研究没能继续深入下去。

改革开放后，尤其是从20世纪80年代中期开始，我国的科研机构和语文管理部门，注重从语言规划角度，调查研究国内民族语言的使用发展状况。“七五”期间实施的“中国少数民族语言使用情况和文字问题调查研究”，“八五”期间的“我国新创与改进少数民族文字试验推行工作经验总结和理论研究”，以及“九五”期间的“中国语言文字使用情况调查”，进一步摸清了我国语言文字使用情况及活力现状。这一时期的其他研究成果还有中国社会科学院民族研究所和国家民委文化宣传司（1994）主编的《中国少数民族语言使用情况》② 以及中国社科院与加拿大拉瓦尔大学（1995）共同完成的《世界的书面语：使用程度和使用方式概况》（第4卷，中国，第2册）等著作。③ 这些成果比较全面地记录和描写了国内主要民族语文在政治、经济、法律、教育、出版、媒体、文化、宗教等社会领域的使用和发展，大致反映了20世纪80—90年代国内民族语文的使用情况。

2000年中国民族语言学会和民族语文杂志社在北京召开了关于我国濒危语言问题的学术研讨会，首次在民族语言学界提出“濒危语言”的概念（《民族语文》编辑部，2000）。④ 2008年，国家语委启动了“中国语言资源有声数据库建设”工程，依照统一规范采集当代中国汉语方言、地方普

① 马学良述，瞿霭堂、劲松整理：《马学良学述》，浙江人民出版社2000年版。

② 中国社会科学院民族研究所、国家民委文化宣传司：《中国少数民族语言使用情况》，中国藏学出版社1994年版。

③ McConnell, G. D. & Tan Kerang (Eds.), *The Written Languages of the World: A Survey of the Degree and Modes of Use,* Vol. 4: China.（《世界的书面语：使用程度和使用方式概况》（第4卷，中国），Quebec City: Laval University Press, 1995.

④ 《民族语文》编辑部：《我国濒危语言问题研讨会纪要》，《民族语文》2000年第6期，第54—59页。

通话以及少数民族语言等中国境内的语言变体的有声资料，并进行科学整理和加工，长期保存，以便将来深入研究和有效开发利用（中国语言资源有声数据库建设领导小组办公室，2010）。[①] 另外，国家语委分别以“中国语言生活状况报告”课题组（2005，2006，2007，2008，2009）、[②] 国家语言资源监测与研究中心（2005，2006，2007，2008，2009）[③] 或教育部语言文字信息管理司（2011，2012，2013，2014）[④] 的名义，每年对外发布《中国语言生活状况报告》，书中部分章节关注国内语言（包括民族语文）的使用情况。

另外，近些年中国社会科学院民族学与人类学研究所组织了大型研究项目“国内新发现语言研究”，中央民族大学的戴庆厦教授及其他研究人员编写了多部民族语“参考语法”，这些工作保护性地记录和研究了国内近期新发现的语言以及一些濒危语言，为保护和复兴这些语言争取了时间，积累了前期经验。

在实践的基础上，我国语言保护专家总结出了语言活力以及语言保护的一些基本规律。黄行（2000）认为，我国语言的活力可细分为十个方面的活力：行政活力、立法活力、司法活力、教育活力、出版活力、媒体活力、文艺活力、宗教活力、经济活力、信息活力；每一项活力又可以从生产活力和发展活力两方面去衡量。[⑤] 陈保亚（2013）认为，语言保护中应重视“语势”而非“语位”，因为语势的强弱直接关系到语言活力的大小。[⑥] 这些基于中国语言保护事实提出的语言保护理论对保护我国的语言文化多样性具有重要的指导意义。

---

① 中国语言资源有声数据库建设领导小组办公室：《中国语言资源有声数据库调查手册》商务印书馆2010年版。

② “中国语言生活状况报告”课题组：《中国语言生活状况报告（上）》，商务印书馆2005年、2006年、2007年、2008年、2009年版。

③ 国家语言资源监测与研究中心：《中国语言生活状况报告（下）》，商务印书馆2005年、2006年、2007年、2008年、2009年版。

④ 教育部语言文字信息管理司：《中国语言生活状况报告》，商务印书馆2011年、2012年、2013年、2014年版。

⑤ 黄行：《中国少数民族语言活力研究》，中央民族大学出版社2000年版。

⑥ 陈保亚：《语势、家庭学习模式与语言传承——从语言自然接触说起》，《北京大学学报》2013年第5期，第78—88页。

一 国内语言保护法律概述

除了学术界关注我国的语言保护外，中国法律法规对保护语言多样性也起了重要作用。相关法律主要有《中华人民共和国宪法》《中华人民共和国民族区域自治法》《中华人民共和国教育法》《中华人民共和国通用语言文字法》等。以上法律确保了民族语文的政治地位和使用范围。这些法律法规中有关保护语言文字活力的具体条款如下。

1.《中华人民共和国宪法》

《中华人民共和国宪法》是国家的根本大法。现行宪法于 1982 年 12 月 4 日在第五届全国人民代表大会第五次会议通过，其中有三条涉及民族语言文字保护。这些条款规定社会公务活动中应根据具体情况使用少数民族语言文字，确保了各民族有使用和发展本民族语言文字的权利。

> 第四条：各民族都有使用和发展自己的语言文字的自由，都有保持或者改革自己的风俗习惯的自由。
>
> 第一百二十一条：民族自治地方的自治机关在执行职务的时候，依照本民族自治地方自治条例的规定，使用当地通用的一种或者几种语言文字。
>
> 第一百三十四条：各民族公民都有用本民族语言文字进行诉讼的权利。人民法院和人民检察院对于不通晓当地通用的语言文字的诉讼参与人，应当为他们翻译。在少数民族聚居或者多民族共同居住的地区，应当用当地通用的语言进行审理；起诉书、判决书、布告和其他文书应当根据实际需要使用当地通用的一种或者几种文字。

2.《中华人民共和国民族区域自治法》

民族区域自治制度是我国根本政治制度之一。《中华人民共和国民族区域自治法》重申了《中华人民共和国宪法》所赋予的少数民族使用和发展自己语言文字的权利，同时具体阐释了少数民族语言文字在政务、教育、检察机关、法院等领域的地位，鼓励并奖励各民族学习对方民族的语言文字。

第十条：民族自治地方的自治机关保障本地方各民族都有使用和发展自己的语言文字的自由，都有保持或者改革自己的风俗习惯的自由。

第二十一条：民族自治地方的自治机关在执行职务的时候，依照本民族自治地方自治条例的规定，使用当地通用的一种或者几种语言文字；同时使用几种通用的语言文字执行职务的，可以以实行区域自治的民族的语言文字为主。

第三十七条：招收少数民族学生为主的学校（班级）和其他教育机构，有条件的应当采用少数民族文字的课本，并用少数民族语言讲课；根据情况从小学低年级或者高年级起开设汉语文课程，推广全国通用的普通话和规范汉字。

第四十七条：民族自治地方的人民法院和人民检察院应当用当地通用的语言审理和检察案件，并合理配备通晓当地通用的少数民族语言文字的人员。对于不通晓当地通用的语言文字的诉讼参与人，应当为他们提供翻译。法律文书应当根据实际需要，使用当地通用的一种或者几种文字。保障各民族公民都有使用本民族语言文字进行诉讼的权利。

第四十九条：民族自治地方的自治机关教育和鼓励各民族的干部互相学习语言文字。汉族干部要学习当地少数民族的语言文字，少数民族干部在学习、使用本民族语言文字的同时，也要学习全国通用的普通话和规范文字。

民族自治地方的国家工作人员，能够熟练使用两种以上当地通用的语言文字的，应当予以奖励。

3．其他法律法规

2000年10月31日第九届全国人民代表大会常务委员会第十八次会议通过了《中华人民共和国通用语言文字法》，重申了少数民族的语言权利，其中第八条指出：“各民族都有使用和发展自己的语言文字的自由。少数民族语言文字的使用依据宪法、民族区域自治法及其他法律的有关规定。”

《中华人民共和国教育法》进一步明确了少数民族的受教育权以及在教学活动中使用和发展民族语言文字的权利。现行《中华人民共和国教育法》于 1995 年 3 月 18 日在第八届全国人民代表大会第三次会议上通过，同日由中华人民共和国第四十五号主席令公布，1995 年 9 月 1 日起施行。其中第九条规定，“公民不分民族、种族、性别、职业、财产状况、宗教信仰等，依法享有平等的受教育机会”；第十二条规定，“少数民族学生为主的学校及其他教育机构，可以使用本民族或者当地民族通用的语言文字进行教学”。

2011 年 10 月召开的中国共产党第十七届中央委员会第六次全体会议重申保护民族语言文字，会后发表的《中共中央关于深化文化体制改革　推动社会主义文化大发展大繁荣若干重大问题的决定》明确提出：“科学保护各民族语言文字。繁荣发展少数民族文化事业，开展少数民族特色文化保护工作，加强少数民族语言文字党报党刊、广播影视节目、出版物等译制播出出版。”这些法律和文件从制度上规定了少数民族语言的地位以及在社会生活中的使用权，是我国语言保护的政治基础和法律保障。

二　中国的语言复兴简介

上述法律法规和文件决议给予了民族语言应有的政治地位，但仅有政治地位不足以保护相关语言的活力。要保护语言世代传承，首先要求语言使用者具有一定的语言能力（language competence）。为此，近些年我国的语言保护机构陆续开展了一些语言复兴工作以及语言或方言的能力认证工作，希望通过语言复兴和语言认证提高语言使用者的语言能力。这些复兴或能力认证工作包括云南省通海县的蒙古语复兴、湖南省桑植县的白语复兴、香港地区实施的香港儿童口语（粤语）能力测试、广西壮族自治区实施的“壮语文水平考试”，等等。

1. 通海蒙古族的语言复兴

云南省通海县居住着一群蒙古族（自称“卡卓”或“嘎卓”ka^{55} tso^{31}），他们讲一种自称“卡卓语”的语言变体。“卡卓语”有七百多年的历史。1253 年强大的蒙古军队攻陷大理国（现云南省境内），大量的蒙古军人来到现在的云南境内。后来为了加强对这一地区的统治，更多的蒙古军队到此驻守（夏光南，1935）。[①] 这些蒙古军队的后裔形成现在通海蒙古族的主体。当代体质人类学研究也证明，通海的蒙古族总体上属于蒙古人种南亚类型体质，是南亚类型中体质相对接近于北亚类型的一个族群（郑连斌、陆舜华等，2011）。[②] 在历史发展过程中，通海的蒙古语与周边民族的语言逐渐接触与融合，形成一种保留蒙古语底层成分，兼具有白语和彝语特征，同时吸收了汉语借词，不同于标准蒙古语的语言变体（和即仁，1989，1998；戴庆厦、刘菊黄、傅爱兰，1987）。[③④⑤] 虽然母语发生了变化，但通海蒙古族一直保持着较强的蒙古民族的认同感（董文朝、董文梅、张蓓蓓，2012；纳日碧力戈、符广兴，2014）。[⑥⑦] 长久以来，他们一直希望重新使用标准蒙古语。

新中国成立以后，通海的蒙古族看到了实现梦想的希望。以前通海地区交通不便，阻碍了通海蒙古族与北方蒙古族的联系。新中国成立后当地交通得到很大改善，并创建了现代教育体系。在此背景下，云南省通海县与内蒙古自治区的交往开始密切。1957 年云南省通海县派遣四人到呼和浩特学习蒙古语言文字和蒙古文化，并参加了内蒙古自治区成立十周年庆祝活动。1980 年以后，通海县先后派出多名中学生到内蒙古学习蒙古语文，希望他们学成后能够成为通海当地的标准蒙古语教师。1981 年 11 月至 1984 年 8 月，内蒙古自治区锡林郭勒盟教育局先后分三批派出六位蒙文教师来通海县教授蒙古语言文字。由于蒙古语课程并非通海当地学校的考试课程，同时通海蒙古族在日常生活中鲜有机会使用标准蒙古语，这导致学生学习蒙古语的积极性不高，最终学校只能停开标准蒙古语课程。云南省

① 夏光南：《元代云南史地丛考》，中华书局 1935 年版。

② 郑连斌、陆舜华、丁博、于会新、刘海萍、张兴华：《云南蒙古族体质特征 》，《人类学学报》2011 年第 1 期，第 74—85 页。

③ 和即仁：《云南蒙古族语言及其系属问题》，《民族语文》1989 年第 5 期，第 25—36 页。

④ 和即仁：《关于云南蒙古族卡卓语的形成》，《民族语文》1998 年第 4 期，第 51—54 页。

⑤ 戴庆厦、刘菊黄、傅爱兰：《云南蒙古族嘎卓语研究》，《语言研究》1987 年第 1 期，第 151—175 页。

⑥ 董文朝、董文梅、张蓓蓓：《云南通海蒙古族民族心理认同研究》，《云南民族大学学报》2012 年第 3 期，第 11—16 页。

⑦ 纳日碧力戈、符广兴：《云南通海蒙古族民族认同研究综观》，《中央民族大学学报》2014 年第 2 期，第 5—10 页。

通海县的蒙古语复兴以失败告终。

通海蒙古语复兴失败，除了语言使用者的主观因素外，还有语言环境的客观因素。云南省通海县是一个多民族聚居的地区，境内除蒙古族自治乡外，还有彝族自治乡和彝族傣族自治乡。在这多民族聚居的地方，各民族需要找出一种声望较高的语言作为当地的交际共同语。在全国上下普及普通话的大背景下，汉语理所当然地成为当地跨民族的通用语言。目前通海县的蒙古族几乎全是汉语—卡卓语双语人；随着年龄的减小，当地蒙古族的汉语能力逐渐增强。相关研究显示，当地的卡卓语有逐渐变为第二习得语言的趋势（蒋颖、赵燕珍等，2008）。[①] 照此发展下去，再过若干年也许通海县需要复兴的不是标准蒙古语，而是卡卓语。

2. 桑植白族的语言复兴

国内另一个语言复兴的尝试是湖南省张家界市桑植县白族的白语复兴。白族是国内人口较多的民族。第六次人口普查显示，白族人口位列全国第 14 位，达 1933510 人，主要分布在云南、贵州、湖南、湖北等地。[②] 湖南省张家界市的白族为 95235 人，大多居住在桑植县。[③] 历史上白族以白语为母语；近代社会中，随着语言接触加快，部分白族开始转用汉语。对于桑植县的白族来说，至少到 20 世纪 30 年代，当地还有人能用白语交流。[④] 但如今当地的白族已经完全转用汉语。

为了复兴白族的语言文化，2007 年张家界成立了白族文化研究会，发掘当地的白族文化以及当地白族与云南大理白族的历史渊源。2009 年张家界在白族人口较集中的桑植县成立桑植县白族学会。2013 年 7 月，桑植县派部分白族人到云南大理学习白语和白族文化。[⑤] 通过一段时间的学习，

---

① 蒋颖、赵燕珍、邱月、常俊之：《喀卓青少年母语习得的新问题》，《民族教育研究》2008 年第 2 期，第 91—95 页。

② 国家统计局：《第六次全国人口普查汇总数据》，http://www.stats.gov.cn/tjsj/pcsj/rkpc/6rp/indexch.htm。

③ 张家界市第六次全国人口普查领导小组办公室：《张家界市 2010 年第六次全国人口普查主要数据公报》，http://www.zjj.gov.cn/website/main/498/508/2011080451969.shtml。

④《探访湖南桑植白族乡》，云南商务之窗，http://yunnan.mofcom.gov.cn/article/ sjdixiansw/201310/20131000355218.shtml 。

⑤ 一同去云南大理参加白语和白族文化培训的还有湖北省鹤峰县铁炉白族乡的白族。

学员们掌握了《拼音白文方案（草案）》，学会了白族地区具有代表性的白族歌曲，掌握了基本的白语词汇和日常用语，并到云南大理的白族农村地区考察了当地的白族文化（赵润琴、王锋，2013）。[①]

2013 年 12 月，桑植县拟定了新的白语培训计划，邀请云南大理的白族到桑植县进行白语短期培训和长期培训（陈嘉曼，2013）。[②] 短期培训班主要培训乡村干部和教师的白语日常用语能力，每个乡镇培训时间为两天；长期培训拟请大理的白族教师来当地支教，从幼儿园起教授白语。湖南省桑植县的白语复兴正在如火如荼地进行中，其最终结果如何，仍需时间检验。

3. 香港粤方言能力认证

《香港儿童口语（粤语）能力量表》（HKCOLAS）由香港教育学院、香港中文大学等单位共同编制完成。该测试量表从粤方言语法、词汇表达、词义关系、词语释义、篇章理解和故事重述六方面测量学龄儿童至小学六年级学生的汉语（粤语方言）能力，目前该测试量表不包括口语测试。除测试语言能力外，该量表还能测试出儿童是否存在语言障碍。

4. 广西壮语文能力认证

"壮语文水平考试"由广西壮族自治区少数民族语言文字工作委员会依托中央民族大学、广西民族大学、广西壮文学校等教学科研机构，从 2011 年开始筹划实施。该项目计划在广西、北京等地每年组织"壮语文水平考试"，以促进推广和应用壮语文。"壮语文水平考试"分为三级：一级（初级）相当于小学毕业能力，二级（中级）相当于中学、中专毕业能力，三级（高级）相当于大学本科毕业能力。考试分笔试、口语、听力三部分。笔试的题型包括选择填空、完形填空、词语造句、问答题、翻译（壮—汉，汉—壮）、作文等，时间为 120 分钟（初级）或 150 分钟（中级和高级），试卷总分 100 分，60 分通过。

---

① 赵润琴、王锋：《湖南湖北同胞到大理学习白语白文》，《大理日报》，2013 年 7 月 17 日 A1 版。

② 陈嘉曼：《桑植县举办白族语言培训班》，张家界在线，http://www.zjjzx.cn/news/szxw/324796.html，2013 年 12 月 4 日。

壮语文水平（初级）考试大纲要求应试者掌握3000个以上壮语词汇，学会壮语文认读，能读准、听写、默写壮语文；掌握壮语文语法、基本句型；掌握日常生活中常用的壮语会话，可阅读及书写简单的壮文文章；能掌握壮文书写规则和正确使用壮文标点符号。[①] 壮语文水平（中级）考试大纲要求应试者能够较熟练地使用壮语标准语；学会4000个以上壮语词汇，阅读面较宽，掌握壮语语法；能进行壮、汉两种语言文字互译；具备较强的壮语会话、壮文阅读和写作能力。[②] 壮语文水平（高级）考试大纲要求应试者掌握5000个以上壮语词汇，掌握壮语语法；能用壮语准确表达意思，满足工作、生活中的交际需要，能流利地进行壮、汉两种语言文字互译，能准确理解壮语文报纸、杂志、电影、电视、广播等的内容，能就讨论的议题正确流畅地发表自己的意见；能用壮文写记叙文、说明文、议论文和应用文。[③]

2012年6月30日南宁市举行了首次壮语文水平考试，共336人报名，328人参加考试，考生以壮族居多，另有瑶、苗、侗、仫佬等民族考生，还有部分汉族考生。考生年龄最小19岁，最大79岁。最终58.23%的考生通过了壮语文水平考试。[④] 2013年12月7日，在南宁、百色两地举行的第二届壮语文水平考试共有318人参加；[⑤] 2014年8月2日，在南宁、崇左举行的第三届壮语文水平考试共405人参加；[⑥] 2015年8月1日在广西民族大学举办了第四届壮语文水平考试。这次考试不仅吸引了广西境内的368名考生前来报考，4位云南的考生也报名参加了此次考试。在这些考生中，报考中级考试者居多，共231人；报考初级考试和高级考试的考生分别为70人和71人。除3名考生因个人原因未参加考试外，369人参加了这次考试。[⑦]

以上简要介绍了我国有关语文保护的重要法律法规，以及正在实施的

---

① http://www.gxmyw.com.cn/zyks/dgjc/2013/1017/75.html.

② http://www.gxmyw.com.cn/zyks/dgjc/2013/1017/76.html.

③ http://www.gxmyw.com.cn/zyks/dgjc/2013/1017/77.html.

④ http://www.chinanews.com/edu/2012/12-20/4425515.shtml.

⑤ http://www.mzb.com.cn/html/Home/report/13125972-1.htm.

⑥ http://www.gxmyw.com.cn/gzdt/2014/1011/438.html.

⑦ http://www.gxmw.gov.cn/mzjy/BT/5283.html.

语言复兴和语文能力考试。法律法规给予民族语言相应的政治地位，保证其在民族自治地区的社会生活中的地位和权益；民族语文能力考试着力提高民族语言使用者的民族语文能力。优秀的语言能力加上良好的语用环境，理应能够保护语言文化的多样性。但目前国内语言的实际情况并非如此。与国外语言生活的发展趋势类似，由于种种原因国内部分语言的活力正在逐渐下降，甚至存在濒危趋势。据语言学家调查，国内有 15 种语言的使用人数不足 1000 人。这些语言的现状不足以保护这些语言的活力，都处于或即将处于濒危状态（王远新，2010）。[①] 还有一些语言的活力状况更加糟糕，满语、赫哲语、鄂伦春语等几乎“临床死亡”，只有为数不多的老人能说这些语言的个别词语。这些语言正逐渐成为人们记忆中的语言。由此可见，虽然我国有较为完备的语言保护法律法规，但在新的社会环境下，语言保护的管理机构和研究者还需要探索更加有效的办法、寻求新的理论，以保护我国语言文字的多样性。

第四节　研究内容、意义、方法与结构

本书将在详细描述国内外语言保护个案的基础上探讨语言发展的一般规律和语言保护的相关理论。具体研究内容、研究意义、研究思路和研究方法等如下。

一　研究内容

本书的研究内容包括个案描写和理论探讨两部分，具体如下。

第一，国外语言复兴典型个案研究。

目前国外的语言复兴活动较多。在这些活动中，有些已经完成，有些还在进行；有些由国家推动，有些由相关学术机构及民间发起；有些较成功，有些未达到语言使用者的要求。本书将关注国外语言复兴个案中由国家推动、已完成的、较成功的个案（希伯来语的复兴）以及由民间发起、

① 王远新：《中国少数民族非物质文化遗产中的民族语言文字》，载赵学义、关凯《政策视野中的少数民族非物质文化遗产》，民族出版社 2010 年版，第 134—192 页。

正在进行、未达到语言使用者要求的个案（澳大利亚原住民语言 Kaurna 语复兴），主要介绍语言复兴运动的实施机构，实施的措施，实施过程，语言复兴遇到的困难、取得的成绩与不足等。

第二，国内语言保护及语言复兴典型个案研究。

国内有关语言保护和语言复兴研究的成果较多。比如，广西壮族自治区的“壮语文水平考试”，近些年各地满语研究学会陆续在各地开办的满语培训班，藏族歌手卓玛在甘肃天祝藏族自治县设立的卓玛藏英汉三语学校，台湾地区的客家话保护和原住民语言保护，香港地区的粤方言保护，等等。本书将挑选国内的地域濒危语言（天祝藏语）[①] 保护和台湾地区影响较大的族群语言（客家话）保护为个案，调查这些语言的保护措施、语言活力现状、社会功能、使用场合，语言使用者的语言认同、语言态度、语言期望，语言保护活动实施的时间、取得的成就、存在的不足等。

第三，语言复兴理论探讨。

在掌握第一手资料的基础上，系统比较国内外语言保护和语言复兴活动的异同，总结制约语言保护的语言因素和社会因素，探讨语言保护的本质和一般规律，并努力提出语言保护的新观点。

二　研究意义

研究和比较国内外语言保护和语言复兴的典型个案，具有以下意义：

第一，系统梳理国外语言复兴研究的最新成果，将这些成果引入国内，指导国内语言保护研究。

第二，梳理国内语言保护研究的个案，为我国政府及其他相关部门制定民族政策、语言政策和语言规划提供依据。

第三，梳理和比较国内外语言保护和语言复兴的个案，做到知己知彼，有助于我国相关部门进行民族语言和民族权益等领域的国际宣传以及从事

---

① 总体来说，国内藏语文的活力较强，不属于濒危语言。但由于特殊的语言、社会、历史环境，天祝藏族自治县的藏语文比多数其他藏族自治地的藏语文活力弱。本书将天祝藏语定义为地域濒危语言，并认为保护地域濒危语言比保护绝对濒危语言难度小，应该是语言保护工作中优先考虑的问题。

国际人权领域的交流和对话，澄清敌对势力对我国民族语文领域的不实报道，并予以回击。

第四，充分利用国外现有的研究成果和我国丰富的语言资源，研究和比较国内外语言保护和语言复兴研究的典型个案，探讨和归纳语言保护的一般规律和普遍机制，丰富语言学相关理论，为建立濒危语言学和复兴语言学做贡献。

三　研究思路和研究方法

本书遵循从“理论指导下的田野调查”到“第一手田野数据基础上”的理论总结和提升的研究思路，具体研究思路和研究方法如下：

第一步，采用文献法，系统梳理希伯来语的历史、复兴过程、复兴措施、复兴前后希伯来语的使用状况及语言结构（语音、词汇、语法等）差异。结合社会、宗教、人文等因素，采用综合分析法，分析希伯来语复兴取得的成就和不足，以及对语言保护的经验和教训。

第二步，利用文献法，仔细查阅图书资料和网络资料，掌握藏语（尤其是天祝藏语）、客家话、澳大利亚 Kaurna 语的活力现状及语言保护和语言复兴活动的实施情况。依据掌握的文献资料，编制试调查问卷和初步的访谈大纲，并选择调查地和具体调查点。

第三步，采用文献法和各种田野调查法（观察法、问卷法、访谈法），调查台湾客家话、天祝藏语、澳大利亚 Kaurna 语的活力现状、社会功能、使用场合，语言使用者的语言认同、语言态度，语言保护和语言复兴活动的实施时间、取得的成就、存在的不足，等等。

第四步，采用统计分析法，对试调查的结果进行统计分析，完善调查问卷和访谈大纲。

第五步，采用观察法、问卷法、访谈法等方法，对调查地进行第二次田野调查。

第六步，采用统计分析法，对第二次田野调查的数据进行统计分析。在相关专家指导下，采用综合分析法，利用语言学、民族学、人类学、心理学、社会学等理论，分析语言保护的普遍机制和一般理论，探讨语言保护的本质，丰富语言学尤其是濒危语言学理论。

四 本书的结构

本书内容安排如下：第一章为引论。简要介绍国内外语言保护和语言复兴的现状以及本书的基本状况。第二章介绍希伯来语复兴以及希伯来语复兴对语言保护的启示。第三章介绍澳大利亚 Kaurna 语的复兴概况及对语言保护的启示。第四章为台湾客家话保护研究。第五章为天祝藏语文保护研究。介绍国内藏语（尤其是天祝藏语）的保护。第六章为语言发展与语言保护，对语言保护的理论进行探讨，并指出本书的不足以及今后的研究方向。

第二章　希伯来语复兴研究

希伯来语属于亚非语系（Afro-Asiatic language family，又称闪—含语系）闪米特语族（Semitic languages）西北语支迦南语（Canaanite）的一个分支。希伯来语是一种古老的语言，很久以前就有了成熟的书写形式。古典希伯来语采用22个符号代表23个辅音字母，三至五个辅音字母组成词根，表达词语的基本意思（Raphael Kutscher, 1982）。[①] 早在公元前14世纪以前，希伯来语就被犹太人作为口语使用（诸葛漫、姚春林、徐佳，2012）。[②] 犹太人曾用古典希伯来语创作了灿烂的古代文明，如基督教的创世之作《圣经》以及一些诗歌（包括《摩西五经》、早期先知书等）和《士师记》等（钟志清，2010）。[③] 公元前597年和前586年，巴比伦人先后两次入侵犹太王国，将大批犹太人掠往巴比伦，史称"巴比伦之囚"。自此以后，犹太王国一蹶不振。后来犹太人又受到希腊塞琉古帝国的入侵。虽进行了一系列的反抗活动，犹太人始终未能重建自己的王朝。随着132—135年的巴尔—库克巴起义（Bar-Kokhba Revolt）失败，大批犹太人被迫远走他乡，从此以后希伯来语不再是犹太人的日常口语。巴尔—库克巴起义失败标志着口语希伯来语的灭亡（诸葛漫、姚春林、徐佳，2012）。[④]

从18世纪末19世纪初开始，现代希伯来语逐渐成为犹太人的口语，这被称为"希伯来语复兴"。"希伯来语复兴"常被人用来例证语言复兴的成功个案，甚至被人称为到目前为止"唯一语言复兴的实例"（Paulston

---

① Raphael Kutscher, *A History of the Hebrew Language*, Leiden: The Magnes Press, 1982.

②④ 诸葛漫、姚春林、徐佳：《一门新的语言学分支：复兴语言学——兼谈濒危语言和濒危方言复兴的普遍制约条件和机制》，《世界民族》2012年第6期，第66—73页。

③ 钟志清：《希伯来语复兴与犹太民族国家建设》，《历史研究》2010年第2期，第116—126页。

Christina Brat, Chee Chen Pow, Mary C. Connerty, 1993）[①]“史无前例的语言现象”“奇迹”（Moshe Nahir, 1998）。[②] 还有人把“希伯来语复兴”完全归于埃利泽·本－耶胡达（Eliezer Ben-Yehuda，曾姓“帕尔曼”Perelman, 1858—1922）一人的功劳，称他为“现代希伯来语之父”（张学谦，2011）。[③] 事实上这些观点并非完全正确。本章首先简述希伯来语复兴的经过，还原一段真实的希伯来语发展历史；其次对比传统希伯来语与现代希伯来语的异同，剖析希伯来语复兴的实质；最后分析希伯来语复兴对语言保护的启示。

第一节　复兴运动前的希伯来语

要研究希伯来语复兴，首先应了解复兴前希伯来语的使用状况和社会地位。如前所述，在被巴比伦人和其他民族入侵以后，犹太王国不复存在。犹太人被迫移居到现在的东欧、西欧、俄罗斯等地，他们大多以“小聚居、大杂居”的方式与信奉基督教的民族共同生活在一起。新来的犹太移民通常会受到原有居民的歧视，加之犹太人的宗教与其他人的宗教不完全相同，因此犹太人通常被强迫居住在“隔都”中（赵云侠，1996）。[④] 为了生活方便和免受歧视，犹太人也愿意和本民族人居住在一起。他们建立了一些专门供犹太人居住的“犹太区”。“隔都”和“犹太区”通常建有犹太教会和教堂、法院、监狱、学校、浴室、旅馆、公墓等设施。“隔都”和“犹太区”阻碍了犹太人与其他民族的交流，客观上保护了犹太民族文化。

---

① Paulston Christina Brat, Chee Chen Pow, Mary C. Connerty, Language Regenesis: A Conceptual Overview of Language Revival, Revitalisation and Reversal, *Journal of Multilingual and Multicultural Development*, Vol. 14, No. 4, 1993, PP. 275–286.

② Moshe Nahir, Micro Language Planning and the Revival of Hebrew: A Schematic Framework, *Language in Society*, Vol. 27, No. 3, 1998, PP. 335–357.

③ 张学谦：《如何唤醒沉睡中的语言？希伯来语复振的经验》，《台湾国际研究季刊》2011年第4期，第127—153页。

④ 赵云侠：《犹太复国主义产生前的犹太民族问题》，《世界历史》1996年第2期，第64—71页。

目前学界几乎一致认为，犹太人移居世界各地以后，希伯来语仍是犹太人的宗教用语和文学用语。“隔都”和“犹太区”中建有学校，犹太男性可以在这些学校里学习希伯来语圣经和法律典籍；“隔都”和“犹太区”中还建有教堂，男性们还可以在这里参加宗教活动。所有这些活动，都需要犹太人掌握希伯来语。也就是说，流散时期的犹太人，至少犹太人中的男性，一直在学习和使用希伯来语。

除了学习希伯来语外，流散时期犹太人还用希伯来语创作了一些文学作品。如什洛莫（Shlomo Yitzchaki）（又名拉什 RAbbi SHlomo Itzhaki, 1040—1105）对《塔纳赫》（*Tanakh*）和《塔木德》（*Talmud*）两部经书进行了评论和修正；哈勒维（Yehuda Halevi, 1080—1142）创作了大量的宗教诗歌和世俗诗歌；迈蒙尼德（Moses Maimonides，1135—1204）创作了大量哲学作品。这时期创作的作品中，有部分作品脱离了以前希伯来语只应用于宗教和律法的限制，拓宽了希伯来语的语用领域，为后世的希伯来语复兴打下了基础（Moshe Nahir，2002）。[①]

这时期的文学作品不仅延续了希伯来语的生命力，还为其注入了新的活力。世界在不断发展变化中，新事物层出不穷，这要求语言推陈出新，以便用新语言成分表达新事物。古典希伯来语词汇有限，表达的是流放前犹太人的生活。要表达中世纪犹太人的生活，古典希伯来语的词汇具有很大的局限性。为了更好地用希伯来语进行文学创作，犹太学者尝试从密西拿希伯来语（Mishnaic Hebrew）、中世纪希伯来语（Medieval Hebrew）[②] 以及亚拉姆语（Aramaic Language，与希伯来语、阿拉伯语一道，同属亚非语系闪米特语族）中借用词语，从阿拉伯语中用“借词”（loan translation）的方式翻译新词。这些方式增加了希伯来语的词汇量和语法结构类型。这一时期引入希伯来语的词汇包括“志向”“支持”“关押”等；创造的新词包括“公理”“忧郁”“变形”等。同时，这一时期创作出了用词缀 /i/ 表示形容词，用 /–ut/ 表示抽象名词的用法。如 /ruxani/（精神的），/dati/（宗教

① Moshe Nahir, Corpus Planning and Codification in the Hebrew Revival, *Language Problems and Language Planning*, Vol. 26, No. 3, 2002. PP. 271–298.

② 古典希伯来语（又称传统希伯来语）、密西拿希伯来语、中世纪希伯来语是希伯来语发展的不同阶段。但是人们通常只承认古典希伯来语为希伯来语。

的），/axdut/（团结）等（Reuven Sivan，1980）。[①]

流放时期，大部分犹太人被迫背井离乡，散居于世界各地，但仍有一小部分犹太人生活在古代犹太王国的地域，也就是现在的巴勒斯坦地区。有研究显示，虽然这一地区先后被不同国家占领，官方语言也随之发生变化，阿拉美语（Aramaic language）、希腊语、阿拉伯语等不同的语言先后成为当地的官方语言，但希伯来语始终是当地的日常用语之一。直到希伯来语复兴运动前夕，希伯来语一直是当地犹太人族群内部的日常交际语；甚至外国的公使也要学习希伯来语，以便与当地人交流；并且当地还发行希伯来文印刷的报纸（T. V. Parfitt，1972）。[②] 另外，即使那些流散在世界其他地区的犹太人，大多数也是希伯来语和其他语言的双语人或多语人。他们与犹太人交流时使用希伯来语，与其他人交流时使用当地语言。这种现象在西班牙等地表现得最为明显。希伯来语一直是居住在西班牙的犹太人的日常交际语，甚至希伯来语在西班牙历史上（711—718 年，912—1031 年）还曾经出现过短暂的复兴（Elizabeth Anne Finn，1866）。[③] 从这个角度来说，不管作为宗教语言还是世俗语言、书面语还是口语，希伯来语在历史上并没有灭亡。但不可否认的是，大流散之后，各地的希伯来语出现了较大的分化。一千多年后犹太人重新聚集在现在的巴勒斯坦地区时，来自不同地区的人已经很难用希伯来语交流了。

材料大致展示了希伯来语的历史发展和各时期的活力状况。犹太王国灭亡以后，大部分犹太人被迫离开自己的家园，散居在世界各地。为了与其他民族交流，犹太人学会了居住地的语言或方言，并将希伯来语融入这些语言或方言中，形成了法语—希伯来语、拉迪诺语（Judaeo-Spanish，即希伯来—西班牙语）、意第绪语（Yiddish language）等多种语言变体。这些与希伯来语混合的语言或方言中保留了大量希伯来语成分。有学者甚至认为，曾经被大多数犹太人使用的意第绪语在语言系属上与

---

① Reuven Sivan, *The Revival of the Hebrew Language*, Jerusalen: E. Rubinstein Publishing, 1980.

② T. V. Parfitt, The Use of Hebrew in Palestine 1800–1882, *Journal of Semitic Studies*, Vol. 17, No. 2, 1972, PP. 237–252.

③ Elizabeth Anne Finn, *Home in the Holy Land*, James Nisbet & Co., 21 Berners Street, 1866.

德语没有关系，应该和希伯来语一样，被归为闪米特语族（Paul Wexler，2002）。[①] 另外，出于宗教或民族心理等原因，各地的犹太人（尤其是犹太男性）一直学习希伯来文的《圣经》和其他希伯来语法律书籍，同时用希伯来文创作了一些文学作品。还有一部分犹太人没有离开自己的家园，他们一直生活在古犹太王国的地域（现在的巴勒斯坦地区），这些人成为希伯来语–阿拉伯语双语人。由于历史上阿拉伯语在巴勒斯坦的影响力要强于希伯来语，这些人的阿拉伯语能力要远强于希伯来语能力。

综合以上分析可以看出，犹太王国灭绝以后，古典希伯来语作为日常交际语不复存在了，但世界各地衍生出大大小小、各种各样的希伯来语变体。这些希伯来语变体都保留了古典希伯来语成分，并成为犹太人千百年来的口头语言。在使用希伯来语变体做口头交际语的同时，犹太人一直学习传统的古典希伯来语，并使用古典希伯来语从事宗教活动和进行审判工作。一些有影响的犹太人，采用古典希伯来语并吸收一些外来词汇或表达方式，来创造文学作品，这些犹太作品的语言通常也被看作希伯来语。从语言发展的角度来说，希伯来语并没有消亡，只是由于缺少必要的语言规划，传统希伯来语分化出不同的变体，使得世界上不同地区的犹太人无法用希伯来语交流。从静止角度看，传统希伯来语也没有消亡。借用黄行（2000）的“语言能力”和“语用条件”这两个术语分析犹太人大流散后希伯来语活力，[②] 犹太人（尤其是男性）在犹太学校学习了古典希伯来语《圣经》和各种希伯来律法，这些学习活动使他们具有了古典希伯来语的“语言能力”。但犹太人散居在世界各地，他们被使用其他语言的人包围着，没有使用希伯来语交际的社会环境；这种“语用条件”的限制使得古典希伯来语仅被应用到宗教活动中。

---

① Paul Wexler, *Two-tiered Relexification in Yiddish: The Jews, Sorbs, Khazars and the Kiev-Polessian Dialects*, Berlin: Mouton de Gruyter, 2002.

② 黄行：《中国少数民族语言活力研究》，中央民族大学出版社 2000 年版。

第二节　希伯来语复兴的外部因素

希伯来语在 18 世纪末 19 世纪初走向复兴之路，部分原因是受到了当时国际环境的影响。这些因素包括受欧洲文艺复兴影响的哈斯卡拉运动（Haskalah，即犹太启蒙运动）和一些其他政治事件。

在经历漫长而黑暗的中世纪之后，从 14 世纪开始意大利率先走上了复兴之路，历史上称为“文艺复兴”。文艺复兴的宗旨是提倡人文主义和现实主义，倡导学习科学文化，尊重人权，反对中世纪的宗教观、神权至上观和蒙昧主义。作为文艺复兴运动的一个重要组成部分，欧洲文学开始由拉丁文学转向以本国语言文字为主的文学。意大利的但丁（Dante Alighieri，1265—1321）、法国作家拉伯雷（François Rabelais，1493—1553）、英国的莎士比亚（William Shakespeare，1564—1616）、西班牙的塞万提斯（Miguel de Cervantes Saavedra，1547—1616）等都是文艺复兴时期杰出的作家。他们坚持用本国语言创作国内普通百姓喜欢的文学作品。这些文学作品为现代欧洲各国发展和繁荣本国语言做出了重大贡献。

在欧洲文艺复兴运动的影响下，从 18 世纪 80 年代开始，哈斯卡拉运动首先在现今的德国柏林和俄罗斯的加里宁格勒（Konigsberg）等地的犹太聚居区兴起（Moshe Pelli，2000）。① 其宗旨在于吸收西方启蒙运动的价值，推动犹太社区融入现代社会；希望通过这种运动增加犹太社会的世俗内容，让所有犹太人都接受希伯来语和犹太历史教育，增强犹太人的民族认同感。在哈斯卡拉运动中，涌现出了一批希伯来语作家，他们用希伯来语创作文学作品，提倡人性解放，号召成立犹太国家（Moshe Pelli，1999）。③ 1783 年，德国的犹太人创办了一个叫 *Hame'asef* 的期刊（1783—1797 年，1808—1811 年），每月一期，出版希伯来语的文章。传统希伯来

① Moshe Pelli, Literature of Haskalah in the Late 18th Century, *Zeitschrift für Religions- und Geistesgeschichte*, Vol.52, No.4, 2000, PP. 333-348.

② Moshe Pelli, When did Haskalh Begin? Establishing the Beginning of Haskalah Literature and the Definition of "Modernism", *Leo Baeck Institute Year Book*, Vol.44, No.1, 1999, PP. 55-96.

文学体裁有限，仅局限于宗教文本和法律文本。自 *Hame'asef* 创刊以来，欧洲文学中的小说、剧本、游记、自传、书信等体裁开始走进希伯来文学，使得希伯来文学更加贴近普通人的生活，也使得希伯来语更加接近日常口语。同时，文学创作过程中希伯来语作家深刻体会到古典希伯来语表达现代事物的局限性。据统计，古典希伯来语只有 7000—8000 个词根，且部分词根的语义模糊（Jack Fellman，1973）。[①] 这样一种 2000 多年前的语言肯定无法满足当时的表达需求。为了创作的需要，希伯来语作家一方面赋予古典希伯来语词汇新意义，如"商场"（מסחר בית）、"群众观点"（קהל לעת）、"文化"（תרבות）、"危机"（משבר）等；另一方面从其他语言中借入词汇，以满足文学创作的需求，如来自德语的"高级中学"（בינלים ספר בתי，德语 Mittelschule）、"可是"（לבד，德语 allein）等一些词汇（Raphael Kutscher，1982）。[②]

在哈斯卡拉运动中，最活跃的作家当属斯服利姆（Mendele Mocher Sforim *ספרים מוכר מנדלי*，1836—1917)，他是一名希伯来语作家，也是意第绪语作家。他对现代希伯来语的发展做出了很大贡献。斯服利姆在文学创作过程中深刻体会到了古典希伯来语的局限性，他通过以下五种方式扩充了希伯来语词汇：第一，依据客观需要，按照古典希伯来语的构词方式创造希伯来语新词；第二，赋予古典希伯来语词汇新语义；第三，重新组合已有的希伯来语词汇；第四，从古代希伯来语作品中发掘词汇；第五，考证希伯来语《圣经》和《塔木德》中动物的名称与现代动物的对应关系（Moshe Nahir，2002）。[③] 这些做法得到了当时大多数希伯来语作家的认可。通过这些作家的共同努力，希伯来语词汇变得更加丰富。

哈斯卡拉运动不仅丰富了希伯来语词汇，也启迪了犹太人的心智。在这一时期，欧洲的一些国家，如希腊（1829 年）、意大利（1849 年）等纷纷取得了民族独立，这促使犹太人开始思考自己民族的未来。在文学领域，戈登（Judah Leib Gordon，1830—1892）发表了诗歌《醒来吧，我的

① Jack Fellma, The "Revival" of the Hebrew Language, *Anthropological Linguistics*, Vol. 15, No. 5, 1973, PP. 250–257.

② Raphael Kutscher, *A History of the Hebrew Language*, Leiden: The Magnes Press, 1982.

③ Moshe Nahir, Corpus Planning and Codification in the Hebrew Revival, *Language Problems and Planning*, Vol. 26, No. 3, 2002, PP. 271–298.

人民》(יע$ הקיצה)，马普（Avraham Mapu，1808—1867）发表了小说《锡安之恋》(ציון אהבת)。这些都激起了犹太人内心存在已久的、希望建立自己的国家的渴望。1879 年本 - 耶胡达（Eliezer Ben-Yehuda，1858—1922）在《黎明》(*Ha-Shahar*) 期刊上发表了一篇文章《一个严肃的问题》(*Sheela Nikhbada*)，他认为犹太人要保持民族独立性，在未来不被其他民族同化，唯一的途径就是在犹太人祖先居住的地方、现在的巴勒斯坦地区建立犹太人自己的国家。在哈斯卡拉运动的影响下，1897 年来自世界不同地域的犹太人在巴塞尔召开了第一届犹太复国大会，会上赫兹尔（הרצל זאב בנימין，1860—1904）提到建立犹太人自己国家的目标，并把现在的巴勒斯坦地区作为建国地，把希伯来语定为未来建立的犹太国的官方语言。

> 除非回到祖先的领土上，犹太人不能成为一个真正的国家。同样地，若非恢复祖先的语言，也无法建立自己的国家。祖先的语言，不仅使用于书面语、神职或科学领域……还需要通过口语传播，成为老幼、妇孺、男女老少，不分昼夜使用于生活的种种事物，就像其他国家一般。①

19 世纪初期，居住在巴勒斯坦地区的犹太人并不多。资料显示，1806 年耶路撒冷地区约有 2000 个犹太人；几乎同一时期，1812 年的数据显示，提比利亚（Tiberias）、希伯伦（Hebron）和采法特（Safed）分别约有 1000 个、1000 个和 900 个犹太人（T. V. Parfitt，1972）。② 耶路撒冷、提比利亚、希伯伦和采法特是犹太人心目中的四大圣城，也是犹太人聚居的地方。这样算下来，19 世纪初期大约有 4000 个犹太人生活在巴勒斯坦地区。在犹太复国主义（Zionism）的影响下，19 世纪末 20 世纪初，大批犹太人返回巴勒斯坦。同时在这一时期，俄国爆发了反犹太人运动，亚历山大三世（1845—1894，1881—1894 年）在位时期共颁布了 65 个反犹决议，尼古拉二世

① Saulson, Scott B. (Ed.), *Institutionalized Language Planning: Documents and Analysis of the Revival of Hebrew*, The Hague: Mouton, 1978.

② T. V. Parfitt, The use of Hebrew in Palestine 1800-1882, *Journal of Semitic Studies*, Vol. 17, No. 2, 1972, PP. 237-252.

（1868—1918 年，1894—1917 年）在位时期又颁布了 50 个反犹太人的决议（郭宇春，2007）。[①] 这加快了犹太人回归巴勒斯坦地区的速度。1881 年，巴勒斯坦地区的犹太人增加到大约 25000 人（T. V. Parfitt，1972）；[②] 到 1903 年犹太人的数量又翻了一番，达到 50000 人（黄增强，1998）。[③] 大量犹太人云集在巴勒斯坦地区，并且他们都有建立犹太国家的愿望，这就急需在当地的犹太人之间推行一种共同语言，以便大家顺畅交流，实现建立犹太国家的愿望。

历史上犹太人使用过多种类型的希伯来语，圣经希伯来语（Biblical Hebrew，约公元前 1000 年—70 年，又称古典希伯来语、传统希伯来语）、密西拿希伯来语（Mishnaic Hebrew，约公元 1—4 世纪）、犹太人大流放时期使用的中世纪希伯来语（Medieval IIebrew，这种希伯来语主要用作文学创作）以及使用人口较多的意第绪语（希伯来语与一种德语方言的混合语）和拉迪诺语（西班牙语、希伯来语、亚拉姆语混合而成，受到阿拉伯语和土耳其语的影响）。在这些语言变体中，意第绪语和拉迪诺语的认同度最低，被认为太土，不适合作为未来犹太人的共同语（Shimon A. Shur，1996）；[④] 密西拿希伯来语和中世纪希伯来语与犹太人被征服、被压迫的历史紧密相连，容易让人们回忆起那些不愉快的历史（Iris Parush，2004），[⑤] 圣经希伯来语是强大的犹太王国时期的语言，被认为最适合做犹太人的共同语。现实需求和历史发展决定了犹太人复兴古典希伯来语。

---

① 郭宇春：《犹太人与俄国革命运动》，《黑龙江社会科学》2007 年第 5 期，第 46—50 页。

② T. V. Parfitt, The Use of Hebrew in Palestine 1800-1882, *Journal of Semitic Studies*, Vol. 17, No. 2, 1972, PP. 237-252.

③ 黄增强：《试论犹太复国主义运动成功的内部因素》，《云南学术探索》1998 年第 2 期，第 70—76 页。

④ Shimon A. Shur, Modern Hebrew in the Light of Language Planning Terminology, History, and Periodization, *Hebrew Studies*, Vol. 37, No. 1, 1996, PP. 39-54.

⑤ Iris Parush, Another Look at "the Life of 'Dead' Hebrew": Intentional Ignorance of Hebrew in Nineteenth-century Eastern European Jewish Society, *Book History*, Vol. 7, No. 2, 2004, PP. 171-214.

第三节　现代希伯来语之父

本－耶胡达通常被犹太普通百姓或不懂闪含语言的语言学者称为“现代希伯来语之父”（Robert St. John，1952），[①] 在语言保护专家看来，本－耶胡达是希伯来语复兴的主要倡导者，在复兴运动中做出了很大的贡献。即便如此，把希伯来语复兴完全归功于本－耶胡达是不科学的，也是不正确的。

本－耶胡达于 1858 年 1 月 7 日出生在立陶宛境内的一个农村家庭。几乎与和他同时期的其他犹太男孩一样，本－耶胡达在三岁的时候开始学习希伯来语《圣经》，六岁的时候学习《塔木德》。幼年时期的本－耶胡达表现出较强的学习能力，后来家人把他送到离家较近的波洛茨克市（Polotsk）学习。在新的环境里，本－耶胡达阅读了大量古今希伯来语文献。通过阅读，他开始了解外部世界，逐渐接触到欧洲的启蒙运动，认识到希伯来语同其他语言一样，不仅能用作《圣经》和《塔木德》那样的宗教语言和法律语言，还可以用作世俗话题，创作像小说、传记那样的文学作品。这种想法在当地的犹太人中是不能被接受的。当时大部分犹太人都认为希伯来语是神圣的语言，不能被用在世俗领域，否则就是对神圣语言的玷污。

由于与他人观点不同，本－耶胡达离开波洛茨克市来到一个叫作格鲁博卡（Glubokia）的城市。在这里他遇到了一位开明的犹太人尤纳斯（Shlomo Naftali Hirz Yonas），也就是他未来的岳父。由于观点相近，尤纳斯把本－耶胡达留在家中，让自己的女儿、本－耶胡达未来的第一任妻子小尤纳斯（Devora Yonas）教耶胡达学习法语、德语、俄语以及欧洲的文化和历史。学会这些语言之后，本－耶胡达进入现拉脱维亚陶格夫匹尔斯（Dünaburg）的一所文科中学接受系统学习。

中学毕业以后，本－耶胡达来到巴黎接受高等教育。在这里他学习了

① Robert St. John, *Tongue of the Prophets: The Life Story of Eliezer Ben Yehuda*, New York: The Country UFE Press, 1952.

奥斯曼土耳其帝国的历史和政治、欧洲历史、中东历史以及高级希伯来语课程，开始思考民族独立问题。[①] 他在当时的希伯来语刊物上发表了多篇文章（包括上面提到的《一个严肃的问题》），阐述自己有关建立“犹太国”的思想。在巴黎学习期间，本－耶胡达已经有了复兴希伯来语的初步设想。在一篇文章中他曾经这样说道：“只有建立一个以犹太人为主体的国家，才能复兴希伯来语；鉴于此，应该在原来的犹太王国地区增加犹太人口。这样的话我们就能复兴自己的民族和语言”（Robert St. John，1952）。[②] 本－耶胡达在 *Ha-Havazzelet* 周报上发表过两篇文章，分别为《教育问题》（*Sheelat Ha-Hinukh*）和《关于教育》（*Al Ha-Hinukh*）。在这两篇文章中他指出，巴勒斯坦地区的学校应该采用希伯来语教学，通过学校学习，学生们可以把希伯来语带入家庭和社会（Iris Parush，2004）。[③] 这是他首次思考复兴希伯来语的方式和方法。

1881 年夏天，本－耶胡达和妻子来到巴勒斯坦地区，开始希伯来语复兴运动。当时巴勒斯坦地区的犹太人没有民族通用语，他们大多讲以前居住地的语言或方言，或是这些语言变体与希伯来语的混合语：来自地中海和东欧地区的犹太人主要讲拉迪诺语；来自西欧的讲意第绪语；来自高加索地区的讲格鲁吉亚语；来自北非的讲北非原住民语言；而巴勒斯坦当地主要通行阿拉伯语。只有来自不同地区的犹太人通话时，他们才偶尔使用希伯来语。本－耶胡达采取了一系列措施，试图在巴勒斯坦地区复兴希伯来语。后人总结了他主导的希伯来语复兴活动，将其分为了七步：第一，从自身做起，培养出第一个希伯来语家庭；第二，以自身经验为例，在社会上大力宣传希伯来语复兴，把希伯来语作为巴勒斯坦地区的全民通用语；第三，在巴勒斯坦地区形成讲希伯来语的社团或群体；第四，在学校中推广希伯来语教育；第五，创办希伯来语报纸，使普通群众能够学习希伯来语；第六，编写并出版《古代和现代希伯来语字典》；第七，建立希伯来语

① 当时奥斯曼土耳其帝国统治东欧、南欧、中东地区的大部分地区，包括现在的巴勒斯坦地区。

② Robert St. John, *Tongue of the Prophets: The Life Story of Eliezer Ben Yehuda*, New York: The Country UFE Press, 1952.

③ Iris Parush, Another Look at “the Life of ‘Dead’ Hebrew”: Intentional Ignorance of Hebrew in Nineteenth-century Eastern European Jewish Society, *Book History*, Vol. 7, No. 2, 2004, PP. 171-214.

委员会，规划希伯来语（Fellman Jack，2011）。[①]

到达之初，本－耶胡达和妻子约定，相互间只讲希伯来语，不使用其他语言。在实际生活中，受制于希伯来语表达的局限性，有时候他们无法寻找到合适的词语表达事物，这时候他们宁愿借助手势也不使用其他语言。1882 年，本－耶胡达的儿子小耶胡达（Ben-Zion Ben Yehuda, 后改名为 Ittamar Ben-Avi）降生，本－耶胡达和妻子坚持在家中只说希伯来语，以便他们的孩子能把希伯来语作为母语习得。为避免外来干扰，当有人来家做客时本－耶胡达就把孩子锁在其他房间里，不让孩子接触其他语言（Fellman Jack，2011）。[②] 靠着这份执着，本－耶胡达和他的妻子培养出希伯来语口语"灭亡"以后第一个希伯来语母语人。希伯来语在本－耶胡达家中复兴的经验向犹太人证明，希伯来语和其他语言一样，可以作为家庭语言使用。在本－耶胡达的影响下，另外四个家庭开始在家庭内部使用希伯来语。

慢慢地，本－耶胡达逐渐意识到，仅靠自己的示范影响周围的人学习和使用希伯来语，效果是非常有限的。为了更快更广泛地推广希伯来语，他在当地报纸 *Ha–Havazzelet* 上发表一系列文章，宣传自己的观点，号召大家一起讨论如何复兴希伯来语。在这些文章中，最重要的是三篇以《希伯来语复兴》（*Tehiat Ha–Safa Ha–Ivtit*）为题目的文章，在这些文章中他写道："如果一个民族不能建成一个独立的国家，没有自己独立的语言，它就不能被称为一个民族……以色列人有自己的国家怎么能够没有自己的语言呢？没有语言，能够被称为一个独立的民族吗？""如果我们想完成我们的伟大事业，在开始阶段就应该考虑如何复兴我们的语言……我们现在已经迈出了一小步，接下来我们应该考虑一下下一步该怎么做，如何能够更好地复兴我们父辈的语言。""说出你的想法，告诉大家应该怎么做，如何才能够完成这神圣的任务，如何才能复兴我们父辈的语言，如何能够使它成为整个民族的日常用语"（Fellman Jack，2011）。[③] 针对这些问题，本－耶胡达最后给出了答案，他认为最有效的办法就是犹太人日常生活中坚持学习和使用希伯来语："如果在家里、在田地里、在市场上、朋友聚会时我

---

①②③ Fellman Jack, *Contributions to the Sociology of Language: The Revival of Classical Tongue: Eliezer Ben Yehuda and the Modern Hebrew Language,* Meuchen, DEU: Walter de Gruyter, 2011.

们不能够坚持讲希伯来语，我们就不能把希伯来语变成交际工具，我们所有的理想都会成为泡影”（Fellman Jack，2011）。[①] 本－耶胡达就这样一点点地启发周围的人，使他们认识到每一位犹太人的言行对复兴希伯来语的重要作用。

随着复兴活动的推广，本－耶胡达进一步意识到个人力量很有限，仅凭自己很难建立以色列国，很难复兴希伯来语。1882 年本－耶胡达和别人一起，创建了“以色列复兴委员会”（Tehiat Yisrael），以推动希伯来语复兴和建立犹太王国。“以色列复兴委员会”建立了组织章程，其中第四条规定：“委员会的成员在委员会内部会议上只能讲希伯来语，甚至在大街上或市场上遇到时，也要讲希伯来语；他们还应该向孩子以及去家里做客的其他人传授希伯来语；委员会有义务规范现行希伯来语，并力争使其成为学校语言”（Fellman Jack，2011）。[②] 1889 年本－耶胡达创设了希伯来文学委员会（Safa Berura）专门负责语言复兴，并列举了这一机构的四大职责，具体如下：

第一，雇佣能够讲希伯来语并愿意教授希伯来语的女性去犹太人家中或学校中教其他犹太女性学习希伯来语。

第二，委员会将根据自己的财力情况，出版希伯来语口语书籍，这些书籍将包含生活和商业活动中所必需的希伯来语词汇。为达到这一目标，委员会将成立专门的文学委员会，搜集各时期希伯来文学作品中的希伯来语词汇。

第三，拟成立的文学委员会将搜集整理各时期文学作品中的希伯来语词汇，审定其意义，加以出版发行，以便更多的人能够学习这些词汇。同时，委员会将与当代最好的希伯来语法学家和作家一起商讨，创造新的希伯来语词汇，以满足现代犹太人的交际需求。

第四，委员会支持任何人在家中学习并使用希伯来语，并希望大

① ② Fellman Jack, *Contributions to the Sociology of Language*: *The Revival of Classical Tongue*: *Eliezer Ben Yehuda and the Modern Hebrew Language,* Meuchen, DEU: Walter de Gruyter, 2011.

家共同分享学习希伯来语更简洁、更容易的方法和经验。[①]

为了让更多的人学习希伯来语，本－耶胡达找到了他的朋友，一所学校的校长拜彻（Nissim Bechar）先生，希望能在学校中开设希伯来语课程。拜彻校长也是希伯来复兴主义者，非常愿意让本－耶胡达来学校教授希伯来语课程，同时拜彻校长根据自己的教学经验，建议本－耶胡达采用沉浸式教学法教授希伯来语，即课堂上下只讲希伯来语，不讲其他语言。本－耶胡达非常珍惜这样的机会，他每周工作 6 天，每天教学 6—8 小时，希望帮助更多孩子学习希伯来语。高强度的工作摧垮了本－耶胡达的身体，仅仅工作几个月后，因健康问题他不得不离开教学岗位。虽然本－耶胡达教授希伯来语的时间不长，但他和校长的实践使人们看到，对合适年龄段的孩子采取希伯来语沉浸式教学，能够培养出流利的希伯来语使用者，甚至希伯来语单语人。1889 年巴勒斯坦地区开设了第一家希伯来语幼儿园，教犹太人的小孩子讲希伯来语。由于入园的儿童大多只有三岁，还不能流利地使用任何一种语言，幼儿园希望以希伯来语沉浸教学的方式，把孩子们培养成流利的希伯来语使用者。

本－耶胡达认为，不仅应该创造条件帮助孩子们学习希伯来语，还应该帮助和鼓励成人学习和使用希伯来语。为此，1884 年本－耶胡达主办了一份希伯来语报纸 *Ha-Zevi*。在这之前，当地已经有了几家希伯来语报刊，这些刊物大致分为两类：一类偏重于学术研究，主要介绍欧洲的文学和哲学；另一类关注犹太人的普通生活。对那些怀揣建立自己国家的梦想而来到这片土地上的犹太人来说，这两类报纸都不符合他们的需求。本－耶胡达主办的报纸 *Ha-Zevi* 向读者介绍巴勒斯坦当地的新闻和世界上其他地方有关科技、文化、医药、文学、艺术等方面的新闻。这大大拓宽了读者的眼界，使得他主办的报纸很受欢迎。除了内容吸引读者，本－耶胡达时刻注意使用规范的希伯来语，希望阅读报纸成为人们学习希伯来语的重要途径。据后人统计，*Ha-Zevi* 刊物上外语词汇仅占全部词汇的 2%，同一时期

① Fellman Jack, *Contributions to the Sociology of Language*: *The Revival of Classical Tongue*: *Eliezer Ben Yehuda and the Modern Hebrew Language,* Meuchen, DEU: Walter de Gruyter, 2011.

其他希伯来语报纸上外语词汇占 14%（Fellman Jack，2011）。[①] 新颖的内容外加规范的希伯来语表达，本 – 耶胡达通过这种方式使成年人尽量多接触和学习希伯来语。

在希伯来语写作和教学过程中，本 – 耶胡达发现当时的希伯来语词汇贫乏，缺乏规范。为此他翻阅了 40000 多本书籍，整理历史上曾使用过的希伯来语词汇；为了满足交际的需要，他还自己创造了 289 个希伯来语词汇。这样，他最终完成包括 20000 字，500000 义项的希伯来语词典。有意思的是，希伯来语“字典”（מילון，milon）这个词语就是本 – 耶胡达创造的。为了便于读者使用，他一改以往字典采用字母顺序编排的惯例，而是把搜集或新创作的所有词汇分为 18 类，以类属的方式向读者呈现希伯来语词汇。例如，在“颜色”一类下面，他列举出希伯来语中的颜色词，在“疾病”一项中列举所有与疾病有关的词汇。本 – 耶胡达的希伯来语词典不仅为人们学习和使用希伯来语提供了一部工具书，更重要的是这本书采用理性的观点看待不同时期的希伯来语。以前人们通常把圣经希伯来语（古典希伯来语）看作神圣的语言，而把后圣经希伯来语（包括密西拿希伯来语，塔木德希伯来语，米德拉什希伯来语，中世纪希伯来语以及现代希伯来语）看作不纯洁的语言，不把后者看作希伯来语。本 – 耶胡达的词典把不同时期的希伯来语看作希伯来语的自然发展，认为这些都是希伯来语的重要组成部分。这样就大大扩充了希伯来语词汇，丰富了希伯来语表达。

为了使更多的人参与到希伯来语复兴运动中，本 – 耶胡达把希伯来文学委员会（Safa Berura）改名为希伯来语言学会（Waad Ha-Lashon），负责规划和规范希伯来语。至此以后，希伯来语复兴开始由希伯来语言学会和希伯来语教师协会（Agudat ha-morim be-eretz yisra’el，后改名为 Histadrut ha-morim）主导。毫无疑问，本 – 耶胡达是希伯来语复兴的主要倡导者，但在他主导的这段复兴时期，希伯来语的使用人数并未出现明显增加，到 1902 年巴勒斯坦地区仅有 10 户家庭使用希伯来语，仅 20 位女性从事希伯

① Fellman Jack, *Contributions to the Sociology of Language*: *The Revival of Classical Tongue*: *Eliezer Ben Yehuda and the Modern Hebrew Language,* Meuchen, DEU: Walter de Gruyter, 2011.

来语教学（Fellman Jack，2011）。[①]

第四节　希伯来语言学会和希伯来语教师协会

本 - 耶胡达创立了希伯来语言学会，用以指导希伯来语复兴。希伯来语学会的任务主要包括以下三方面（Ilker Ayturk，2010）：[②]第一，在家庭、学校、公共生活、商业、工业、艺术、哲学、科学等领域推广和普及希伯来语口语和书面语；第二，审定希伯来语词汇的拼写和读音；第三，改进希伯来语，以使其适应人们的当代生活。

虽然本 - 耶胡达等人总结并创制了一些希伯来语词汇，但还是无法满足表达的需求。为此，学会的重要任务之一就是继续扩充希伯来语词汇。他们翻阅不同时期的希伯来文学作品，寻找那些不常用的词汇，赋予这些词汇现代意义；如果无法在已有词汇中找到需要的表达，他们就自己创造新词，以满足交际的需求。创造新词时通常遵循以下原则与方法：在希伯来语文献中寻找是否有意义相近的词根，如果能够找到，则以此词根为基础创造新词；如果不能找到相关词根，则在阿拉姆语中寻找相关词根；如果还无法找到，则转为在阿拉伯语等其他闪含语系中寻找相关词根。后来委员会的成员达成一致意见，除希伯来语已经包含的希腊和罗马名词外，希伯来语不应该从非闪含语系的其他语言中借入词汇。

除丰富词汇以外，学会的重要任务之一是审定希伯来语音。当时的巴勒斯坦地区生活着来自世界不同地区的犹太人。这些人所讲的希伯来语具有不同的语音系统，这些语音系统大体可分为两类：（阿拉伯—）塞法迪（Arabicized-Sephardic）语音系统和爱什肯纳兹（Ashkenazic）语音系统。二者在音系方面存在一些差异。辅音方面，（阿拉伯—）塞法迪语音系统中有 /ḥ, ʕ, ṭ, q/ 与 /x, ʔ, t, k/ 的对立，而爱什肯纳兹语音系统中只有后者；

---

① Fellman Jack, *Contributions to the Sociology of Language*: *The Revival of Classical Tongue*: *Eliezer Ben Yehuda and the Modern Hebrew Language,* Meuchen, DEU: Walter de Gruyter, 2011.

② Ilker Ayturk, Revisiting the Language Factor in Zionism: The Hebrew Language Council from 1904 to 1914, *Bulletin of the School of Oriental and African Studies*, Vol. 73, No.1, 2010, PP. 45–64.

爱什肯纳兹语音系统区分 /t/ 和 /s/，（阿拉伯—）塞法迪语音系统将二者合并为 /t/。元音方面，（阿拉伯—）塞法迪语音系统存在 /e/ 与 /ɛ/、/a/ 与 /ɔ/ 的对立，爱什肯纳兹语音系统将 /e/ 与 /ɛ/ 合并为 /e/、将 /a/ 与 /ɔ/ 合并为 /a/。

面对这种状况，语言学会必须认真审定两种语音体系，确定巴勒斯坦地区通用的希伯来语的语音系统。（阿拉伯—）塞法迪语音系统主要由曾生活在西班牙和地中海地区，讲拉迪诺语的犹太人使用，这一地区曾长时间被阿拉伯人控制，因此（阿拉伯—）塞法迪语音系统保留了较多古典希伯来语成分。爱什肯纳兹语音系统主要由生活在德国和东欧地区，讲意第绪语的犹太人使用，其语音系统受印欧语系的影响较大。综合以上因素，为了体现希伯来语的纯洁性，语言学会最终裁定（阿拉伯—）塞法迪语音系统为巴勒斯坦地区的希伯来语音系统，这一系统具体包括 /ʔ, b, w, g, d, h, z, ḥ, ṭ y, k, x, l, m, n, s, ʕ, p, f, c, q, r, š, t, θ / 等音位。他们给出的解释是这一系统使用时间长，更接近传统希伯来语，同时这一系统更能反映希伯来语的书写形式，使发音与书写符号对应起来。

虽然语言学会制定并极力推广这一语音系统，但几乎所有的希伯来语老师都不愿意使用这样的语音系统，他们认为这一系统过于烦琐，与当时真正的希伯来语口语不一致，不利于学习。最终希伯来语言学会把希伯来语的语音系统改为 /ʔ, b, v, g, d, ḥ, z, x, ṭ y, k, l, m, n, s, p, f, c, r, š, t/，另有两个语音 /ʕ, ḥ/ 作为补充，由语言使用者决定是否使用。

希伯来语语音系统中有两个半元音 /v/ 和 /y/。语言学会把这两个半元音作为多用途元音，其中 /w/（或 /v/）对应 /u/ 和 /o/，/y/ 对应 /i/ 和 /e/。根据上下文需要决定其在具体语境中究竟应该对应哪一个。这种做法遭到部分教师的反对，他们认为没必要设置这两个半元音，而应该沿用古典希伯来语的方式，根据文章需要决定与辅音搭配的是哪个元音。这两种观点一直存在争论，至今也没有达成一致。

除了审定语音，语言学会还审定了希伯来语句法。1911 年学会编写了一本小册子《不要说……要说……》（*Altomar...Emor...*），免费发放给希伯来语学习者和使用者。小册子总结了 98 项人们使用希伯来语时经常犯的错误，并给出了相应的正确表达方式。遗憾的是，这些所谓的“正确”

表达没有被希伯来语使用者接受，尤其是在日常口语中。至今那些“错误”的表达方式依然是普通犹太人日常交际中最常用的语言形式。

受国际环境的影响，从 1904 年开始巴勒斯坦地区迎来了第二次犹太移民潮。在接下来的四五年间，约 50000 名犹太人从俄国移居到巴勒斯坦地区。人口数量激增导致希伯来语学校的需求快速增加，同时希伯来语学校的类型不断丰富。从 1903 年到 1913 年，希伯来语学校由 17 所猛增到 60 所，其中包括 34 所希伯来语小学，2 所中学，2 所师范学校，1 所技术职业学校，1 所艺术学校（Moshe Nahir，1998）。[①] 教学活动中需要用语言精确表达教学内容，同时需要大量现代词汇，这对希伯来语言学会的工作提出了更高要求。受经费和其他方面的限制，希伯来语言学会并不是常设机构，1904—1909 年，学会成员最多每月见面一次，商讨相关问题；1909—1910 年，委员会没有举行任何一次会议。学会的这种工作方式必定无法满足希伯来语教师的要求。另外，希伯来语言学会的成员大多居住在耶路撒冷等城市里，他们所掌握的希伯来语的语言现象和语言需求局限于城市居民，对广大农村的语言使用和语言需求知之甚少。而当时位于农村的希伯来语学校数量要远多于城市学校的数量。当希伯来语教师在教学过程中遇到新的语言问题时，他们不可能停下教学工作，等待希伯来语言学会给出正确答案，然后再恢复教学活动。正因如此，当时的希伯来语教师创造了“报纸”“比赛”“鲜花”“办公室”“火车”等词汇（Moshe Nahir，1978）。[②] 为了更好地解决希伯来语教学中遇到的问题，1903 年巴勒斯坦地区的教师们组织起来，成立了希伯来语教师协会（Agudat ha-morim be-eretz yisra’el，后改为 Histadrut ha-morim），与希伯来语言学会一起，主导语言复兴。

新成立的希伯来语教师协会认为希伯来语言学会的工作脱离实际，不能满足当时的语言需求，他们希望教师协会能够在希伯来语复兴和规划中拥有更多的话语权。希伯来语言学会坚持自己是语言复兴和规划的最高权

---

① Moshe Nahir, Micro Language Planning and the Revival of Hebrew: A Schematic Framework, *Language in Society*, Vol. 27, No. 3, 1998, PP. 335-357.

② Moshe Nahir, Language Planning Functions in Modern Hebrew, *Language Problems and Language Planning*, Vol. 2, No. 2, 1978, PP. 89-102.

力机构；而教师协会认为，希伯来语言学会创造的新词语或规划的语音应该在教师协会审议通过以后才能对外发布。1912 年希伯来语言学会和教师协会举行了一次会议，双方一致认为希伯来语复兴需要有一个权威机构领导。最终希伯来语言学会的权威得到确认，但学会同时承认教师协会在语言复兴中应发挥相应的作用。

这样一份模糊的协议并没有解决两家机构间的分歧。协议达成不久，希伯来语言学会就发现一些教师仍然在使用未经学会批准的词汇或句子。接下来双方继续协商，最终语言学会同意吸收部分教师加入学会，共同担负创造新词语的任务，同时承认教师们已经创造的新词语为现代希伯来语词汇。

除了从事最基本的语言复兴和希伯来语教学任务以外，希伯来语教师协会还十分注重培养学生对希伯来语的认同。强烈的希伯来语认同曾经在历史上维持了希伯来语复兴运动。1913 年 11 月到 1914 年 2 月，一批德国的犹太教师来到巴勒斯坦地区的海法（Hafai）。由于当时巴勒斯坦地区归属奥斯曼土耳其帝国统治，并且当时奥斯曼土耳其帝国已经与德国结盟，这些新来的教师提议用德语代替希伯来语作为学校的教学语言。这一提议招致了绝大多数学生的反对。大批学生向学校和教育管理机构请愿，要求继续采用希伯来语授课。他们还在刊物上发表文章，陈述采用希伯来语教学的重要性。部分学生甚至以转学或罢课的方式来抵制学校停止教授希伯来语课程这一决定。据统计，在一所共 83 名学生的学校中，82 人反对用德语代替希伯来语授课，他们向学校提出申请，希望转到其他学校学习；另一所学校的 180 名学生中，有 120 人转学（Ilker Ayturk，2010）。[①] 这些抗议活动迫使德语代替希伯来语的提议被搁浅，希伯来语继续作为巴勒斯坦地区的教学语言。

随后到来的第一次世界大战中断了希伯来语言学会的工作。奥斯曼帝国统治下的巴勒斯坦地区成为第一次世界大战的主要战场之一。战火阻断了希伯来语言学会与犹太复国组织中其他机构的联系，使他们无法得到外界的支持和帮助，同时希伯来语言学会的一些成员被当局驱逐出

① Ilker Ayturk, Revisiting the Language Factor in Zionism: The Hebrew Language Council from 1904 to 1914, *Bulletin of the School of Oriental and African Studies*, Vol. 73, No.1, 2010, PP. 45-64.

境。即使希伯来语复兴的主要倡导者，被后人称为“希伯来语之父”的本－耶胡达也不得不逃离到其他地区。这些因素使得希伯来语言学会无法正常运转。

虽然语言学会的工作被迫终止，但教师协会的工作却一直持续着。战火没有阻止他们的教学工作，学校一直在培养希伯来语学生。这些学生多数以希伯来语为日常交际语，并与学校一起，把他们的后代培养成希伯来语母语人。到第一次世界大战结束的时候，巴勒斯坦地区有 40% 的犹太人以希伯来语作为第一语言或日常交际语，这些人中 75% 是儿童（Roberto Bachi，1955）。① 不难想象，当这些儿童长大成为父母的时候，希伯来语一定会是下一代孩子的母语，希伯来语复兴也会进一步走向成功。

第一次世界大战结束以后，世界格局发生了新变化。奥斯曼土耳其帝国土崩瓦解，巴勒斯坦地区成为英国的殖民地。英国实施了“有条件支持犹太人在巴勒斯坦地区建国”的策略。② 1917 年 12 月英国内阁通过了《贝尔福宣言》（*Balfour Declaration*），允许在巴勒斯坦地区建立犹太人的国家以色列；1923 年 12 月 29 日英国政府颁布了《巴勒斯坦托管条例》（*British Mandate of Palestine,* September 29, 1923），其中第 82 条规定，“英语、阿拉伯语、希伯来语是巴勒斯坦地区的官方语言”（Yocheved Deutch，2005）。③

第二次世界大战以后，犹太人在国际上争取到了更大的权益。1948

---

① Roberto Bachi, *A Statistical Analysis of the Revival of Hebrew in Israel*, Eliezer Kaplan School of Economics and Social Science, the Hebrew University, 1955.

② 所谓“有条件支持犹太人在巴勒斯坦地区建国”，规定犹太人在巴勒斯坦地区建国不应该歧视当地已有的非犹太民族，不能影响其他民族的权利。宣言的主要内容如下：“His Majesty's Government view with favour the establishment in Palestine of a national home for the Jewish people, and will use their best endeavours to facilitate the achievement of this object, it being clearly understood that nothing shall be done which may prejudice the civil and religious rights of existing non-Jewish communities in Palestine, or the rights and political status enjoyed by Jews in any other country.” 具体见 http://www.historylearningsite.co.uk/balfour_declaration_2.htm.

③ 《巴勒斯坦托管条例》第 82 条具体如下：“All ordinances, official notices and official forms of the government and all official notices of local authorities and municipalities in areas to be prescribed by Order of the High Commissioner shall be published in English, Arabic and Hebrew. The three languages may be used subject to any regulations to be made by the High Commissioner, in government offices and the law courts. In case of any discrepancy between the English text of any ordinance, official notice or official form and the Arabic or Hebrew text thereof, the English text shall prevail.” 引用自 Yocheved Deutch, Language law in Israel, *Language Policy*, Vol. 4, No. 3, 2005, PP. 261-285.

年联合国批准以色列脱离英国的托管，允许其建立独立国家。同年以色列政府颁布了第一号法案《法律与行政条例》(*Law and Administration Ordinance*)，其中的第 11 条确认以前的法律和条例继续具有效力，第 15 条第二款去除了英语的官方语言地位。[①] 至此，希伯来语与阿拉伯语一起，成为当地的官方语言，希伯来语复兴取得阶段性成功。

第五节 现代希伯来语与圣经希伯来语比较

历史上犹太人曾经建立强大的帝国，希伯来语是这个帝国的官方语言和普通民众的日常交际语。谈到希伯来语复兴，很容易给人一种 1500 多年前的希伯来语又回到了现代生活中的感觉。事实上现代希伯来语与 1500 多年前的古典希伯来语并不完全相同，二者存在一些差异，表现在语音、词汇、语法、认知方式等多方面。甚至有人认为现代希伯来语已经不是闪含语系的语言，而属于闪含语系的古典希伯来语与印欧语系中多种语言组成的混合语（Ghil'ad Zuckermann，1999）。[②] 诸葛漫和沃什（Ghil'ad Zuckermann & Michael Walsh，2011）曾测量过复兴后的希伯来语与古典希伯来语的差异，认为如果用 1—10 级（10 表示完全成功，1 表示完全失败）表示复活成功率的话，希伯来语的复兴位于第 7 级。在语音、词汇、语法等方面复兴的程度也不尽相同，具体来说，语言使用者的思维模式为一级（完全是欧化的）；话语（交际工具，言语行为）为 1 级；发音（语音学和音系学）为 2 级；语义（基本意义、联想意义，内涵意义，语义网络）为 3 级；构形成分 / 词序（句法学）为 4 级；普通词汇为 5 级；构词方式为 7

① 《法律与行政条例》第 11 条具体如下："The law which existed in Palestine on the 5th Iyar, 5708 (14th May, 1948) shall remain in force, insofar as there is nothing therein repugnant to this Ordinance or to the other laws which may be enacted by or on behalf of the Provisional Council of State, and subject to such modifications as may result from the establishment of the State and its authorities"; 第 15 条第二款为 "Any provision in the law requiring the use of the English language is repealed." 具体见 http://www.geocities.com/savepalestinenow/ israellaws/fulltext/lawandadminis trationord.htm.

② Ghil'ad Zuckermann, Review Article of Nakdimon Shabbethay Doniach and Ahuvia Kahane (Eds.), The Oxford English-Hebrew Dictionary, *International Journal of Lexicography*, Vol. 12, No. 4, 1999, PP.325-346.

级；动词的词形变化为 9 级；基本词汇为 10 级（也就是基本词汇是希伯来语的）。[①]

现代希伯来语与古典希伯来语存在差异，原因是多方面的。首先，任何使用中的语言都是发展变化的。希伯来语的发展经历了古典希伯来语、密西拿希伯来语、中世纪希伯来语等多个发展阶段，最后一个阶段主要以书面语为主。出于民族自豪感等方面的考虑，希伯来语复兴时选择以古典希伯来语（圣经希伯来语）为蓝本，但是不可避免地要受到其他时期的希伯来语的影响，也就不可能复兴出与古典希伯来语完全一样的语言。其实这种现象不难理解。拿汉语为例，几千年来汉语一直作为汉族和其他民族的交际语，从未中断。即便这样，当代汉语与一千多年前的古汉语也存在很大的差异。任何活的语言都在发展变化，指望一种沉睡的语言在几千年之后苏醒，毫无变化地被应用于现代生活，这是不现实的。其次，随着科技和传媒的发展，语言使用者的接触与交流越来越频繁，语言间的相互影响无时无处不在。语言接触的结果就是大面积的语言趋同。这不仅仅表现在希伯来语这一种语言上，而是世界语言的共同趋势。还拿汉语为例，当代汉语泛用“被”字句、出现了以谓词为中心语的定中结构，这些现象都是英语影响的结果（贺阳，2008）。[②]在这种大趋势下，不可能指望复兴的希伯来语与 1500 年前的语言一致。最后，现代社会发展迅速，新事物层出不穷。这些新事物需要相应的词汇表达和描述，要求语言随时创造新词汇。古典希伯来语只有 7000—8000 个词根，那时候没有“手机”“电脑”“互联网”“联合国”等词汇。现代社会中这些词汇是必不可少的，这就导致现代希伯来语中出现大量来自其他语言的借词。以上就是现代希伯来语不同于古典希伯来语的主要原因。以下将简要对比古典希伯来语与现代希伯来语在语音和语法方面的差异。

古典希伯来语属闪含语系的一种语言。句子结构以 V-S-O 型为主（还

① Ghil‘ad Zuckermann & Michael Walsh, Stop, Revive, Survive: Lessons from the Hebrew Revival Applicable to the Reclamation, Maintenance and Empowerment of Aboriginal Language and Cultures, *Australian Journal of Linguistics*, Vol. 31, No. 1, 2011, PP. 111-127.

② 贺阳：《现代汉语欧化语法现象研究》，《世界汉语教学》2008 年第 4 期，第 16—31 页。

有部分 S-V-O 型），即句子以动词起始，以宾语结尾，主语在句子中间。词类方面，这种语言中动词是主要成分，其次是名词，形容词很少，几乎没有副词。语音方面，辅音在这种语言中具有重要作用，尤其对于动词和名词（名词通常由动词转化而成）来说，辅音的重要性更加明显。希伯来语通常三至五个辅音组成一个词根，词根决定词汇的基本意义，词语中的元音具有附加意义和语法意义。书面语中只给出辅音字母，不给出元音字母。直到犹太人流放时期，为了更好地记录希伯来语，这种语言的书面语中才有了元音（元音添加在辅音下方、上方或辅音之间，称为元音符）（Raphael Kutscher，1982）。①

传统希伯来语中，每个词语包括一个或多个音节，重音通常落在最后一个音节上，如“*khayá*”（חיה “动物”）、“*khavá*”（חוה “农场”）等。传统希伯来语的音节结构为 *CV(X)(C)*，也就是说，一个音节由二至四个音素组成，其中第一个音素（C，辅音）和第二个因素（V，元音）为必选项，第三个音素（X，可以是辅音也可以是元音，如果音节中的第二个元音为长元音，则认作第三个音素与第二个音素形同）和第四个音素（C，辅音）为可选项。例如“*ekdákh*”（אקדח “手枪”）、“qamt”（קמת “起来、发生”）等。

受语言发展和语言接触的影响，现代希伯来语中部分词语的重音可能落在倒数第二个音节上，这些词语以借词为主，例如“*glída*”（גלידה “冰淇淋”）、“*rekhóvot*”（רחובות “街道”）等。有时重音的位置还具有区分意义的作用，如“*salím*”（סלים “篮子”）与“*sálim*”（סלים “篮球比赛的得分”）、“*pánim*”（פנים “形式、方面”的复数形式）与“*paním*”（פנים “脸、脸面”）、“*tskhókim*”（צחוקים “搞笑的故事”）与“*tskhokím*”（צחוקים “笑”）。现代希伯来语的音节结构也发生了变化，出现了 *(C)(C)(C)V(C)(C)(C)* 形式的音节。在 *(C)(C)(C)V(C)(C)(C)* 结构中，如果三个辅音串出现在元音前面（或后面），那么首辅音（或尾辅音）一定是 s，这样的音节主要是英语借词，如“*o*”（או 借自英语单词“or”，“或者”的意思）、“*sprint*”（ספרינט 借自英语单词“sprint”，名词“短跑”或动词“冲刺”的意思）、“*shrimps*”（שרימפס 借自

① Raphael Kutscher, *A History of the Hebrew Language*, Leiden: The Magnes Press, 1982.

英语单词“shrimps”，“虾”的复数）等。[①]

除音节重音和音节结构外，现代希伯来语和传统希伯来语的音位同样表现出差异。传统希伯来语用22个符号代表23个辅音字母，但其音位系统并不这么简单，通常一个字母可以对应几个音位。现代希伯来语的语言规划和音系研究还刚刚起步，目前没有完全一致的结论。从语音上看，以色列境内现代希伯来语可以分为两个系统：（阿拉伯—）塞法迪语音系统和爱什肯纳兹语音系统。虽然语言复兴过程中希伯来语言学会曾经把前者定为标准读音，但现实生活中后者并没有被废除，仍被部分犹太人学习和使用。圣经希伯来语和现代希伯来语的音位系统见表2–1（希伯来语元音）、表2–2〔古典希伯来语（圣经希伯来语）辅音音位〕、表2–3（现代希伯来语辅音）。[②]

表2–1　希伯来语元音

<table>
<tr><td rowspan="2">公元前
1200年</td><td>短元音</td><td colspan="2">/i/
[i] [ɪ] [ẹ]</td><td>/a/
[ɛ] [a] [ɐ] [ɔ]① [ɔ̣]①</td><td colspan="2">/u/
[ọ]① [o] [ʊ] [u]</td></tr>
<tr><td>长元音</td><td>/i:/</td><td>/e:/ 造词</td><td>/a:/①
[a:] [ɐ:]</td><td>/o:/</td><td>/u:/</td></tr>
<tr><td rowspan="2">公元前850年—前550年</td><td>短元音</td><td colspan="2">/i/:
[i] [ɪ] [ẹ/ɛ]</td><td>/a/
[ɛ] [a] [ɐ] [ɔ]① [ɔ̣]①</td><td colspan="2">/u/
[ọ] [o] [ʊ] [u]</td></tr>
<tr><td>长元音</td><td>/i:/</td><td>/e:/
[ẹ:] [ɛ:]</td><td>/a:/
[a:] [ɐ:]</td><td>/o:/</td><td>/u:/</td></tr>
<tr><td colspan="2">现代②</td><td>/i/</td><td>/e/</td><td>/a/
[ă] [a] [ā] [â]</td><td>/o/
[ɔ] [ŏ] [ō] [ô]</td><td>/u/
[u] [ū] [û]</td></tr>
</table>

注：①　公元前1200年的音位 /a:/ 和音位变体 [ɔ] [ɔ̣] [ọ]、公元前850年至前550年的音位变体 [ɔ] [ɔ̣] 目前尚存争议。

②　有些语言学家认为现代希伯来语的语法实体 Shva na 也是元音，这样现代希伯来语有6个元音，分别为 /a/, /e/, /o/, /i/, /u/, /ə/。

---

①　以上有关传统希伯来语和现代希伯来语在音节重音和音节结构方面的研究，获得了诸葛漫（Zuckermann, Ghil‘ad）教授的指导。诸葛漫教授生于以色列，分别在英国牛津大学和剑桥大学获得文学博士学位（语言学专业），现为澳大利亚阿德莱德大学教授，也是笔者在阿德莱德大学做博士后研究时期的合作导师。在此对诸葛漫教授表示感谢。

②　圣经希伯来语和现代希伯来语的元音和辅音主要根据以下材料整理而成：

维基百科：Biblical Hebrew. http://en.wikipedia.org/wiki/Biblical_Hebrew。

维基百科：Modern Hebrew phonology. http://en.wikipedia.org/wiki/Modern_Hebrew_phonology。

David Steinberg, *History of the Ancient and Modern Hebrew Language*（电子书）, http://www.adath- shalom.ca/history_of_hebrew.htm#glinert，2011.

Raphael Kutscher, *A History of the Hebrew Language*, Leiden: The Magnes Press, 1982.

表 2-2　　古典希伯来语（圣经希伯来语）辅音音位

<table>
<tr><th colspan="2"></th><th>唇音</th><th colspan="3">齿音 / 齿龈音</th><th>齿龈后音</th><th>硬腭音</th><th colspan="2">软腭音 / 小舌音</th><th>咽音</th><th>喉音</th></tr>
<tr><td colspan="2">鼻音</td><td>m</td><td colspan="3">n</td><td></td><td></td><td colspan="2"></td><td></td><td></td></tr>
<tr><td rowspan="3">塞音</td><td>清音</td><td>P</td><td colspan="3">t</td><td></td><td></td><td colspan="2">k</td><td></td><td>ʔ</td></tr>
<tr><td>浊音</td><td>b</td><td colspan="3">d</td><td></td><td></td><td colspan="2">g</td><td></td><td></td></tr>
<tr><td>强音</td><td></td><td colspan="3">t’</td><td></td><td></td><td colspan="2">k’/q</td><td></td><td></td></tr>
<tr><td rowspan="3">擦音</td><td>清音</td><td>(f)</td><td>(θ)</td><td>s</td><td>ɬ</td><td>ʃ</td><td></td><td>(x)</td><td>χ</td><td>ħ</td><td>h</td></tr>
<tr><td>浊音</td><td>(v)</td><td>(ð)</td><td colspan="2">z</td><td></td><td></td><td>(ɣ)</td><td>ʁ</td><td>ʕ</td><td></td></tr>
<tr><td>强音</td><td></td><td colspan="3">s’</td><td></td><td></td><td colspan="2"></td><td></td><td></td></tr>
<tr><td colspan="2">近音</td><td>w</td><td colspan="3">l</td><td></td><td>j</td><td colspan="2"></td><td></td><td></td></tr>
<tr><td colspan="2">颤音</td><td></td><td colspan="3">r</td><td></td><td></td><td colspan="2"></td><td></td><td></td></tr>
</table>

注：① /f, v, θ, ð, x, ɣ/ 被认为分别是由 /p, b, t, d, k, g/ 清化而发展来的，开始的时候是自由变体，至大约公元前 7 世纪到公元前 2 世纪演化成独立的音位。

② 音位 /ɬ/ 在开始阶段为独立音位，在圣经希伯来语后期与音位 /s/ 合并为 /s/。

③ 有些语言学家认为音位 /s, z, s’/ 应为 /ts, dz, ts’/。

表 2-3　　现代希伯来语辅音

		唇音	唇齿音	齿龈音	腭龈音	硬腭音	软腭音	小舌音	咽音	喉音
鼻音 Nasals		m		n						
塞音	清音	P		t			k			ʔ
	浊音	b		d			g			
塞擦音	清音			ts	tʃ					
	浊音			dz	dʒ					
擦音	清音		f	s	ʃ			x	ħ	h
	浊音		v	z	ʒ			ʁ	ʕ	
近音				l		j	w			

注：① 传统上 /tʃ, dʒ, ʒ, w, dz, f/ 不能位于音节首，/p, b/ 不能位于音节尾。但是在外来借词中，这些音位可以位于音节的任何位置。

② 部分人将 /ts/ 读作喉塞音 /sˤ/。

③ /ʁ/ 的音位变体包括浊小舌近音（voiced uvular approximant）/ʁ̞/，浊小舌擦音（voiced uvular fricative）/ʁ/，浊小舌颤音 /ʀ/。

④ 一些人不区分 /ħ, /ʕ/ 与 /χ, /ʔ/，把这些音都读作 /χ, ʔ/。

目前以色列境内的希伯来语还没有完全统一，同一词语在不同人群中的读音并不完全相同，因此很难找到圣经希伯来语与现代希伯来语整齐划一的对应关系。比如古典希伯来语中的 /b/ 可对应现在的 /b/ 或 /v/，/p/ 可对应 /b/、/p/ 或 /v/，/w/ 可对应 /w/ 或 /v/，/ħ/ 可对应 /ħ/、/h/ 或 /ʔ/，/a/ 可对应 /a/、/Ø/、/i/ 或 /e/，/a:/ 对应 /a/ 或 /o/，/i/ 对应 /i/、/e/ 或 /Ø/，/i:/ 对应 /i/，/u/ 对应 /u/、/ə/、/a/ 或 /o/，/u:/ 对应 /u/（希伯来语语音演变过程和演变结果，可参考 David Steinberg 的 *History of the Ancient and Modern Hebrew Language*）。①

除语音系统发生变化外，现代希伯来语在词法和句法方面与传统希伯来语也有一些不同。最明显的，现代希伯来语除了具有传统希伯来语 V–S–O 句型或 S–V–O 句型外，在一些疑问句中，会出现类似英语的 O–S–V 句型。

古典希伯来语中，动词有完成时和未完成时两种形式。通常完成时由词基加后缀组成，未完成时依靠动词词基加前缀的方式实现。动词的词基由词根（辅音）和元音构成，辅音决定动词的基本意义，元音由动词的性、数等因素决定。传统上希伯来语的语态有主动句、被动句和中动句（reflexive–reciprocal，表示动作的发动者和承受者相同，或者表示一个动作反复发生）之分（Raphael Kutscher，1982）。② 现代希伯来语动词时态与英语动词时态较为类似，有过去时、现在时、将来时三种时态，希伯来语动词还有三个式，不定式独立型、不定式构造型、命令式。③ 部分动词还有祈使语气、虚拟语气、过去分词等语法形式（徐向群，2006）。④

现代希伯来语和古典希伯来语在名词的词法上差异不大。名词有“性”和“数”的变化，相应地，与名词配合的动词和形容词在“性”和“数”上要和名词保持一致。名词的“性”分为阴性和阳性，阳性是无标记的，

---

① David Steinberg, *History of the Ancient and Modern Hebrew Language*,（电子书）http://www.adath -shalom.ca/history_of_hebrew.htm#glinert, 2011.

② Raphael Kutscher, *A History of the Hebrew Language*, Leiden: The Magnes Press, 1982.

③ 现代英语动词通常以非第三人称单数的一般现在时形式出现，与此不同，希伯来语动词通常以第三人称单数阳性的过去式形式出现。

④ 徐向群：《希伯来语语法》，北京大学出版社 2006 年版。

阴性名词要在词尾加 [-(a)t]。受英语等语言的影响，现代希伯来语中表示人或动物的名词的性有与其生物性趋同的趋势。名词的“数”分为单数、双数和多数；表示名词多数的词尾形式是在名词后加 [-i:m]（阳性）或 [-o:t]（阴性）；双数形式较为少见，通常在词尾加 [-ajim]，有时候双数词语还可以再变为多数（Raphael Kutscher，1982；Gesenius, F. W.，2006；Lewis Clinert，2005）。①②③

现代希伯来语和古典希伯来语在语法上的差异更多表现在句法层面。古典希伯来语中，句子可以代替名词做主语、定语、宾语，成为另一个句子的组成部分，即存在主语从句、定语从句和宾语从句；现代希伯来语的句子除以上功能外，还可做表语，也就是说，现代希伯来语中存在主语从句、定语从句、宾语从句和表语从句。古典希伯来语中，宾语从句由“כי”引导；定语从句由“אשר”引导；主语从句主要由“אשר”引导，偶尔用“כי”引导。现代希伯来语中，主语从句、表语从句、定语从句和宾语从句的引导词是“כי”和“ש”，很少有人用“אשר”引导从句（Tamar Zewi，2008）。④

由以上分析可知，现代希伯来语表现出与印欧语系语言（尤其是英语）趋近的趋势，和古典希伯来语并不完全相同。

第六节　希伯来语复兴的原因及对语言保护的启示

希伯来语复兴是截至目前最成功的语言复兴案例。我们应该认真分析这一复兴运动成功的原因，努力找到语言复兴和语言保护的一般规律，并指导今后的语言保护。

第一，应该正确认识语言复兴。语言复兴并不是让一种完全失去活力的语言重新焕发活力。世界上从未有完全死去的语言重新焕发活力的个案，

① Raphael Kutscher, *A History of the Hebrew Language*, Leiden: The Magnes Press, 1982.

② Gesenius, F. W. (A. E. Cowley Revised), *Gesenius' Hebrew Grammar*, Oxford University Press, 2006.

③ Lewis Clinert, *Modern Hebrew: An Essential Grammar (the Third Edition)*, Routledge, 2005.

④ Tamar Zewi, Multilayers in Modern Hebrew syntax, *Hebrew Studies*, Vol. 49, No. 1, 2008, PP. 195–206.

希伯来语也不例外。希伯来语复兴更多的是语言地位的复兴和民族认同的复兴。犹太王国灭亡以后，犹太人失去了自己的国家，开始了持续 1700 多年的大流放。在这段时间希伯来语仍旧是犹太人的宗教语言和文学语言，甚至被一部分人偶尔作为口语使用。希伯来语的灭绝更准确地说是语言官方地位和语言使用环境的消失。1923 年希伯来语与英语和阿拉伯语一道被确认为官方语言，这是希伯来语复兴的里程碑。1948 年以色列独立，并把希伯来语和阿拉伯语一道定为官方语言，这是希伯来语复兴成功的重要标志。通过语言复兴者和其他组织机构的共同努力，犹太人建立了自己的国家，希伯来语被定为官方语言之一，使得希伯来语重新获得了以前犹太王国时期的地位和使用环境。就语言本体而言，现代希伯来语和古典希伯来语并不完全一样。也就是说，人们并没有复兴古典希伯来语。

第二，民族主义是希伯来语复兴的政治因素。文艺复兴运动解放了人类的思想，同时增强了人们的民族主义意识。欧洲及西亚各国先后获得民族独立，并把主体民族的语言定为新建国家的官方语言。当时民族主义者把语言看作是民族独立不可分割的一部分，他们经常提到的口号就是“一个国家，一种语言”（Cooper Robert L., 1998）。[①] 受欧洲民族主义的影响，大批犹太人移居到他们祖先曾经建立过辉煌帝国的巴勒斯坦地区创建自己的国家，希望在今后的国家中使用犹太人自己的语言——希伯来语。这直接导致了后来犹太人不惜千辛万苦，要建立自己的国家和复兴希伯来语的不懈努力。

第三，多语并存、缺乏共同语是希伯来语复兴的外部语言环境因素。19 世纪末 20 世纪初，大批犹太人移居到巴勒斯坦地区，他们操意第绪语、拉迪诺语、阿拉伯语等多种语言变体。当时的巴勒斯坦地区缺乏一种共同语。历史上犹太人曾经建立强盛的犹太王国，古典希伯来语就是当时犹太王国的主要语言，因此希伯来语在犹太人心中具有很高的社会地位。宗教（主要是《圣经》）在犹太人中具有举足轻重的作用，而古典希伯来语是《圣经》的主要书写语言。种种因素综合在一起，使得当时的语言复兴者选择希伯来语作为犹太人的共同语。缺乏共同语的结果就是在语言复兴初

---

① Cooper, Robert L., *Language Planning and Social Change*, Cambridge: Cambridge University Press, 1998.

期希伯来语不仅被作为学校教学语言由学生学习，还被作为社会和家庭语言由成人习得。

与希伯来语复兴几乎同一时期发生的爱尔兰语复兴最终并未取得像希伯来语复兴这样的成功，重要原因之一就在于爱尔兰语复兴中不存在多语并存的外部环境。语言复兴前，爱尔兰人已经有了全民共同语——英语（Fishman, 1991）。[①] 这导致爱尔兰语仅被作为教学语言由学生习得而未被成人使用。爱尔兰语始终无法成为家庭语言被当作母语习得，这是爱尔兰语复兴不理想的重要原因。可以说，缺失全民共同语是希伯来语复兴成功的主要原因之一。

① Fishman, J. A., *Reversing Language Shift: Theoretical and Empirical Foundations of Assistance to Threatened Language*, Clevedon-England: Multilingual matters, 1991.

第三章　澳大利亚 Kaurna 语复兴研究

谈论起澳大利亚，大多数人会认为这是一个英语国家。其实英语是澳大利亚的外来语。在英语来到这里之前，澳大利亚曾是语言的博物馆。在这片土地上曾经有 250 种到 300 多种语言、600—800 种方言（Dixon, 1980）。[①] 这些数据还是保守估计的结果，因为在西方殖民者到达之前，没有人注意到这里的语言，更没有人统计过这里的语言数量；殖民者到达初期发生了多次殖民者与原住民的冲突和战争，大量澳大利亚原住民死于殖民者的枪炮之下，他们的语言没能在语言史上留下任何痕迹。例如，澳大利亚塔斯马尼亚州（Tasmania，位于澳大利亚大陆以南的塔斯马尼亚岛，由于海峡阻隔，岛上的原住民使用着与澳大利亚大陆不同的语言）的原住民曾与殖民者发生过激烈的战争，原住民被殖民者全部杀害，他们的语言没有留下任何记录（House of Representative Standing Committee on Aboriginal and Torres Strait Islander Affairs, 1992）。[②] 毫无疑问，以上所说的澳大利亚 250 种至 300 多种语言不包括塔斯马尼亚岛上原住民的语言。

随着殖民者的不断到来，澳大利亚的语言数量逐渐减少。据统计，到 21 世纪初期澳大利亚还有 100 种原住民语言，其中大部分仅被个别老人使用；具有较强的社会功能、保持良好代际传承的原住民语言仅剩 20 种左右（Australia Institute of Aboriginal and Torres Strait Islander Studies, 2005）。[③] 除语言数量减少，原住民语言的使用人数也在骤减，大部分澳大利亚原住

---

① R. M. W. Dixon, *The Languages of Australia*, Cambridge, London, New Rochelle, Melbourne, Sydney: Cambridge University Press, 1980.

② House of Representative Standing Committee on Aboriginal and Torres Strait Islander Affairs, *Language and Culture— A Matter of Survival*: *Report of the Inquiry into Aboriginal and Torres Strait Islander Language Maintenance*, Canberra: Australian Government Publishing Service, 1992.

③ Australia Institute of Aboriginal and Torres Strait Islander Studies, *National Indigenous Languages Survey Report* 2005, The Department of Communication, Information Technology and the Arts, 2005.

民转用英语作为日常交际语。澳大利亚的最新官方数据显示，[①] 2011 年澳大利亚的常住人口为 21507730 人，其中原住民 548370 人，仅占总人口的 2.5%；83% 的澳大利亚原住民在家仅使用英语单语，11% 的原住民能用自己的民族语言交流；[②] 在会本民族语言的原住民中，82% 是双语或多语人，能流利地听说英语。也就是说，截至 2011 年，不足 2% 的澳大利亚原住民为本民族语的单语者；9% 为民族语—英语双语者；83% 为英语单语者。[③] 由此可见，澳大利亚原住民语言衰退严重，大部分处于濒危状态。正因如此，近些年澳大利亚刮起了语言复兴之风，多种语言在语言学者的帮助下走上了复兴之路。

第一节　澳大利亚语言及其发展

澳大利亚的原住民是这片大陆的原始主人。在殖民者来到这里之前，原住民已经在这片大陆上生活了四万年甚至更长时间（Michael Walsh & Colin Yallop，1993）。[④] 在这期间没有语言规划和语言政策，原住民的语言随着原住民自生自灭。1770 年英国航海家库克（Cook）到达澳大利亚东海岸，西方世界开始注意到在远离欧洲的这片土地上生活着一群与他们不同肤色、讲不同语言的人。在这一时期，估计在这片大陆上生活着大约 251000—300000 原住民。在接下来很长一段时间，殖民者并不关注这片土地上的语言，他们认为澳大利亚的原住民只讲一种语言（Dixon，2002）。[⑤] 1788 年 1 月 26 日，英国在澳大利亚建立了第一个殖民地，并

① 澳大利亚每五年举行一次全国人口普查，语言掌握情况是人口普查的内容之一。最新数据是 2011 年的人口普查数据。2016 年 8 月澳大利亚举行了新一届人口普查，相关数据正在统计中。

② 澳大利亚统计局（Australian Bureau of Statistics）人口数据，http://www.sbs.com.au/censusexplorer/，2014-02-18. 另外一点需要说明，澳大利亚统计局仅统计 5 岁以上公民的语言掌握情况，因此此处的掌握民族语的人数和不掌握民族语的人数总和不为 100%。

③ 澳大利亚统计局（Australian Bureau of Statistics）原住民语言使用情况，http://www.abs.gov.au/ausstats/abs@.nsf/Lookup/2076.0main+features902011，2014-02-18.

④ Michael Walsh & Colin Yallop, *Language and Culture in Aboriginal Australia*, Canberra: Aboriginal Studies Press, 1993.

⑤ R. M. W. Dixon, *Australian Languages*: *Their Nature and Development*, Cambridge, London, New Rochelle, Melbourne, Sydney: Cambridge University Press, 2002.

将流放人员遣送到这里。在此后的不到 100 年的时间里（1788—1863 年），西方殖民者又在这块土地上先后建立了五个殖民地。

殖民初期，殖民者与原住民曾度过一个短暂的"蜜月期"。后来随着越来越多的殖民者来到这里，他们对土地、水等资源的需求越来越大，与原住民之间的矛盾也越来越激烈。随后双方发生了一系列战争。在殖民者坚船利炮的攻击下，大量原住民被杀害。对于原住民来说，殖民者带来的疾病是比战争更加严重的威胁。由于长期与世隔绝，澳大利亚原住民大多缺乏对外来疾病的抵御能力。在一些地方（如澳大利亚的南澳大利亚州）的历史上，原住民与殖民者之间并未发生大规模战争，但随着殖民者到来，原住民的人数同样急剧下降（Rob Amery, 2000）。①

在这一时期，殖民者更关注这片土地上的自然资源，他们占据了大片适合居住的澳大利亚大陆东海岸，把原住民赶往澳大利亚大陆中部、北部或西部这些自然环境艰苦的地方。同时，他们将原住民视为奴隶，让儿童为他们放羊，女性为他们做家务。为了更好地让原住民为他们服务，殖民者强迫原住民学习英语。例如，1788 年英国殖民者第一次来到澳大利亚大陆时，他们无法与原住民交流。为此殖民者将一个叫 Arabanoo 的孩子抓到了殖民者的营地，强迫他学习英语。经过 8 个月的"封闭培训"，Arabanoo 掌握了简单的英语交际能力，借助手势的帮助能够和殖民者交流。他成为澳大利亚第一个殖民者与原住民的翻译（Michael Walsh & Colin Yallop，1993）。②

在残忍的杀戮和肆虐的疾病的双重威胁下，澳大利亚大陆的原住民的数量锐减，到 1901 年澳大利亚的六个殖民地联合起来成立澳大利亚联邦时，这片大陆上的原住民数量只剩 66950 人（Knibbs, 1908），③ 仅仅为西方殖民者刚到达这里时原住民人口的 1/4；到 1921 年变为更低的 60479 人（Rowley，1970）。④ 人口减少必然伴随着大量原住民语言的消亡。

---

① Rob Amery, *Warrabarna Kaurna! Reclaiming an Australian Language*, Lisse, Abingdon, Exton, Tokyo: Swets & Zeitlinger Publishers, 2000.

② Michael Walsh & Colin Yallop, *Language and Culture in Aboriginal Australia*, Canberra : Aboriginal Studies Press, 1993.

③ Knibbs, G. H., *Official Book of the Commonwealth of Australia No.* 1, Melbourne: McCarron, Bird & Co., Printers, 1908.

④ Rowley, C. D., *The Destruction of Aboriginal Society: Aboriginal Policy and Practice–Volume* 1, Canberra: Australian National University Press, 1970.

在英国殖民者来到澳大利亚的同时，中国、法国、德国、爱尔兰、意大利等国的第一批移民也陆续来到澳大利亚大陆。在开始阶段，英国殖民者没有能力完全占领澳大利亚大陆，也就不可能在所有移民中公开推行英语。到 19 世纪 60 年代，除了英语和原住民的语言外，汉语、德语、爱尔兰语、凯尔特语、威尔士语、法语也是澳大利亚大陆的主要语言。据统计，澳大利亚当时至少出版八种语言的报纸，开设英语—德语，英语—法语、英语—凯尔特语、英语—波兰语、英语—希伯来语等多种语言的双语学校，南澳大利亚州政府文件也用英语—德语双语印发（Clyne，2005）。① 非英语在国际贸易中的地位更加突出。在阿德莱德市（现南澳大利亚州首府）和墨尔本市（现维多利亚州首府）这些德国人较为聚集的城市，德语几乎是当地贸易的唯一语言（Clyne，2005）。② 但是这样包容的语言文化政策持续时间并不算太长，随着英国国力上升，英国对澳大利亚殖民地的统治逐渐收紧，首当其冲的就是排斥亚洲移民，尤其是中国移民。

19 世纪中期，澳大利亚掀起“淘金热”，引来世界各地的人到此追梦，在此期间大约有 4 万至 5 万华人来到澳大利亚（Raymondm Arkey，1996）。③ 他们中的小部分通过淘金一夜暴富，这引起了白人的嫉妒；大部分华人吃苦耐劳、任劳任怨，很快成为当地的主要劳动力，这引起了其他人的不满。西方人认为华人抢了他们的饭碗，对华人的抵触情绪日渐加强，进而引发白人与华人间的冲突。这期间的主要冲突包括 1857 年的巴克兰暴乱（Buckland Riot）和 1860—1861 年的蓝秉暴乱（Lambing Flat Riots）。白人与华人间不断发生冲突，这促使政府开始考虑限制亚洲人（尤其是华人）进入澳大利亚。当局者认为，保持纯正的白人血统将有助于社会稳定和经济发展。1901 年澳大利亚联邦政府宣告成立，联邦政府发布的第一个法案就是《移民限制法》（*Immigration Restriction Act*，*1901*）。该法案为外来移民者设立了一个听力考试，考官有权测试新移民对欧洲任何一种语言的掌握情况，并根据测试结果决定是否批准该移民的申请。这一法案的最

---

①② Clyne, M., *Australia's Language Potential*, Sydney: University of New South Wales Press Ltd, 2005.

③ Raymondm Arkey, Race and Organized Labor in Australia, 1850-1901, *Historian*, Vol. 58, No. 2, 1996, PP. 343-360.

终目的就是限制亚洲新移民，尤其是来自中国的移民。该政策标志着澳大利亚进入“白色澳大利亚”（White Australia）时期。

澳大利亚政府推出“白色澳大利亚”政策，其真正原因并非因为中国移民抢占了白人的职业，更多的是出于政治的考虑（Dixon Reginald, 1945）。[①] 澳大利亚是英国的殖民地，当局希望生活在澳大利亚的臣民永远效忠于英国王室，希望生活在澳大利亚的人都能讲英语，以使澳大利亚人与英国公民具有共同的民族认同。有学者曾一针见血地指出，实施“白色澳大利亚”政策的根本原因在于害怕非欧洲（甚至非英国）移民改变甚至破坏澳大利亚社会的英国特色，因为当局相信，相似甚至相同的民族身份是国家统一的基础（Myra Willard, 1923/1967）。[②]“白色澳大利亚”政策前后延续了 70 多年，直到 1972 年澳大利亚工党上台，澳大利亚联邦政府才取消了这一政策。

实施“白色澳大利亚”政策之后，欧洲人成为澳大利亚外来居民的主体。19 世纪中期，澳大利亚各州先后出台了办学标准，规范州内的公办、民办和教会中小学；1872 年至 1880 年，各州又先后出台了教育法案，自此英语单语教育成为澳大利亚学校教育的趋势（Michael Clyne，1991）。[③] 第一次世界大战以后，澳大利亚更加强调与英国皇室的关系，强调民族认同。各州进一步修改了教育法案，明确规定英语是唯一的教学语言，昆士兰州同时规定英语是宗教活动中的唯一语言；在全国范围内禁止出版和发行德语出版物；将德语地名改为英语地名，仅南澳大利亚州一地就更换了 69 个德语地名。这一时期澳大利亚的语言政策就是英语单语政策（William Eggington, 1994）。[④]

与“白色澳大利亚”政策相对应的是澳大利亚历史上持续一百多年、

---

① Dixon Reginald, *Immigration and the "White Australia" Policy*, Sydney: Current Book Distributors, 1945.

② Myra Willard, *History of the White Australia Policy to* 1920, Melbourne: Melbourne University Press, 1923/1967.

③ Michael Clyne, *Community Languages: The Australian Experience*, Cambridge, London, New Rochelle, Melbourne, Sydney: Cambridge University Press, 1991.

④ William Eggington, Language Policy and Planning in Australia, *Annual Review of Applied Linguistics*, Vol. 14, 1994, PP. 137–155.

针对原住民的“被偷一代”（the Stolen Generations）政策。[①] 当时澳大利亚的统治者认为，与殖民者相比，澳大利亚原住民落后、愚蠢、不开化，阻碍澳大利亚社会的稳定和发展。一位澳大利亚政府官员曾说过这样的话：“要想加快发展澳大利亚文明，必须尽快消除原住民语言。只有这样，原住民的孩子才能与白人孩子一起接受教育，才不被白人歧视；并且原住民语言先天具有劣势，不能适应现代文明的需求”（Scrimgeour Anne，转引自诸葛漫、姚春林，2014）。[②] 在殖民者眼中，原住民野蛮无知，他们的语言和文化愚昧落后。原住民要融入澳大利亚主流社会，他们要做的第一件事情就是放弃自己的语言，转用英语。

从殖民者踏上这片大陆开始，大量的西方传教士就来到这里传播基督教，希望通过宗教“教化”原住民，同化原住民，使原住民具有与殖民者一致的价值观和世界观。但是传教士通过宗教进行的非强制式“教化”没能达到当局尽快同化原住民的要求。为了更快地使“大英帝国”的语言飘荡在整个澳大利亚大陆上空，从 1869 年到 1935 年这段时间里，澳大利亚各州先后出台了各自的《原住民保护法案》。这些法案内容大致相同，基本上都认为原住民愚昧落后，没有能力照看后代；法案打着“保护原住民子女”的幌子，规定当局有权力在原住民的孩子“得不到良好照顾”的情况下将他们从父母身边带走。[③] 这些被带走的孩子被送往白人的家庭、“看护院”或者传教士的传教院。在这些地方，原住民的孩子被禁止讲自己的民族语言，他们被强迫学习英语，锻炼从事家务劳动的能力（女性）或从事田野体力劳动的能力（男性）。被“保护”的孩子几乎与父母隔离，每周仅允许有半天时间与父母相聚，大部分甚至从被“保护”开始就再也不能见到他们的父母了。这种“保护”制度阻隔了原住

---

① “被偷一代”政策前后持续了一百多年，并非仅针对某一代人，其英语名称就是用的复数形式。翻译时找不到更加合适的词语，暂时译为“被偷一代”。

② 诸葛漫、姚春林：《试论澳大利亚原住民的母语权及语言赔偿》，《北京大学学报》2014 年第 1 期，第 156—163 页。

③ 澳大利亚各州颁布的原住民保护法案和颁布时间具体如下：1869 年维多利亚州的 *The Aborigines Protection Act*；1897 年昆士兰州的 *The Aboriginal Protection and Restriction of the Sale of Opium Act*；1905 年西澳大利亚州的 *The Aborigines Act*；1909 年新南威尔士州的 *The Aborigines Protection Act*；1911 年南澳大利亚州的 *The Aborigines Act*；1911 年北领地的 *The Northern Territory Aboriginals Ordinance*；1935 年塔斯马尼亚州的 *The Infants Welfare Act*。

民子女与父母的亲情，更重要的是阻断了原住民子女与同族人的语言文化联系，使得大部分原住民失去了自己的语言文化和民族特色。1869 年维多利亚州颁布了原住民“保护”法案（*The Aborigines Protection Act*），标志着澳大利亚开始实施“被偷一代”政策；1969 年新南威尔士州把最后一批“受保护”的原住民的儿童归还给他们的父母，标志着“被偷一代”政策事实上结束；1984 年昆士兰州废除了该州的原住民保护法案，标志着澳大利亚从法律上完全废止“被偷一代”政策。这种“保护”原住民的政策在澳大利亚整整持续了一百多年，这对澳大利亚原住民语言文化的迫害是难以估量的。

1997 年澳大利亚人权和机会均等委员会（Human Rights and Equal Opportunity Commission）发布了《送这些“被偷的孩子”回家》（*Bringing Them Home: The "Stolen Children"*）的报告，澳大利亚总理霍华德认可了这份报告，标志着官方正式废止了各州的原住民保护法案。但是澳大利亚政府拒绝就此事向原住民道歉，因为他们认为“这是前几届政府的错”。澳大利亚人权和机会均等委员会的报告指出，多年来的“保护”政策对原住民造成的最大伤害是让那些被带走的孩子失去了自己的民族语言，削弱了他们对民族和祖先的认同。[①] 在国内外人权组织和原住民的强烈要求下，2008 年 2 月 13 日澳大利亚总理陆克文在国会上三度向原住民道歉，承诺今后会着力改善原住民的生活水平，降低原住民新生儿的死亡率，提高原住民的文化水平和寿命。

第二节　澳大利亚语言规划及语言政策

语言规划，自古有之。自人类掌握语言以来，社会群体就开始对共同使用的语言进行干预和规范，这些都属于语言规划的范畴。现代社会把语言规划作为一门学科来研究，可以追溯到 20 世纪中期。目前学界认为，“语言规划”这一术语最早由豪根（Haugen）于 1959 年引入语言学研究（周

① 资料来源：http://humanrights.gov.au/pdf/social_justice/bringing_them_home_report.pdf。

庆生，2005）。[1] 至于具体什么叫作语言规划，目前学界并没有统一的定义。Weinstein（1980）认为，语言规划是政府有意识主导的、长期持续的影响语言社会功能的行为，其目的是解决社会交流问题；[2] Das Gupta 和 Ferguson（转引自 Chris Kennedy，1982）认为，语言规划是一个系统工程，包括评价语言资源、界定多种语言的使用范围和使用场合，以及发展语言的功能等多项内容。[3] 虽然学术界对“语言规划”定义不同，但大多数语言学家都认为语言规划应包含语言地位规划和语言本体规划两方面。近年来人们越来越强调语言教学在语言规划中的重要地位，因此很多学者把教学活动中的语言规划独立出来，认为语言规划应包括语言地位规划、语言本体规划、语言教学规划三方面。

语言地位规划主要是确定语言的地位和使用场合，包括确定全国通用语或地方通用语，规定国家政治、经济、法律等活动中使用的语言等。我国民族区域自治法规定，在民族自治地区的政治、经济、司法等活动中，既可以使用汉语文也可以使用主体民族的语文；在上述活动中，政府应为不会汉语文的群众提供翻译服务等。这些都属于语言地位规划。通过语言地位规划，我国的少数民族语言在民族自治地区内享有了与汉语文同等的地位。

语言本体规划主要是针对语言的语音、词汇、语法进行规范。新中国成立后，我国设计了汉语拼音方案，为部分没有文字的民族设计文字方案，为部分民族改进文字方案，等等。这些都是语言本体规划的内容。近些年随着电子技术的发展，语言的信息化建设逐渐加快，相关语言的信息技术编码成为语言本体规划研究的重要内容。

语言教学规划主要规定学校教学活动中使用的语言、习得的语言等。我国现行教育法第十二条规定，“汉语言文字为学校及其他教育机构的基本教学语言文字”“少数民族学生为主的学校及其他教育机构，可以使用本民族或者当地民族通用的语言文字进行教学”，等等。这些都是语言教学规划。

---

① 周庆生：《国外语言规划理论流派和思想》，《世界民族》2005 年第 4 期，第 53—63 页。

② Weinstein, B., Language Planning in Francophone Africa, *Language Policy and Language Planning*, Vol. 4, No. 1, 1980, PP. 55–77.

③ Chris Kennedy, Language planning, *Language Teaching*, Vol. 15, No. 4, 1982, PP. 264–284.

在语言规划的三项内容中，语言地位规划是基础，是语言本体规划和语言教学规划的保障。如果一种语言不能获得相应的社会地位，那么语言管理部门就不可能拿出足够的社会资源对这种语言的语音、词汇、语法进行规范，帮助其健康发展，也不可能把这种语言引入教学活动中。

一　澳大利亚原住民语言的地位规划

截至目前，澳大利亚的相关法律并没有给予原住民语言相应的法律地位。事实上，直到 1967 年澳大利亚的原住民才开始享有与其他澳大利亚公民一样的选举权。当年澳大利亚议会修改了《澳大利亚联邦宪法》，删除了第 51 条和第 127 条中歧视原住民的条款。1971 年澳大利亚全国人口普查首次把原住民纳入统计范围。从此以后，澳大利亚原住民才在法律上享有与其他澳大利亚公民相同的权利。① 如果连作为普通公民的权利都无法保障，那么要获得相应的语言权利就更是不可能的事情了。

近些年，随着国际人权事业的发展以及原住民争取权利的呼声增高，澳大利亚相关法律中逐渐增加了对原住民语言保护的条款。

《公民权利和政治权利国际公约》（*ICCPR*：*International Covenant on Civil and Political Rights*，以下简称《公约》）和对《公约》的解释条款（*General Comment 23*）是国际上重要的语言文化保护法规，其中的第二十六条和第二十七条明确规定："保护少数人同他们的集团中的其他成员共同享有自己的文化、信奉和实行自己的宗教或使用自己的语言的权利。" ② 澳大利亚于 1980 年加入了《公约》，但迄今为止，该国的立法机构并未批准《公约》。未能获得立法机构的批准，《公约》的相关条款在澳大利亚国内就不具备法律效力。

① 原《澳大利亚联邦宪法》第 51 条和第 127 条分别如下：

51. 澳大利亚议会依据宪法赋予的权利，基于和平、秩序、建设更好的政府的考虑，对下列行为或人群进行特殊立法：（其中的第 26 类）被认为是需要制定特殊法律的种族（The Parliament shall, subject to this Constitution, have power to make laws for the peace, order, and good government of the Commonwealth：– xxvi.) The people of any race, for whom it is deemed necessary to make special laws）。

127. 在统计联邦、州或联邦部分地区的人口时，应排除原住民（127. In reckoning the numbers of the people of the Commonwealth, or of a State or other part of the Commonwealth, aboriginal natives should not be counted）。

② 资料来源：http://www.refworld.org/docid/453883fc0.html。

现行《澳大利亚联邦宪法》中并没有关于原住民语言地位和语言权利的条款。近些年澳大利亚的部分原住民权利专家和语言学者呼吁，就“将原住民语言同英语一起定为国家语言”的提案进行全民公决。但是这一呼吁的结果并不十分乐观，因为截至目前澳大利亚还没有任何一项全民公决最终被通过。

虽然《澳大利亚联邦宪法》中没有关于原住民语言地位和语言权利的条款，但是澳大利亚部分州的“宪法”开始承认原住民的语言权利，并赋予原住民语言一定的社会地位。2013 年 3 月，南澳大利亚州立法机构修改了州宪法，新宪法明确指出，“澳大利亚南澳州议会，代表所有南澳人民，承认原住民是这片土地的传统拥有者……他们有权保留自己的文化、传统信仰、语言和法律”。[①] 维多利亚州、新南威尔士州、昆士兰州等地的州宪法中也都有类似的表述。但是各州的宪法都仅限于承认原住民具有保留文化传统的权利，并未赋予原住民语言相应的法律地位。

2013 年澳大利亚联邦立法机构颁布了《澳大利亚原住民以及托雷斯海峡岛民确认法案》(*Aboriginal and Torres Strait Islander Peoples Recognition Act, 2013*)，其中的第三章第三条规定，“澳大利亚联邦议会，代表全体人民承认并尊重澳大利亚原住民以及托雷斯海峡岛民有权延续和发展他们的语言文化等遗产”。[②] 序言部分指出了该法案要达到的目的：第一，议会应推动一项旨在承认澳大利亚原住民以及托雷斯海峡岛民的全民公决；第二，议会应承认宪法专家委员会在承认澳大利亚原住民以及托雷斯海峡岛民权益方面做出的努力和贡献；第三，议会承认将尽力推动修改涉及澳大利亚原住民、托雷斯海峡岛民以及其他澳大利亚人的宪法条款，并进行全民公决，议会为修改宪法创造必要的条件；第四，议会努力使全民达成共识，在宪法中应承认尽力推动修改涉及澳大利亚原住民以及托雷斯海峡岛民权益的条款。[③]

由以上论述可以看出，目前《澳大利亚联邦宪法》并未确认澳大利亚原住民语言的法律地位，但是部分州宪法开始承认原住民的语言权；联邦

---

① 资料来源：http://www.austlii.edu.au/au/legis/sa/consol_act/ca1934188/s2.html。

② 资料来源：http://www.comlaw.gov.au/Details/C2013A00018。

③ 资料来源：http://www.comlaw.gov.au/Details/C2013A00018。

立法机构通过了部分普通法，希望在《澳大利亚联邦宪法》中确认原住民语言的法律地位。现在看来，短时间内联邦宪法还无法确认原住民语言的法律地位，因为澳大利亚的绝大多数原住民已经失去了他们的语言，失去了他们的民族身份。事实上，目前澳大利亚并没有法律条款确认什么是澳大利亚的原住民；原住民身份都是一个具有争议的问题，确认语言权利只能是以后的事。

二　澳大利亚原住民语言的教育规划

1901 年澳大利亚成立联邦政府，20 世纪 70 年代工党上台执政。在中间的这段时间澳大利亚一直实施“白色澳大利亚”政策，其核心就是加强澳大利亚与英国的关系，培养澳大利亚人与英国人一样的民族认同。在社会、政治、教育等领域保持英国血统的纯正性是澳大利亚当局考虑的唯一问题。1969 年澳大利亚的移民部长比尔（Billy Snedden）曾经公开宣称，澳大利亚不需要多元文化，只需要单一文化（Michael Clyne，1991）。[①] 在这一思想指导下，这一时期英语是澳大利亚学校的唯一教学用语，教学内容主要是英国的社会、文化、历史、地理，甚至英国的动物和植物。

1972 年工党在澳大利亚大选中获胜，澳大利亚开始改变以前的政策，宣称建设“多元文化”的澳大利亚。澳大利亚原住民语言及原住民教育开始获得更多关注。当年年底，澳大利亚教育部长宣布，“居住在原住民社区的澳大利亚原住民应该接受本民族语言教育”“原住民有权学习本民族传统艺术、手工艺和其他技能”“英语将作为原住民的第二语言来学习”（Dixon，1980）。[②] 1974 年澳大利亚政府在达尔文社区学院（Darwin Community College）建立澳大利亚语言学系，培养原住民语言学家，研究原住民语言，为双语教育服务（Dixon，1980）。[③]

在政府宣布建设“多元文化”的澳大利亚之后，澳大利亚的语言学家、教育学家开始探讨如何实施多语教育、建立多元社会。1976 年移民教育委

---

① Michael Clyne, *Community Languages: The Australian Experience,* Cambridge, London, New Rochelle, Melbourne, Sydney: Cambridge University Press, 1991.

②③ R. M. W. Dixon, *The Languages of Australia*, Cambridge, London, New Rochelle, Melbourne, Sydney: Cambridge University Press, 1980.

员会（the Committee on the Teaching of Migrant Languages in School）发布了一份报告，希望未来实施的多元教育包含以下六方面的内容：第一，所有儿童有机会自小学起接受除英语以外的语言文化教育；第二，学校应改善教学条件，确保新移民能够继续接受母语教育，并创造条件使他们在中学阶段同样能够接受母语教育；第三，教授新移民语言时应充分考虑移民的不同背景；第四，普通学校与民族学校应充分合作，以便能够教授新移民更多种类的地方语言；第五，设计全国通用的语言教学大纲；第六，对教授移民语言的教师进行再培训（Committee on the Teaching of Migrant Languages in School，1976）。[①] 1979 年维多利亚州教育主管部门（the Victorian Education Department）出台了一份有关多元教育的文件，其基本观点主要包括以下三点：第一，所有澳大利亚公民都应流利掌握英语；第二，儿童有权学习和掌握本民族的语言和文化；第三，所有人（尤其是以英语为母语的人）都有权学习除英语以外的其他语言及其对应的文化（Shears，1979）。[②] 1981 年澳大利亚民族事务部下属的多元教育委员会（the Committee on Multicultural Education of the Australian Ethnic Affairs Council）发布了一份报告，阐述了澳大利亚实施多元教育的重要性，认为多元教育能够让澳大利亚社会更加团结，更能体现社会公平（Australian Ethnic Affairs Council，1981）。[③]

1981 年 8 月，澳大利亚国内的六个语言学专业学会联合在一起，[④] 成立澳大利亚语言政策专业学会（the Professional Language Associations for a National Language Policy），负责为澳大利亚总理起草一份语言规划报告，接受议会上院的质询。尽管这一工作得到了澳大利亚教育部的大力支持，并最终发布了一份名为《构建全国语言政策》（*Towards a National*

① Committee on the Teaching of Migrant Languages in School, *Report of the Committee on the Teaching of Migrant Languages in Schools*, Canberra: Australian Government Publishing Service，1976.

② Shears, L., This is Our Position, *News Exchange* 3, 1979-03-14.

③ Australian Ethnic Affairs Council, *Perspectives on Multicultural Education*, Canberra: Australian Government Publishing Service, 1981.

④ 这六个语言学会分别是澳大利亚应用语言学会（the Applied Linguistics Association of Australian）、澳大利亚语言学会（the Australian Linguistic Society）、澳大利亚原住民学会（Aboriginal Language Association）、澳大利亚英语教育学会（Australian Association for the Teaching of English）、澳大利亚联邦现代语言教育学会（Australian Federation of Modern Language Teaching Association）、澳大利亚高等学校语言与文学学会（the Australian Universities Languages and Literatures Association）。

Language Policy）的报告（Australia Department of Education and Youth Affairs，1982），[①] 但议会上院并未完全接受这份报告，最终只是确定了原住民教育的四个原则：第一，流利掌握英语；第二，保护并发展澳大利亚境内的非英语；第三，提供各类非英语服务；第四，提供学习第二语言的机会（Michael Clyne，1991）。[②] 可以发现，议会上院的教育原则与维多利亚州教育主管部门出台的文件有很多相似的地方。

议会上院确定教育原则以后，澳大利亚各州开始制定自己的教育政策。各州政策不同，导致执行起来会遇到很多麻烦。1987 年语言学家 Bianco 发表了自己根据议会的教育原则制定的语言政策，其基本观点包括以下几点：第一，在全国普及英语教育；第二，加强包括原住民语言在内的社区语言教育；第三，在中学阶段（7 到 10 年级）推广阿拉伯语、汉语、法语、德语、希腊语、印度尼西亚语、意大利语、日语、西班牙语九种语言的外语教育（Lo Bianco，1987）。[③] 后来 Bianco 将以上这些语言的教育归纳为若干个语言教育项目，如澳大利亚第二语言学习项目（the Australian Second Language Learning Program）、亚洲语言文化学习项目（the Asian Studies Program）、多元文化及跨文化学习项目（the Multicultural and Cross-cultural Supplementational Program）、全国原住民语言项目（the National Aboriginal Languages Program）、成人语言文字学习项目（the Adult Literacy Action Compaign）等（Lo Bianco，1991）。[④] 各州根据这一指导原则纷纷制定了本州的教育目标和教育规划。虽然具体内容不尽相同，但基本思路大体一样，所教授的外语语种也趋向一致，仅在局部地方有一些微小的差异。例如在外语教育的语种上，南澳大利亚州取消了阿拉伯语，西澳大利亚州增加了俄语，新南威尔士州增加了俄语和韩语；新南威尔士州

① Australia Department of Education and Youth Affairs, *Towards a National Language Policy*, Canberra: Australian Government Publish Service, 1982.

② Michael Clyne, *Community Languages: The Australian Experience*, Cambridge, London, New Rochelle, Melbourne, Sydney: Cambridge University Press, 1991.

③ Lo Bianco, J., *National Policy on Languages*, Canberra: Australian Government Publishing Service, 1987.

④ Lo Bianco, J., A Review of Some of the Achievements of the National Policy on Languages, In A. Liddicoat (Ed.), *Language Planning and Language Policy in Australia*, Applied Linguistics Association of Australia, 1991, PP. 23–38.

和维多利亚州规定从 7 年级开始学习外语，而西澳大利亚州规定从 8 年级开始学习外语。

目前澳大利亚实施全国统一的中小学教学大纲，从学前班到 10 年级的课程包括英语、健康与体育教育、人文与社会科学 [进一步细分为公民教育（Civics and Citizenship），经济与商业（Economic and Business），地理（Geography），历史（History）]、数学、技术 [进一步细分为设计与技术（Design and Technologies），数字技术]、艺术 [进一步细分为舞蹈（Dance），戏剧（Drama），传媒艺术（Media Arts），音乐（Music），视觉艺术（Visual Arts）] 等；[①] 11—12 年级的课程包括英语 [进一步细分为英语（English），作为另一种语言或方言的英语（English as an Additional Language or Dialect），基础英语（Essential English），文学（Literature）]、人文与社会科学 [进一步细分为古代历史（Ancient History），地理（Geography），当代历史（Modern History）]、数学 [进一步细分为基础数学（Essential Mathematics），普通数学（General Mathematics），数学（Mathematics），特殊数学（Special Mathematics）]、科学 [进一步细分为生物（Biology），化学（Chemistry），地球与环境科学（Earth and Environmental Science），物理（Physics）]。[②]

近年来澳大利亚社会呼吁在中小学教育阶段开设澳大利亚原住民语言课程（Aboriginal Languages and Torres Strait Islander Languages）。2013 年 5 月，澳大利亚官方推出了这门课程的教学大纲（征求意见稿）。[③] 大纲指出，开设这门课程的目的在于使学生"从原住民的角度理解澳大利亚"，"帮助所有的澳大利亚学生培养认同感（identity）、骄傲感（pride）和自尊感（self-esteem）"；课程根据学生的民族成分和母语程度，将原住民语言课程分为三种不同学习模式：作为第一语言学习模式（L1, First Language Learner Pathway），作为复兴语言学习模式（LR, Language Revival Pathway），作为第二语言学习模式（L2, Second Language Learner Pathway）。大纲强调这门课程主要培养学生应用原住民语言进行交流和跨

① 资料来源：http://www.australiancurriculum.edu.au/Download/F10。

② 资料来源：http://www.australiancurriculum.edu.au/Download/SeniorSecondary。

③ 资料来源：http://consultation.australiancurriculum.edu.au/。

文化交际的能力。具体教学目标为学前班至 6 年级完成 350 小时学习，达到一级考核水平；7—12 年级再完成 320 小时学习，达到二级考核水平。目前该教学大纲还未全面实施，正处于征求意见阶段。

三　澳大利亚原住民语言的本体规划

20 世纪 70 年代以前，在“白色澳大利亚”政策和“被偷一代”政策下，澳大利亚一直实施同化政策，希望用英语代替原住民语言。在这期间统治阶级未对原住民语言进行任何本体规划。70 年代以后，澳大利亚开始实施多元文化策略，此时的原住民语言才获得了一定的发展空间，但此时的原住民语言绝大多数已经失去活力。从 80 年代开始，越来越多的原住民和语言学家要求复兴和发展那些“休眠”的原住民语言；80 年代中后期开始，大批原住民语言走向复兴之路。这些“休眠”的原住民语言无一例外地都缺乏描述现代事物的词汇，同时其语音系统大多也不被现代人所知。复兴活动中，语言学家遇到的主要问题就是如何丰富“休眠”语言的词汇和确定“休眠”语言的语音系统。这些工作都属于原住民语言本体规划部分。以下将以位于南澳大利亚州的 Kaurna 语为个案，介绍原住民语言的复兴和复兴中的原住民语言本体规划。

第三节　Kaurna 语复兴

历史上 Kaurna 人曾居住在现澳大利亚的南澳大利亚州首府阿德莱德附近，北起 Crystal Brook，西到 Clare，Hamley Bridge，Gawler 一线，东部经 Port Waikefield 直到 St. Vincent 海湾，具体见图 3-1。他们是这片土地上的原住民，被称为 [ga:na]、[gauna]、[gauṉa]、[k^{h}a:na] 等。西方殖民者常称其为“阿德莱德部落”（the Adelaide Tribe），他们的语言被称为“阿德莱德语言”（the Adelaide Language）。

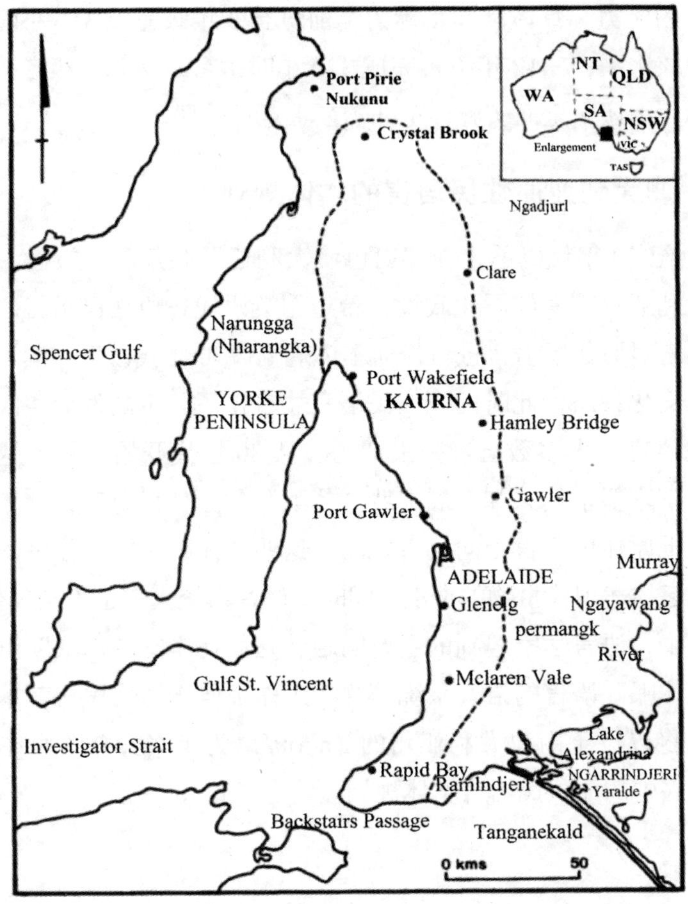

图 3–1　Kaurna 人的传统领地[①]

除 Kaurna 人，在南澳大利亚州这片土地上还生活着其他原住民。这些原住民的语言按照亲疏关系可以分为三个语支：[②] Miṟu 语支、Barngarla 语支、Thuṟa 语支。其中 Miṟu 语支包括 Ngadjuri 语、Nukunu 语、Narruga

① Rob Amery, *Warrabarna Kaurna*! *Reclaiming an Australian Language*, Lisse, Abingdon, Exton, Tokyo: Swets & Zeitlinger Publishers, 2000.

② 目前学术界对方言、语言、语支、语族的划分并没有完全一致的标准和概念。例如我国语言学界将汉语的不同变体称为汉语方言，国外的一些学者却认为这些是不同的语言（笔者在澳大利亚访学期间曾和多位阿德莱德大学的语言学家进行过激辩，告诉他们汉语变体是不同的方言，而不是语言）。大部分澳大利亚原住民语言已经灭绝了，现在很难区分它们是否是不同的方言、语言或语支。此处的语支只表示不同语言变体间的亲疏关系，并不是严格意义的语言学概念。

语（又名 Nharangka 语）、Kaurna 语、Permangk 语；Barngarla 语支包括 Nhawu 语、Barngarla 语（又名 Parnkalla 语）、Warta Parnkalla 语；Thur̲a 语支包括 Adnyamathanha 语和 Kuyani 语。这些语言的具体分布见图 3–2。

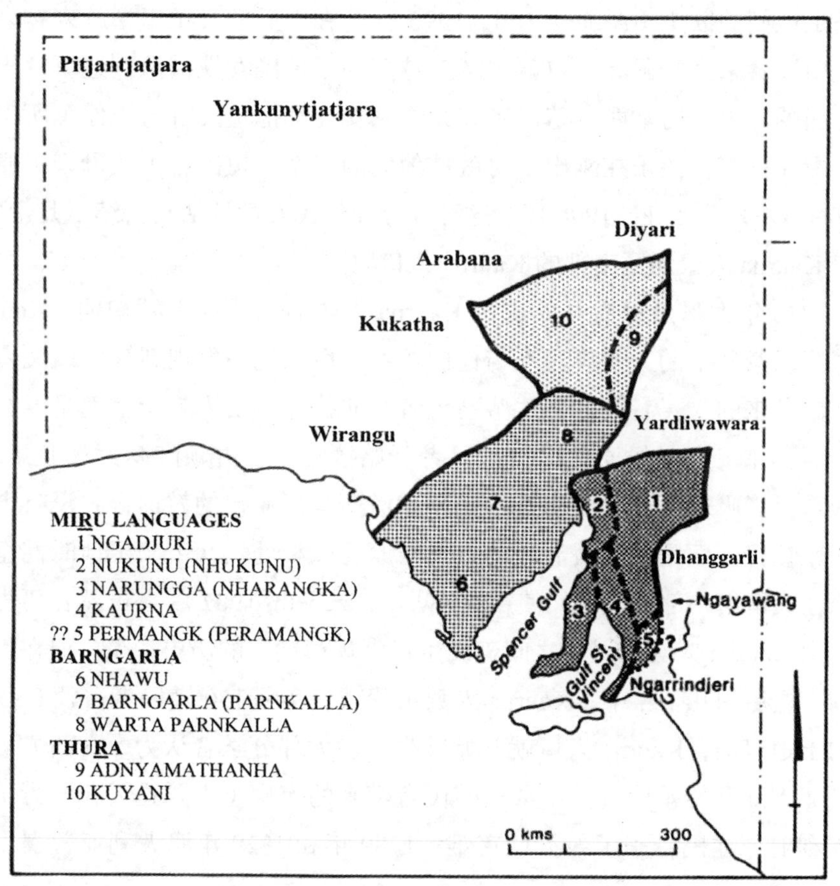

图 3–2　传统上的 Kaurna 语及 Kaurna 语周边的语言[①]

在西方殖民者到来之前，Kaurna 人在这片土地上捕鱼、打猎，快乐地生活。据传，1806 年六名捕杀海豹的欧洲渔民来到了澳大利亚海岸，他们最终居住在离 Kaurna 人领地很近的袋鼠岛（Kangaroo Island）上。他们在

① Rob Amery, *Warrabarna Kaurna! Reclaiming an Australian Language*, Lisse, Abingdon, Exton, Tokyo: Swets & Zeitlinger Publishers, 2000.

此捕杀海豹和鲸鱼，加工海豹皮和鲸鱼皮制品，成为最早接触 Kaurna 人的西方殖民者（Clarke, 1994）。① 为了获取更多利润，殖民者把目光锁定在澳大利亚女性原住民身上。他们把女性原住民（主要是 Ngarrrrindjeri 人和 Kaurna 人）掠到袋鼠岛上从事繁重或危险的体力劳动，同时作为性奴隶满足他们的欲望（Amery Rob，1996）。② 在以后的日子里，越来越多的西方殖民者来到袋鼠岛，也就有越来越多的原住民女性被掠到这里。出于多方面的原因，通常西方殖民者和原住民女性都把殖民者与原住民所生的孩子看作累赘，孩子在刚出生时就被他们的父亲（殖民者）或母亲（原住民女性）杀死（Clarke, 1998）。③ 这种掠夺原住民女性的活动持续了几十年，使得 Kaurna 人聚居区南部的 Kaurna 人口骤减。

1836 年大量殖民者开始占领 Kaurna 人聚居区。在占领初期，Kaurna 人试图躲避外来的入侵者，不与他们接触。后来他们发现新来的殖民者与从袋鼠岛来的入侵者不同，这些殖民者并非掠夺了女人就走，而是要在这里定居下来。这时候原住民与殖民者开始接触。在占领南澳大利亚州时，英国殖民者吸取了占领新南威尔士州和塔斯马尼亚州的教训，并没有大量杀戮原住民，而是采用较温和的方式与原住民相处。在占领土地时甚至会为原住民留出一部分供他们使用（Kwan Elizabeth, 1987）。④ 虽然在历史上找不到 Kaurna 人与殖民者之间曾发生过大规模冲突的历史记录，但在殖民者到来之后的几十年中，Kaurna 人数量骤减。实际上在殖民者占领 Kaurna 人的土地以前，Kaurna 人口就开始减少了。大部分学者认为，在西方对澳大利亚大陆开始殖民统治不久，殖民者带来的疾病（主要是天花病毒）给澳大利亚原住民带来了毁灭性灾难。1789 年和 1829 年澳大利亚曾爆发两

---

① Clarke, Phillip A., *Contact, Conflict and Regeneration: Aboriginal Cultural Geography of the Lower Murray, South Australian,* Adelaide: the University of Adelaide, 1994.

② Amery Rob. *Language Reclamation: The Interaction between Linguistics and Social Processes in the Restoration of Languages no Longer Spoken,* Canberra: The Australian Linguistics Society Conference, 1996.

③ Clarke, Phillip A., The Aboriginal Presence on Kangaroo Island, South Australian, In Simpson J. and Hercus L. (Eds.), *History in Portraits. Biographies of Nineteenth Century South Australian Aboriginal Women*, Aboriginal History Monograph, 1998, PP. 14–48.

④ Kwan Elizabeth, *Living in South Australia: A Social History. Vol.* 1, *from before* 1836 *to* 1914, Adelaide: South Australian Government Printer, 1987.

次天花病，大量原住民（包括 Kaurna 人）死于这两次瘟疫（Teichelmann, C. G. & Schurmann, C. W., 1840）。[①] 到 1836 年殖民者占领南澳大利亚州的时候，Kaurna 人还剩下不足 700 人（Rob Amery，2010）；[②] 到 1841 年，Kaurna 人大约还剩下 650 人，其中 280 人为成年男性，182 人为成年女性，还有 188 名儿童（Teichelmann, C. G. & Moorhouse, M., 1842）。[③] 1845 年以后，南亚澳大利政府推行的英语单语教育政策加速了 Kaurna 语走向“休眠”。人们通常认为 1879 年以后已经无人能够讲 Kaurna 语。但后来在南澳大利亚州各地陆续发现一些会讲这种语言的人。1929 年世上最后一个 Kaurna 母语人 Ivaritji 去世（Tom Gara，1990），[④] 从此 Kaurna 语彻底进入“休眠”状态。

一 Kaurna 语复兴背景

1929 年最后一个 Kaurna 母语人 Ivaritji 去世，Kaurna 语进入“休眠”状态，英语成为 Kaurna 人的第一语言。他们中的小部分人转用标准英语，大部分转用 Nunga 英语。[⑤] Nunga 英语是通行于澳大利亚的南澳大利亚州南部地区的一种由多种澳大利亚原住民语言与英语混合而成的克里奥尔语，其句子结构与英语相似，词汇系统中夹杂着大量 Ngarrindjeri 语、Narungga 语、Pitjantjatjara 语等原住民词汇（Robert Forster, Paul Monaghan & Peter Mühlhäusler，2003）。[⑥]

历史上 Kaurna 语没有文字系统，Kaurna 人通过口口相传的方式传承他们的文化。在这种原始的文化传承方式下，语言对文化传承起着决

---

① Teichelmann, C. G. & Schurmann, C. W., *The Aboriginal Language of South Australia*, Adelaide: Thomas and Co., 1840.

② Rob Amery, *Warrabarna Kaurna*! *Reclaiming an Australian Language*, Lisse, Abingdon, Exton, Tokyo: Swets & Zeitlinger Publishers, 2010.

③ Teichelmann, C. G. & Moorhouse, M., Report on the Aborigines of South Australia, *South Australia Register*, 1842-01-08.

④ Tom Gara, The life of Ivaritji（“Princess Amelia”）of the Adelaide Tribe, *Journal of the Anthropological Society of South Australia*, Vol. 28, No. 1, 1990, PP. 64-105.

⑤ Nunga，读作 /nʌŋgə/，源自澳大利亚 Wirangu 语，意思是“原住民的”；与其对应的词语是 Gunya，读作 /guɲə/，意思是“非原住民的”。

⑥ Robert Forster, Paul Monaghan & Peter Mühlhäusler. *Early forms of Aboriginal English in South Australia*, 1840*s*-1920*s*, Canberra: Pacific Linguistics Research School of Pacific and Asian Studies, 2003.

定性作用。一种语言的消失意味着这种语言代表的整个文化系统的毁灭。当 Kaurna 人转用其他语言后，Kaurna 语彻底“休眠”，Kaurna 语负载的 Kaurna 文化也遭受了很大的破坏，Kaurna 民族的历史几乎被人忘记。

幸运的是，Kaurna 人的语言和文化在历史上留下了点滴碎片式的痕迹。19 世纪初期，一些西方传教士到南澳大利亚州传教。为了传播基督教，传教士们需要和 Kaurna 人交流学习 Kaurna 语，并尝试译写 Kaurna 语版的《圣经》。在这期间，传教士记录了部分 Kaurna 语词汇和一小部分 Kaurna 语句子。[①] 他们记录的 Kaurna 语不是很标准，也不准确。针对相同事物，不同人记录的结果并非完全一致。例如，表 3-1 是 Earl，Williams，Wyatt，Teichelmann 和 Schurmann 分别于 1838 年、1836—1839 年、1837—1839 年、1838—1840 年记录的有关身体器官的词汇。他们记录的这些词汇中，几乎没有完全相同的。尽管如此，这些材料也为今天的 Kaurna 语复兴提供了参考资料。

表 3-1　Earl，Williams，Wyatt，Teichelmann 和 Schurmann 记录的 Kaurna 词汇[②]

English	Earl	Williams	Wyatt	T&S	汉语
arm	*turriti*	*too-tee*	*toorte*	*turti*	胳膊
beard	*multa*	*mul-tah*	*multa*	*malta*	胡须
ear	*iri?*	*eu-rie*	*yure*	*yurre*	耳朵
elbow	*tiringi*	*ting-ne*	*tinye; tinnge*	*tidngi*	肘

① 目前传世的 Kaurna 材料包括 Gaimard 1826 年记录的 168 个词汇；Robinson 1837 年左右记录的 80 个词汇和两个句子；Koeler 1837—1838 年间记录的 150 个词汇，8 个句子；Willians 1836—1839 年记录的 377 个词汇，28 个句子；Piesse 1839 年记录的 75 个词汇；Wyatt 1837—1839 年记录的 651 个词汇，17 个句子；Earl 1838 年记录的 14 个词汇；Stephens 1838 年记录的 36 个词汇；Teichelmann, C. G. 和 Schurmann, C. W. 1838—1840 年记录的 2000 多个词汇，200 多个句子；Schurmann 1838—1840 年记录的 70 个词汇，两首歌曲；Klose 1840—1845 年记录的 54 个词汇；Teichelmann 1840—1857 年记录的 2500 个词汇，一部分句子；Cawthorne 1842—1846 年记录的 51 个词汇；Bates 1919 年记录的 26 个词汇；Black 1920 年记录的 66 个词汇，8 个短语，20 个句子。此外还有一些二手材料，具体见 Rob Amery, *Warrabarna Kaurna! Reclaiming an Australian language*, Lisse, Abingdon, Exton, Tokyo: Swets & Zeitlinger Publishers, 2000, PP. 112–113.

② 见 http://www.adelaide.edu.au/kwp/language/words/，材料由 Kaurna 语复兴指导委员会成员 Rob Amery 博士整理，汉语由笔者翻译。

续表

English	Earl	Williams	Wyatt	T&S	汉语
eye	*mina*	*mee–na*	*meena*	*mena*	眼睛
foot	*tinna*	*tid–nah*	*tinna; tinne*	*tidna*	脚
hair	*yuka*	*yo–cha*	*yuka*	*yoka*	头发
hand	*murra*	*mur–rah*	*murra*	*marra*	手
knee	*multa?*[①]	*mut–tah*	*màta*	*matta*	膝
leg	*irako*	*yer–coo*	*yerko; yeerko*	*yerko*	腿
nose	*mula*	*mood–lah*	*moola*	*mudla*	鼻子
teeth	*tial*	*tie–year–la*	*teerar*	*tialla*	牙齿
tongue	*taling*	*ter–lan–ya*	*teelàna; talànye*	*tadlanya*	舌头
thigh	*kundi*	*cun–die*	*kunde*	*kanti*	大腿

1972 年以后，澳大利亚开始实施多元文化政策，部分 Kaurna 人开始思考自己民族的一些问题。他们希望了解历史，重塑民族认同。受世界上其他语言复兴的影响，20 世纪 80 年代开始，以 Georgina Williams 为代表的一些 Kaurna 人希望复兴 Kaurna 语。1985 年 Georgina Williams 向澳大利亚语言学院申请 Kaurna 语学士学位课程，澳大利亚语言学院回复说，至少要有六个人同时申请才能开设这门课程，Georgina Williams 未能如愿进入大学学习 Kaurna 语。但幸运的是，她寻到了南澳大利亚州博物馆的一个职位。在此工作期间她认真研究 Kaurna 的历史和文化，同时向社会呼吁复兴 Kaurna 语。

1990 年 3 月到 4 月间，Kaurna 语言复兴倡导者、Kaurna 人代表以及语言学家聚集在一起，商讨 Kaurna 语复兴。这一复兴计划得到阿德莱德大学语言学院的支持，Rob Amery 等语言学家从一开始就参加了语言复兴活动，为 Kaurna 语言复兴提供理论指导。在现代语言学理论，尤其是语言规划理论的指导下，Kaurna 语复兴者从语言本体规划、语言地位规划、语言教学规划等角度着手 Kaurna 语复兴。

① Rob Amery 博士认为此处为 mutta 的笔误。

二 Kaurna 语复兴中的语言本体规划

与曾经实施的其他语言复兴项目（如希伯来语复兴）不同，Kaurna 语复兴者找不到太多 Kaurna 语书面资料。历史上 Kaurna 语没有文字系统，只是在西方殖民者到达这里以后才由部分传教士记录下了一些 Kaurna 语片段。这些片段成为当今 Kaurna 语复兴的主要材料。

1. 语音规划

语言复兴的目的在于把一种“休眠”的语言重新引入生活，成为人们的日常交际语，因此确定复兴一门语言之后，着手复兴这门语言的语音系统是语言复兴活动中的关键。在开始复兴 Kaurna 语的时候，已经没有能讲这种语言的人了，如何确定这种语言的语音系统成为 Kaurna 语复兴者面临的重要难题。观察、比较、借鉴成为复兴者重构 Kaurna 语音系统的主要手段。

西方传教士曾留下一些 Kaurna 语的书面材料，但是这些材料中所记的语音不准确，不同人的记录结果也不同，不能准确反映 Kaurna 语的真实语音系统。语言复兴者仔细比较了这些材料，发现了 Kaurna 语音系统的一些规律。例如一些材料中被记作 *oo* 或 *ou* 的，很可能对应英语发音 /u/；记作 *er* 或 *a* 的，很可能对应英语发音 /ʌ/ 或 /a/（Austin Peter & Crowley Terry，1995）。[①] 依靠这种办法，可以确定 Kaurna 语的大部分音位。

历史上，与 Kaurna 语亲属关系比较近的一些语言保留下来了一些文字记录或现代数字影像记录。这些材料成为 Kaurna 语复兴者的珍贵资料。复兴者比较了这些与 Kaurna 语亲属关系比较近的语言的语音系统，如 Nukunu 语（其辅音系统见表 3-2），[②] 希望这些语言的音位系统能为重建 Kaurna 语的语音系统提供帮助，因为他们相信 Kaurna 语和同语支的语言会有较多相似的音位。

---

① Austin, Peter & Crowley, Terry, Interpreting Old Spelling, Nicholas Thieberger (Ed.), *Paper and Talk: A Manual for Reconstituting Materials in Australian Indigenous Languages from Historical Sources,* Canberra: Aboriginal Studies Press, 1995, PP. 54–102.

② Nukunu 语和 Kaurna 语的关系很近，属同一语支（见本章第一节）。1955 年至 1971 年，语言学家曾用现代录音设备记录下 Nukunu 的语音。这些珍贵的录音资料成为现在复兴澳大利亚原住民语言的宝贵资料。

表 3-2　　Nukunu 语的辅音[①]

		唇音	软腭音	齿音	硬腭音	齿龈音	卷舌音
塞音	轻音	p	k	th	ty	t	rt
	浊音						rd
鼻音		m	ng	nh	nh	n	rn
边音				lh	ly	l	rl
半元音		w			y		
r 音	闪音					r	
	颤音					rr	
	滑音						r

注：只有 /p/、/k/、/th/、/ty/、/m/、/ng/、/nh/、/nh/、/w/、/y/ 才可出现在音节起始位置。

另外，语言复兴者仔细观察了 Nunga 英语中的一些 Kaurna 语词汇，从中找出了一些保留 Kaurna 语语音特色的音位，从而帮助构拟 Kaurna 语的音位系统。这样语言复兴者基本确定了 Kaurna 语的语音系统。目前 Kaurna 语复兴学者认为，Kaurna 语的语音系统中应包含 9 个元音，分别为 /a/、/i/、/u/、/a:/（或 /aa/）、/i:/（或 /ii/）、/u:/（或 /uu/）、/ai/、/au/、/ui/，以及 29 个辅音，具体见表 3-3。

表 3-3　　Kaurna 语的辅音[②]

	双唇音	齿间音	齿龈音	卷舌音	舌叶腭音	软腭音
塞音	p	th	t	rt	ty	k
鼻音	m	nh	n	rn	ny	ng
起始鼻音		dnh	dn	rdn	dny	
边音		lh	l	rl	ly	
起始边音		dly	dl	rdl	dly	

① Luise Anna Hercus, *A Nukunu Dictionary* [Z]. Canberra: Luise A. Hercus, 1992.

② 资料来源：Kaurna 语言复兴委员会 (Kaurna Warrapintyanthi) http://www.adelaide.edu.au/kwp/language/ spelling2010/。

续表

	双唇音	齿间音	齿龈音	卷舌音	舌叶腭音	软腭音
闪音			rd			
颤音			rr			
滑音				r		
半元音					y	

对比 Kaurna 语的语音系统和 Nukunu 语的语音系统后会发现，二者有很多相似的地方，尤其是二者都有三个特色音 r 音。也就是说，复兴后的 Kaurna 基本保留了澳大利亚原住民语言的特色。

2. 词汇规划

除了语音以外，一种“活的”语言还需要一定数量、能清晰表达语义的词汇。在西方传教士记录的 Kaurna 语言材料中，部分词汇表义不清。例如，在传教士记录的 Kaurna 语中与英语 know（知道、明白）对应的词语至少有五个：*nakkondi, tampendi, tirkandi, paiandi, mukabandi*，而相应的例句却非常少。这五个词语的英文解释和例句分别如下（Rob Amery，2001）：[①]

nakkondi：to see; look; know（看，瞧，知道）

tampendi: to know; recognise; be acquainted with（知道，认识，与……熟悉）

tirkandi: to know; understand; learn（知道，懂得，学）

paiandi: to bite; chew（咬，嚼）; *warra paiandi*: to understand with（明白）

mukabandi: to remember; recollect; know; show（记住，收集，知道，显示）

……

Yakko padlo burro nakkondi. He does not yet know it.（他还不知道

① 材料引自 Rob Amery, Language Planning and Language Revival, *Current Issues in Language Planning*, Vol. 2, No. 2-3, 2001, PP. 141-221. 汉语翻译由笔者完成。

这个呢。)

Yakko ngatto warte woltu nakkondi. I see no difference; I know or see no exit, no escape.（我看没有不同；我看没有跑掉或逃跑。）

Yurlo imbarendi. To see one's face again.（再次看到某人的脸。）

Ngarpa bia kungareninna nakketti. (The cat) has perhaps perceived the small of a mouse.（［这只猫］已经闻到了老鼠的气味。）

Ngatity warranna nakkoninga. Consider my address (to you).（考虑一下我［对你］讲的。）

Nindo ngadlu ninitini (=kuteni) pipangga nakkolyerniappeta? Will you let us again look upon the paper?（i. e. instruct us?）（我们可以再看一下那张纸吗？／可以再辅导一下吗？）

分析 Kaurna 语的语篇材料，似乎 *nakkondi* 在这六个词语中最常用，语篇材料中大多使用了这一词语，唯一的例外是在以人做宾语的句子里用了 *yurlo inbarendi* 这一表达方式。根据词语解释，与以人做宾语的词语搭配时应该采用 *tampendi*。究竟 *yurlo inbarend* 与 *itampendi* 是什么关系，是不是同义词，有哪些区别，其他几个词语的用法如何，这些问题无法在以往的材料中找到答案。截至目前，语言复兴者还不能明确给出这些词语的具体用法和区别。

除了语义不清外，传教士留下来的语言材料还存在词汇量较少的问题。在西方传教士记录的 Kaurna 语中只有 3000—3500 个词汇（Rob Amery，2001），[①] 这些词汇无法满足现代社会交际的需求。这一点很容易理解，19 世纪的语言肯定无法表达现代社会常用的“手机”“电脑”等事物。另外，传教士记录的词汇缺乏 Kaurna 语言文化的核心词汇，不能反映 Kaurna 人的传统文化。历史上 Kaurna 人是一个海洋民族，他们世代生活在海边，以捕鱼为生。但在传教士记录的 Kaurna 语词汇里却很少出现与鱼类相关的词汇；而与 Kaurna 人相邻而居、同样以捕鱼为生的 Djambarrpuyngu 人

① Rob Amery, Language Planning and Language Revival, *Current Issues in Language Planning*, Vol. 2, No. 2-3, 2001, PP. 141-221.

的语言中，表示不同种类“鲨鱼”的词汇就多达 64 个（Galpagalpa et al., 1984）。[①] 其实传教士记录的语言中缺乏 Kaurna 语言文化核心词汇这一原因很容易理解，传教士的目的在于传播西方宗教，“教化”原住民，他们根本不关心原住民的文化。对他们来说，学会一些基本的日常词汇，达到与原住民交流的目的就足够了。因此他们没有兴趣记录 Kaurna 的文化词汇。

要复兴原住民的语言，就要丰富原住民语言的词汇，使复兴后的语言能够满足表达现代社会生活的需要，同时能够表达民族特色文化。为此，Kaurna 语言复兴委员会（Kaurna Warrapintyanthi）成员（主要是 Rob Amery 博士）采用现代语言学理论，通过多种途径丰富 Kaurna 语词汇。首先他们想到的是从其他语言借入词汇。英语是语言复兴者和 Kaurna 人都掌握的语言，从英语中借入词汇是最简单的事情；但是太多的英语借词会降低 Kaurna 人对复兴的 Kaurna 语的认同感。他们会认为复兴的语言不是自己的语言，而是英语。为此语言复兴者在从英语中借入词语时，一定会根据 Kaurna 语的特点改写其拼写方式，如将 koala（考拉）写作 *kuula*。另外，与 Kaurna 语亲属关系较近的语言是借词的另一个重要来源，例如从 Nukunu 语借入了 *nhaalha*（针鼹鼠），从 Kukatha 语借入 *nyani*（绵羊），从 Narungga 语借入 *marrawitte*（多面手），从 Ngarrindjeri 语和 Narungga 语借入大量鱼类的名字，等等。

除了从其他语言借词，扩充 Kaurna 语词汇的第二个办法是依据现有词汇采用合成或附加的手法创造新词。例如记录材料中没有“鸭嘴兽”这一词语，但是有 *kauwe*（水）和 *pilta*（负鼠）这两个词语。语言复兴者将上述两个词语合成，创造出 *kauwepilta*（鸭嘴兽）。其他的词汇还包括由 *tipu*（火花）和 *kardla*（燃料）复合成 *tipukardla*（炸药）；由 *tadli*（泡沫）生成 *tadlitadli*（锅、平锅）；由 *tidna*（脚）和 *paltha*（覆盖物）复合成 *tidnapaltha*（鞋）；等等。在语言复兴过程中，语言复兴者时刻尊重 Kaurna 人的意见和观点。在新创词语时，语言复兴者通常会依据语言学知识为每个新词语创造多种可能的拼写形式，然后与 Kaurna 人召开研讨会（workshop），由 Kaurna 人自己决定应选择哪种书写方式。

---

① Galpagalp, J., Wanymuli, D., de Veer, L. & Wilkinson, M., *Dhuwal Djambarrupuyngu Dharuk Mala ga Mayali – Djambarrupuyngu Word List*, Yirrkala: Literature Production Centre, 1984.

目前 Kaurna 语复兴委员会已经编写了《Kaurna 语—英语词典（草稿）》，[①] 词典中每一词条下都给出了该词的词性、词语来源（来自传教士的记载还是新创）、英语释义、与相近词语的区别等。目前词典有对外版本和内部版本两类，其中对外版本 239 页，内部版本 465 页。

虽然已经编写了词典，但是语言复兴者仍旧面临着一些需要解决的问题。在创制新词汇过程中语言复兴者遇到的第一个棘手问题，就是如何处理 Kaurna 民族的传统文化与现代 Kaurna 人的文化之间的关系。例如当代英语中 heart（心）常用来表达各种情感，而在传统 Kaurna 语中 *tangka*（肝）是表达情感的词汇。当代的 Kaurna 人都出生和成长在英语环境下，他们很难接受 Kaurna 语的传统表达方式。Procter 等人曾将 *Tauondi Speaks from the Heart* 这本书翻译成原住民语言，开始时他们将 heart 翻译为 Kaurna 语的 *tangka*（肝），这样的翻译不被大多数原住民接受。最终只得采取折中方式，在翻译成 Kaurna 语时提供将 heart 翻译为 *bulta*（心）和 *tangka*（肝）的两种翻译版本（Proctor, J. & Gale, M., 1997）。[②] 另一个让语言复兴者困惑的是如何确定 Kaurna 语的隐喻义。活的语言中的词汇都会有一些隐喻用法，比如汉语用"老黄牛"比喻"勤劳、踏实的人"，英语用"dog"（狗）比喻"诚实、忠实的人"，澳大利亚原住民语言 Pitjantjatjara 语的 *kaanka*（母牛）喻指"不能被人信任的人"、*wunggan*（狗）喻指"生活作风不正派的人"，等等。遗憾的是，在传教士记录的语言材料中没有这样的隐喻用法，语言复兴者在为 Kaurna 语创建这样的隐喻义时，不得不慎重考虑是根据英语的隐喻用法还是根据其他原住民语言的用法创建隐喻义。像上面翻译 heart 一词的时候一样，如何选择隐喻义是 Kaurna 语复兴者面临的另一个重要难题。直到今天，这些问题也未完全解决。

3. 语法规划

除了语音和词汇以外，语言还需要一定的语法规则，以便将词语组织

---

① 《Kaurna 语—英语词典》具体见：http://www.adelaide.edu.au/kwp/resources/kaurnadictionary/kaurnadict- download.html 。

② Proctor, J. & Gale, M., *Tauondi Speaks from the Heart*: *Aboriginal Poems from Tauondi Collage*, Adelaide: Tauondi Collage, 1997.

起来形成更大的语言单位。句法层面，Kaurna 语和其他的澳大利亚原住民语言一样，句子的主谓宾等成分比较自由，主要依靠词缀和名词的词尾表达语法意义，而语序没有表达语法意义的功能。在各种语言顺序中，主语—宾语—谓语结构被认为是最常用的语言结构。

在词法层面，Kaurna 语的部分名词和代词有单数、双数、复数之分。例如与英语 you（你，你们）相对的 Kaurna 语共有六个词语：*niina*，*ninthu*，*niwa*，*niwarlu*，*naa* 和 *naarlu*。传统的 Kaurna 语中没有介词，而是靠名词或代词后附加的词语或词缀表达名词或代词与其他词语的关系，以及其在句子中的语法位置。复兴后的 Kaurna 语有两个介词 *ka*（和，借自 Pitjantjatjara 语和 Yolngu Matha 语）和 *wo*（或，借自英语）。复兴后的 Kaurna 语靠词缀、后加词以及仅有的两个介词表达语法关系。如 *wardli* 是名词，"房子"的意思，其语法变化形式有如下几种：[1]

wardlidla "two houses" 两栋房屋（*wardli* 的双数形式）

wardlirna "houses" (more than two) 许多房屋（*wardli* 的多数形式）

wardlingka "in the house"; "on the house", "at the house" 在房屋里、在房屋上

wardli-ana "to the house"; "(to) home" 回家

wardlinangku "from the house"; "from home" 离家

wardli-arra "through the house" 穿过房屋

wardlityangka "in the vicinity of the house" 在房屋附近

wardlida-ityangka "in the vicinity of the two houses" 在两栋房屋（双数）附近

wardlirna-ityangka "in the vicinity of the houses" (more than two) 在许多房屋（多数）附近

wardlitidli "having a house" 有一栋房子

wardlitina "without a house" (ie "homeless") 没有房子

① Kaurna 语复兴委员会网站，http://www.adelaide.edu.au/kwp/resources/kaurnadictionary/kaurnadict -grammar.html，汉语翻译由笔者完成。

总体来看，澳大利亚原住民语言的动词时态较为复杂。有些语言的动词有七种时态（Dixon，1980），[①] 另一些语言，如 Diyari 语的动词却没有时态变化（Austin Peter，1981）。[②] 传教士留下的语言材料中没有记录 Kaurna 语的动词时态，语言复兴者只能靠观察与 Kaurna 语亲属关系较近的语言来推测 Kaurna 语的动词的时态变化。他们观察了保存较好的 Pitjantjatjara 语，发现这一语言除原型（imperative）外还有四种时态：过去时（past）、现在时（present）、将来时（future）、非限定时（nominal form）；按照原型动词的词尾类型，可以将动词分为四类：la- 型（动词原型以 la 结尾），wa- 型（动词原型以 wa 结尾），ra- 型（动词原型以 ra 结尾），零型（动词原型以其他结尾）。每类动词在时态变化时会遵循一定规律。

找到 Pitjantjatjara 语动词的时态变化规律以后，语言复兴者面临着如何确定 Kaurna 语动词时态的问题。针对这一问题，目前有两种不同观点，一种建议采用简化形式，认为所有的 Kaurna 语动词都采用同样的语法形式表示过去、现在、将来三种时态；另一种意见希望建构类似 Pitjantjatjara 语的词形变化。目前这两种观点都很活跃，Kaurna 语动词的时态变化还没有定论，但在具体使用中前一种占有优势。

Kaurna 语复兴者对 Kaurna 语复兴的本体规划做了大量工作，但是截至目前，一些语言本体问题还没有定论，需要在今后的复兴中进一步加强和完善。

三　Kaurna 语复兴中的语言地位规划

通常情况下，语言复兴活动中语言地位规划比语言本体规划（语言活力复苏）操作起来更加容易，表现出的结果更直接。历史上的语言复兴活动几乎都伴随着要求提高该种语言的社会地位的呼声，希望被复兴的语言能够成为官方语言、国家或地方通用语，有时语言复兴甚至伴随着民族独立。也就是说，几乎所有的语言复兴活动都重点考虑该种语言的地位规划。

---

① R. M. W. Dixon, *The Languages of Australia*, Cambridge, London, New Rochelle, Melbourne, Sydney: Cambridge University Press, 1980.

② Austin Peter, *A Grammar of the Diyari Language of North-east South Australia*, Cambridge: Cambridge University Press, 1981.

如前所述，《澳大利亚联邦宪法》没有规定澳大利亚原住民语言的社会地位。虽然2013年修改后的《南澳大利亚州宪法》承认保护民族语言的权利，[①] 但要把像Kaurna语这样已经“休眠”多年的语言定为官方语言或地方通用语，似乎还有很长的路要走。鉴于此，在开始阶段，Kaurna语复兴者试图追求在较低层次上实现Kaurna语的社会地位，这些措施包括用Kaurna语命名新出现的地名或建筑物、用Kaurna语的名字替换现有地名或建筑物名、在Kaurna语社区创建Kaurna语广播电台或电视台等。

用Kaurna语命名地名或建筑物是语言复兴者实施Kaurna语地位规划的一种重要手段。西方殖民者初到Kaurna人的居住地时，记录了一些Kaurna语的地名，如*Yankalilla*，*Myponga*，*Aldinga*，*Willunga*，*Waitpinga*等。但是对现在的Kaurna人来说，这些名字仅仅是一个符号，他们完全不了解这些名字的意义和代表的文化。1980年，Kaurna人用Kaurna语命名了一所新建的学校，Warriappendi Alternative School。此后他们尝试从传教士记录的语言材料中搜寻更多Kaurna语的地名和河流名字，用以替换现在正在使用的相应英语名字。例如用*Tandanya*替换Adelaide south of the Torrens，用*Kainkawirra*替换North Adelaide，用*Walinga*替换the city of Adelaide等（Rob Amery & Georgina Yambo Williams，2002）。[②] 但是截至目前，这些名称没有获得官方认可，也不被广大群众使用，只流行于部分Kaurna人之间。

1992年，一些Kaurna语言复兴者建议将新建成的Kaurna语言文化保护中心命名为“Warriparinga Interpretive Centre”，1994年南澳大利亚政府批准了这一提议；1998年南澳大利亚政府又将其旁边的一块沼泽命名为“Warriparinga Wetland”。在以后的一段时间里，Kaurna人又陆续提交了一些申请，希望用更多的Kaurna语名称命名Kaurna人居住地（现南澳大利亚州首府阿德莱德地区）的地名。但是这些申请大多没有获得政府批准，原因在于现在Kaurna人口较少，大多数申请得不到白人甚至其他原

① 资料来源：http://www.austlii.edu.au/au/legis/sa/consol_act/ca1934188/s2.html。

② Rob Amery & Georgina Yambo Williams, Reclaiming through Renaming: The Reinstatement of Kaurna Toponyms in Adelaide and the Adelaide Plains, In Luise Hercus, Flavia Hodges & Jane Simpson. (Eds.), *The Land is a Map*: *Place Names of Indigenous Origin in Australia,* Canberra: Pandanus Books in Association with Pacific Linguistics, 2002, PP. 255-276.

住民的支持。截至目前，南澳大利亚政府只批准了阿德莱德市区的五个地方采用 Kaurna 语名称：*Karrawirra Parri*（英语名称为 Torrens river，河流名称）、*Piltawodli*（英语名称为 North Adelaide golf course，公园的名称）、*Karrawirra*（公园的名称）、*Wirranendi*（公园的名称）、*Tambawodli*（公园的名称）。即使这些被官方批准的名称，前两个仍有相应的英语名称，并且对应的英语名称更被多数人使用。

目前 Kaurna 语言复兴委员会又收集了一批 Kaurna 语地名、河流名和山脉名，并向南澳大利亚政府提出申请，希望政府能以 Kaurna 语言名称命名这些地方。这些申请正在等候官方审核。[①] 另外，Kaurna 语言复兴委员会呼吁在 Kaurna 人的会议上使用英语 -Kaurna 语的双语标志，Kaurna 人为自己和家人起 Kaurna 语名字等。

除了以上措施，复兴委员会还试图创立 Kaurna 语广播电台和电视台，但目前这一目标还没有实现，目前只是偶尔在一些频道播放 Kaurna 语歌曲。

虽然 Kaurna 语言复兴委员会已经做了大量的工作，试图确立 Kaurna 语的社会地位，但这些措施大多仅限于 Kaurna 人之间，更多地体现为民间性质。要想从法律意义上确定 Kaurna 语的社会地位，似乎还有很长的路要走。

四　Kaurna 语复兴中的语言教学规划

一门复兴的语言必须被本民族人当作母语，并发展出良好的代际传承，才能有活力，才算成功地复兴了这门语言。Kaurna 语言复兴者非常重视教育在语言复兴中的重要作用，可以说，Kaurna 语教育几乎是与 Kaurna 语复兴同步发展的。

1992 年卡纳普兰学校（Kaurna Plains School）最先把 Kaurna 语引入课堂；1994 年伊丽莎白城市高中（Elizabeth City High School）和西伊丽莎白成人学院（Elizabeth West Adult Campus）在本校的澳大利亚原住民语言学习项目（the Australian Indigenous Languages Framework project）中开设

① Kaurna 语言复兴委员会 (Kaurna Warrapintyanthi), http://www.adelaide.edu.au/kwp/placenames/。

了 Kaurna 语教学。学生从 11 年级开始学习 Kaurna 语，最终要达到原住民语言教学一级水平（SSABSA，1996）。[①] 1997 年阿德莱德大学开设了 Kaurna 语言文化课程。

进入 21 世纪以后，原住民语言走入课堂的呼声越来越高，越来越多的学校开设了原住民语言课程。2011 年南澳大利亚州共 45 所中小学实施 49 种原住民语言教学项目，教授 9 种原住民语言，分别是 Pitjantjatjara 语、Wirangu 语、Adnyamathanha 语、Antikirinya 语、Arabana 语、Yankunytjatjara 语、Narungga 语、Kaurna 语、Ngarrindjeri 语。1999 年至 2011 年，共有 46383 名学生参加原住民语言学习。人数最多的一年（2006 年）共 5392 名学生学习了原住民语言。据 2011 年的统计，当年共有 4174 名学生学习原住民语言，其中 2799 人为原住民学生，1375 人为非原住民学生。[②] 根据原住民语言活力不同和学习目的不同，原住民语言教学采取四种不同的教学形式：第一语言保留课程（first language maintenance），第二语言学习课程（second language learning），语言复兴课程（language revival），语言文化复兴课程（language awareness）。[③] Kaurna 语教学主要为语言复兴课程和语言文化复兴课程。2011 年南澳大利亚州开设 Kaurna 语言课程的学校具体见表 3-4。

表 3-4　　2011 年南澳大利亚州开设 Kaurna 语言课程的学校 [④]

学校	语言	教学类型	学生总数	原住民学生数	非原住民学生数
Adelaide High School	Kaurna & Pitjantjatjara	语言文化复兴课程	138	10	128
Kaurna Plains School	Kaurna	语言复兴课程	70	70	—
Le Fevre High School	Kaurna	语言复兴课程	6	6	—

① SSABSA (Senior Secondary Assessment Board of South Australia), *Australia's Indigenous Languages Framework*, Wayville: SSABSA, 1996.

② 此部分信息由澳大利亚阿德莱德大学人文学院语言学系 Rob Amery 博士提供，在此对 Rob Amery 的帮助表示感谢。以上数据中，2010 年没有学生学习原住民语言。

③ 第四种课程主要应用于有较为丰富的本民族文化遗产的语言教学。其与第三种课程的主要区别在于语言学习的同时，还强调掌握这种语言代表的文化。

④ 此信息是南澳大利亚州教育部（the Department of Education and Children's Services）的内部资料，由 Rob Amery 博士提供，在此表示感谢。

续表

学校	语言	教学类型	学生总数	原住民学生数	非原住民学生数
Mark Oliphant College	Kaurna	第二语言学习课程、语言文化复兴课程	544	30	514
Modbury School Pre School−Year 7	Kaurna	语言复兴课程	12	12	—
Northfield Primary School	Kaurna	语言复兴课程	252	46	206
Ocean View P−12 College	Kaurna（核心课程）	语言文化复兴课程	33	18	15
Salisbury High School	Kaurna	语言复兴课程	31	14	17
Salisbury North R−7 School	Kaurna	语言复兴课程	49	49	—
School of Languages	Kaurna	语言复兴课程	15	2	13
合计			1150	257	893

Kaurna 语课程是南澳大利亚州推行的九种原住民语言教育之一。2011 年，南澳大利亚州共有 10 所学校开设语言复兴课程和 Kaurna 语言文化复兴课程；全州共有 6 名 Kaurna 语教师，其中一名为 Kaurna 人；5 名 Kaurna 语言文化顾问；两名幼儿保育员；1150 名学生。这些学生中，257 人为原住民，893 人为非原住民。

虽然 Kaurna 语已经走入了学校，但学生完成 Kaurna 语课程后还无法用 Kaurna 语交流。事实上目前仅三人能用 Kaurna 交流，并且这三人用 Kaurna 交流时偶尔还有障碍。

Kaurna 语言教学还处于探索阶段，目前没有统一的教学大纲。通常 Kaurna 语教师根据学生的情况，教给学生简单的数字、动植物名称、家庭称谓或一些歌曲。教学方法上，Kaurna 语言复兴者找不到可借鉴的成熟教学模式，他们只能根据实际，创造符合 Kaurna 语复兴的教学方式。希伯来语复兴时期社会上还有一些会讲希伯来语的人，他们采用了“沉浸式教学法”；新西兰毛利语复兴时社会上还有部分老人能够讲毛利语，他们采用了“语言巢”（Kohanga Reo, language nets）的方式，让孩子们与老人们定期聚在一起学习复兴的语言。Kaurna 语言复兴时已经完全没有会讲这种语言的人了，为此 Kaurna 语言复兴者创造了“程式化教学法”（the Formulaic Method）。这种教学方式更强调语言的认同功能和交际功能，而不把单个字词或语句作为教学的重点。在起始阶段，学生主要学习简单的数字和儿歌，例如《脑袋、肩膀、膝盖、脚趾歌》。这首歌由 8 个表示身体器官的名词和简单的连词组成，简单易学。等学生稍微大一些以后，开始学习一些简单的句子，如“请坐”（*Tikka* 或 *Tikkainga*）、“起立”（*Karrikari*）、“请安静”（*Warratti*）等。掌握一定的简单表达以后，学生们开始学习大段的演讲内容，如 Kaurna 人欢迎词。通过这样的教学形式，培养学生的 Kaurna 民族认同。Kaurna 人欢迎词的具体内容如下（Rob Amery，2000）。①

Ngangkina, meynuna!

Na marni purrytye?

Ngai narri_____. Ngai yaitya meyu,_______birkounungko. Martuitya wakwakunnadlu ngai wanggandi.

Pangkarra ia, Kaurnako yerta, maiyerta. Kaurna pangkarra Crystal Brookunungko kauwandilla, Cape Jervisanna patpangga, karnunna paintyilla marrekurlo.

Marni na (ninna) budni iangga, ngadluko yertangga, inbaritya ngadluityangga. Karromarraninga!

Natta ngadlu palti tarkaota, kuri ngunyawaiota nanni (nanni).

Ngaityo yungandalya, yakkanandalya.

英语翻译：

Ladies and gentlemen.

Welcome! (i.e. how are you all)

My name is___. I am an indigenous person from the ____ group. I'm

① Rob Amery, *Warrabarna Kaurna*! *Reclaiming an Australian Language*, Lisse, Abingdon, Exton, Tokyo: Swets & Zeitlinger Publishers, 2000, PP. 186.

speaking on behalf of all of us students here.

This is Kaurna county, good country count. Kaurna country extends from Crystal Brook in the north to Cape Jervis in the south and this side (to the east) of the hills.

It's good that you are able to come here to meet with us. We hope you enjoy yourselves. We are now going to sing some songs and perform some dances for you.

Thank you.

中文翻译：

女士们，先生们！

大家好！

我的名字叫作 ____。我是来自 ____ 部落的原住民。我代表所有学生在此讲话。

这是 Kaurna 人的土地，一片神奇的土地。从北面的 Crystal Brook 到南面的 Cape Jervis，向东直达山脚下，都是我们 Kaurna 人神奇的土地。

很高兴你们能够来到这里和我们相会。希望大家能够玩得尽兴。接下来我们将为大家表演歌曲和舞蹈。

谢谢大家。

除学校教育外，语言复兴者还试图将 Kaurna 语引入家庭。然而目前仅有三人能用 Kaurna 语交流，偶尔还有一些障碍，短时间内 Kaurna 语还无法成为家庭交际语。语言复兴者鼓励 Kaurna 人学唱 Kaurna 歌曲，在家中悬挂 Kaurna 文字，以培养对 Kaurna 语的认同感。

Kaurna 语言教育尚处于起步阶段，要培养出 Kaurna 母语人，并保持代际传承，似乎还有很长的路要走。

第四节　Kaurna 语复兴的启示

与希伯来语复兴不同，Kaurna 语复兴是在 Kaurna 语完全“休眠”、Kaurna 人完全转用英语（包括标准英语和克里奥尔英语）的背景下，在现代语言学理论指导下的语言复兴活动。与希伯来语复兴的另一个不同之处在于，Kaurna 语复兴与政治无关，Kaurna 人并不追求政治独立。为此语言复兴者从一开始就把 Kaurna 语复兴的目标定为“培养 Kaurna 语—英语双语人，提高 Kaurna 人的民族认同”（Rob Amery，2000）。[①] 也就是说，复兴 Kaurna 语不会影响 Kaurna 人掌握英语，增强 Kaurna 民族认同的同时更强调保留澳大利亚国家认同。

目前澳大利亚政府对原住民语言复兴的态度较为含糊。一方面政府愿意为澳大利亚原住民的语言复兴活动（包括 Kaurna 语言复兴）提供资金支持；另一方面却不愿意给予原住民语言相应的政治地位。我们知道，澳大利亚原住民语言是被西方殖民者人为破坏的。西方殖民者来到澳大利亚大陆初期的所作所为与他们倡导的民主、自由的人权观念格格不入，现在的澳大利亚政府在法理上和人权上都愧对澳大利亚原住民。在经济上帮助原住民复兴语言，只是政府对以前行为的小小弥补。但是澳大利亚政府似乎还不愿意提高原住民语言的政治地位。如果原住民语言获得了政治地位，似乎澳大利亚存在回归到殖民统治时期以前的风险。这是澳大利亚政府不能答应的。

语言复兴没有政治目标，同时 Kaurna 人已经转用了新的语言，在这种情况下语言复兴活动似乎很难顺利开展。Kaurna 语言复兴从开始到现在已经二十多年了，目前只培养出三名能用简单的 Kaurna 语交流的人。从这一点看，在可预见的将来，Kaurna 语不可能成为 Kaurna 人的日常交际语。也就是说，语言复兴初期复兴者设立的“培养 Kaurna 语—英语双语人”的

① Rob Amery. *Warrabarna Kaurna! Reclaiming an Australian Language*, Lisse, Abingdon, Exton, Tokyo: Swets & Zeitlinger Publishers, 2000.

目标似乎无法实现。

目前澳大利亚开展的原住民语言复兴活动很多，其他的语言复兴活动与 Kaurna 语言复兴较为类似。2013 年 7 月，笔者曾和 Ghil‘ad Zuckermann 教授一起，去往 Whyalla 和 Port Augusta 等邦格拉（Barngarla）人的居住地，参加邦格拉语言复兴研讨活动。在这几天的活动中，最多的是照相、合影、采访等活动，真正学习邦格拉语言的时间寥寥无几。参加研讨活动的邦格拉人也不是很多，每次活动大概仅十几个人。这些人大多受过良好的英语教育、在社会上从事较为体面的工作。他们来学习邦格拉语更多的是出于一种象征意义，希望以自己的行为吸引更多邦格拉人来参加邦格拉语言复兴活动。他们在业余时间几乎从不主动学习邦格拉语。很难想象，这样的复兴活动能够真正地复兴一门已完全“休眠”的语言。

第四章　台湾客家话保护研究

台湾地区位于中国大陆的东南部，隔台湾海峡与大陆相望，包括台湾岛和周围的几个小岛，面积 36197.0669 平方公里，人口 23543346 人（2017 年 1 月）。台湾地区共有 14 个被官方确认的少数民族（原住民群体），[①] 人口 553608 人，占台湾地区总人口的 2.35%（"内政部"户政司，2017），[②] 其他为汉族人。汉族人还可细分为以汉语普通话为母语的"外省人"，曾以汉语闽南方言为母语的闽南人以及曾以汉语客家方言为母语的客家人。

历史上台湾曾被荷兰、西班牙、日本等国殖民。殖民者的语言大大影响了岛内的语言生态。后来岛上的语言又受到汉语普通话的影响，这使得台湾岛上原住民的语言和部分汉语方言受到很大冲击。据美国国际暑期学院（Summer Institute of Linguistics International）统计，台湾地区曾有 29 种原住民语言，其中 28 种语言属于南岛语系台湾南岛语族，另一种属于马来—波利尼西亚语族。[③] 到 21 世纪初期，凯达格兰语等七种语言被确认已消失；噶玛兰语、邵语等七种语言处于极度濒危状态，赛夏语为严重濒危，

① 根据"行政院"原住民委员会 http://www.apc.gov.tw/portal/docList.html?CID=6726E5B80C8822F9 的资料，台湾地区 14 个被官方确认的少数民族分别为阿美族、泰雅族、排湾族、布农族、卑南族、鲁凯族、邹族、赛夏族、雅美族、邵族、噶玛兰族、太鲁阁族、撒奇莱雅族、赛德克族。另外，台湾地区还有部分没有被官方确认的民族，包括基模族、噶哈巫族、马卡道族、巴布拉族、巴宰族和西拉雅族。它们在官方文件中大多被归入其他少数民族一类。

② 台湾地区 2017 年 2 月统计月报 [EB/OL]. http://sowf.moi.gov.tw/stat/month/list.htm, 2014-03-18.

③ 根据美国国际暑期学院的观点，台湾地区的原住民语言包括属于泰雅语支（Atayalic）的泰雅语（Atayal）、赛德克语（Seediq）、寒溪语（Hanxi, Kankei），属于排湾语支（Paiwanic）的排湾语（Paiwan）、鲁凯语（Rukai）、布农语（Bunun）、卑南语（Pyuma）、阿美语（Amis, Pangcah）、撒奇莱雅语（Sakizaya）、噶玛兰语（Kbalan）、猴猴语（Qauqaut）、凯达格兰语（Ketangalan）、巴赛语（Basay）、雷朗语（Luilang）、龟崙语（Kulon）、赛夏语（Saisiyat）、巴宰语（Pazih, Pazeh）、噶哈巫语（Kaxabu, Kahabu）、道卡斯语（Taokas）、巴布拉语（Papora, Papura）、巴布萨语（Babuza）、虎尾垄语（Favorlang）、邵语（Thaw）、洪雅语（Hoanya）、西拉雅语（Siraiya）、大满语（Taivuan）、马卡道语（Makatau），属于邹语支（Tsouic）的邹语（Tsou, Cou）、卡那卡那富语（Kanakanavu）、沙阿鲁阿语（Saaroa），另外还有属于马来—波利尼西亚语族的达悟语（Tao, Yami）。

泰雅语、卑南语、布农语等九种语言的活力为脆弱级（Lewis, Simons & Fennig，2014）。[①]

除原住民语言外，台湾岛上的部分汉语方言也有濒危趋势，其中以客家方言的濒危程度最甚。为此，台湾“行政院”分别于1996年12月和2001年6月成立“行政院原住民族委员会”和“行政院客家委员会”（后改为“客家委员会”），以保护台湾地区的原住民语言文化和客家语言文化。本章将简要介绍台湾地区的语言规划的发展历程、客家话保护措施、客家话活力现状，进而探讨台湾地区的客家话保护对语言保护的启示。

第一节　台湾地区语言规划发展历程

台湾地区历史文化悠久，据学者研究，当地最早的人类活动可追溯到几千年甚至一万多年以前。在荷兰（1624年）和西班牙（1626年）殖民者到达这里之前，台湾岛上没有语言规划，原住民的语言随着原住民自生自灭。工业革命以后，西方列强开始瓜分世界，进行殖民统治。台湾岛曾先后被荷兰、西班牙、日本等国殖民，其间也曾回归祖国的怀抱。在不同时期，岛上的语言政策呈现出不同的特征。

一　西方殖民时期台湾地区的语言政策

1624年，荷兰人占领了台湾岛南部地区；1626年，西班牙人占领了台湾岛北部地区；1642年，荷兰人战胜了西班牙人，统一了台湾岛。在这段时间，中国大陆沿海地区操汉语闽南方言的居民也陆续来到台湾岛。尽管岛上增加了大批外来人口，但这时岛上的原住民在数量上仍然占据多数，相应地，原住民语言也是岛上的主要交际语言。

殖民者来到台湾地区之后，大批西方传教士尾随而至，他们在台湾岛上传播基督教。为了更好地传播教义，1636年西班牙传教士在台湾岛南部地区建立了台湾地区历史上第一所现代意义的学校（Ming-Hsuan Wu,

① Lewis M. P., Gary F. Simons, and Charles D. Fennig (Eds.), *Ethnologue: Languages of the World, Seventeenth Edition*, Dallas, Texas: SIL International, 2014.

2011）。[①] 岛上的原住民不懂传教士的语言，为了达到交流的目的，传教士们用罗马字母帮助岛上的居民创立文字，并把原住民的语言（台湾岛南部的新港语，北部的虎尾语）作为学校教学用语（John Kwock-ping Tse, 2000；熊南京、李芳兰、李雪强，2010）。[②][③]

从这件事可以看出，当时西方殖民者对岛上的语言持实用的观点，也就是说，他们对台湾岛上原住民的语言“不压迫也不歧视”（Chiung, W.-V., 2000），[④] 任由原住民的语言自然发展。西方殖民者这样对待原住民的语言是非常容易理解的：荷兰和西班牙殖民者占领台湾岛的目的是掠夺岛上的财富和劳动力，他们不关心岛上语言的发展与灭亡，也不干涉岛上的语言生活，他们只需要原住民为殖民者工作，为殖民者创造财富。

在殖民统治后期（1642—1662 年），从 1648 年开始，荷兰人曾试图将荷兰语作为全岛通用语加以推广（Heylen，2001）。[⑤] 但由于在此期间西方列强为争夺殖民地和世界资源进行了多场战争，荷兰面临的来自国内和国际的压力较大，这使得殖民当局无暇在岛上花大力气推广通用语；加之荷兰在台湾岛的殖民统治时间较短，以及荷兰的神职人员和教育者对在台湾岛上采用哪种语言作为教学存在争议，最终荷兰语并未成为岛上的通用语。

荷兰和西班牙殖民者共统治台湾岛 38 年。在这段时期，殖民者给台湾岛上的语言既带来了积极影响又带来了消极影响。积极方面，殖民者将罗马字母引入台湾岛，使台湾地区的部分语言有了文字；消极方面，殖民者对原住民的屠杀以及强行推行的教育政策破坏了当地的语言环境，加快了

---

① Ming-Hsuan Wu, Language Planning and Policy in Taiwan: Past, Present, and Future, *Language Problems & Language Planning*, Vol. 35, No. 1, 2011, PP. 15-34.

② John Kwock-ping Tse, Language and a Rising New Identity in Taiwan, *International Journal of the Sociology of Language*, Vol. 2000, No. 143, 2000, PP. 151-164.

③ 熊南京、李芳兰、李雪强：《荷兰殖民统治者对台湾原住民的语言政策及其对语言生态的影响》，《南昌航空大学学报》2010 年第 1 期，第 76—81 页。

④ Chiung, W.-V., *Peh-oe-ji, Childish Writing?*, Harvard University: The 6th Annual North American Taiwan Studies Conference, 2000.

⑤ Heylen，Ann, Dutch Language Policy and Early Formosan Literacy (1624-1662), Ku Weiying (Ed.), *Missionary Approaches and Linguistics in Mainland China and Taiwan*, Leuven: Leuven University Press, 2011, PP. 199-251.

一些使用人口较少语言的灭绝速度（熊南京、李芳兰、李雪强，2010）。[①]

二　郑成功及清政府时期台湾地区的语言政策

1662 年郑成功赶走了荷兰殖民者，收复了台湾。到达台湾岛之前，郑成功长期生活在福建省，他手下的将士也大多来自东南沿海一带。郑成功率领大军收复台湾岛，同时也将闽南方言带到了台湾地区。从此汉语闽南方言成为台湾岛上的重要语言之一。

1683 年清朝军队打败了郑成功的部队，将台湾地区纳入清朝中央政府的管辖范围。清政府将台湾地区划为福建省的一部分，这加速了台湾地区与中国大陆东南沿海一带的交流。在此期间，大量闽南人和客家人来到台湾岛上。

郑成功和清朝统治台湾期间，官方并没有明确的语言政策，但台湾岛上的教育政策可大体反映当时统治阶级的语言政策倾向。清政府曾在台湾地区设立学校，教授原住民汉语文和儒家文化（Dreyer，2003）。[②] 据统计，到甲午战争之前，全岛一府三县共有 13 所学堂、37 所书院，大大小小的书房、学馆等遍布城镇乡村；几乎每年都会有来自台湾地区的学生进京参加科举考试（汪知亭，1978）。[③] 由于当时岛上的居民以来自福建沿海地区的移民居多，因此当时岛上的汉语为汉语闽南方言。考生要进京考试，也要掌握汉语北方方言。也就是说，汉语北方方言和闽南方言是当时学校的教学用语。

三　日本殖民时期台湾地区的语言政策

1894 年清政府在甲午战争中战败，将台湾岛、澎湖列岛及其附属岛屿割让给日本。在此后的 50 多年中，台湾成为日本的殖民地。这段时期，日本殖民者通过教育政策和语言政策对台湾地区的人民进行了“同化”“日

① 熊南京、李芳兰、李雪强：《荷兰殖民统治者对台湾原住民的语言政策及其对语言生态的影响》，《南昌航空大学学报》2010 年第 1 期，第 76—81 页。

② Dreyer, J. T., The Evolution of Language Policies and National Identity in Taiwan, In M. E. Brown & S. Ganguly (Eds.), *Fighting Words: Language Policy and Ethnic Relations in Asia*, Cambridge: MIT Press, 2003, PP. 385–409.

③ 汪知亭：《台湾教育史料新编》，台湾商务印书馆 1978 年版，第 19 页。

化”“皇化”等统治，希望把台湾人民和日本帝国主义绑在一起。

1895 年，在派往台湾的第一任总督赶赴台湾任职前夕，日本内阁总理颁布了《关于赴任之际的政治大纲的训令》，这成为日本殖民台湾时期语言政策及教育政策的总方针。这份所谓的“训令”声称，“台湾是日本的‘新版图’，是亟待沐浴‘皇恩’的地方”（徐南号，1996）。[①] 总体来说，该训令直接反映出日本统治者在台湾的语言政策，即恩威并行。一方面，通过残酷的法西斯统治镇压人民的反抗；另一方面，通过“文化”侵略消灭台湾人的民族意识和国家观念，使他们心甘情愿地为日本殖民者服务。

殖民初期，负责台湾教育的殖民官员提出在台湾岛兴办教育和普及日语教育的主张。但是在殖民开始的前几年，由于岛上战争频繁，加之殖民者缺乏对当地社会的了解，殖民者没有足够的精力关注岛上的教育（汪知亭，1978）。[②] 为解决语言不通的问题，殖民者分别于 1895 年 7 月和 1896 年 3 月在台北创建了“芝山岩学务部学堂”和“总督府国语学校”，[③] 此后又在台湾各地陆续建立了大约 14 所“国语传习所”，还设立了各种日语练习所、日语夜学会、日语普及会、日语奖励会等。为“鼓励”台湾人学好日语，统治者给予日语学得好的人“秀才”称号。

通过以上摸索，殖民者大致了解了岛上的实际情况，开始在台湾岛设立公学校，以推动岛上的日语教育。殖民者颁布实施的《公学校规则》指出，岛内 7—16 岁的儿童可进入公学校学习，公学校的修业年限为 6 年，教学目的是“教日语、施德育，以养成（日本）国民性格”，所学课程为日语、日本礼仪、台湾人必须遵守的重要制度等；1912 年殖民统治者又规定，公学校一年级至四年级每周各增加两小时日语课；1922 年再次增加公学校的日语课时数，一年级至六年级的日语课时数分别增加到每周 12 小时、14 小时、14 小时、14 小时、10 小时、10 小时，同时将汉语课由“必修课”改为“选修课”（张红梅，2011）。[④] 通过种种教育法案和语言法案，殖民者希望削弱岛上原住民语言以及汉语方言的活力，弱化台湾岛上的居

① 徐南号主编：《台湾教育史》，师大书苑有限公司 1996 年版。

② 汪知亭：《台湾教育史料新编》，台湾商务印书馆 1978 年版，第 19 页。

③ 日本殖民台湾时期，当局所称的“国语”是日语，而台湾本土的语言被称为“土语”。

④ 张红梅：《日据时期台湾的语言教育》，《长江大学学报》2011 年第 4 期，第 82—83 页。

民对中华文化的认同。1937 年抗日战争全面爆发后，为更有效地控制岛上的居民，殖民者取消了学校教育中的汉语课，实施完全的日语教育。

在统治者设立的公学之外，台湾岛上还有大量的民间私塾。这些私塾成为殖民者打压和取缔的对象。据统计，1898 年日本占领台湾初期，全岛共有 1707 所私塾；1917 年殖民者颁布法令，禁止开设新的私塾以及其他的汉文学院；随后又颁布了一系列政策，限制民间私塾的发展，到 1942 年台北市仅剩下两所私塾；1944 年殖民统治者下令取缔全部私塾（钟安西，1994）。① 战败投降前夕，殖民者终于“实现”了其在岛内阻断原住民语言文化和汉语言文化传承的目标。

在削弱汉语教育的同时，殖民者采取多种威逼利诱的手段在岛上推广日语。例如，在升学、公务员招聘等场合加试日语口语，不学日语将被剥夺升学或进入公务员行列的权利；对于把日语作为家庭内部交际语的家庭，给予优先上学、优先任用公务员的照顾；等等。

在统治者推行的语言政策和教育政策的影响下，台湾岛上的语言环境出现了很大变化。据统计，1940 年全岛 51% 的居民能够讲日语；在殖民者多年的“日化”教育下，到 1944 年，全岛能够讲日语的人达到 72%（Ming-Hsuan Wu, 2011）。② 在此背景下，不难想象，岛上的原住民语言以及汉语方言的活力被大大削弱。

四　抗战胜利后台湾地区的语言政策

1945 年世界人民取得了反法西斯战争的胜利，台湾岛回到了祖国的怀抱。从 1945 年到 2000 年，台湾岛一直处在国民党政权的统治下。国民党统治下的台湾地区的语言政策大致包括“国语”独大时期和多元文化发展时期两个阶段。

1.“国语”独大时期

抗日战争胜利后，陈仪被任命为台湾地区的行政长官。他的语言政策

① 钟安西：《日据时期台湾教育制度述评》，《近代史研究》1994 年第 6 期，第 49—72 页。

② Ming-Hsuan Wu, Language Planning and Policy in Taiwan: Past, Present, and Future, *Language Problems and Language Planning*, Vol. 35, No. 1, 2011, PP. 15-34.

可简单概括为“尽快去除日语、尽快推行‘国语’”（吴本荣，2006）。[①]陈仪来到台湾后，将日文书籍列入违禁图书，要求各地的书店和书摊不得再销售违禁书籍；除部分作为参考予以保留外，其余日文书籍全部销毁（陈鸣钟、陈兴唐，1989）。[②]为平稳过渡，台湾回归初期当地的报纸可以保留日文副刊，从1946年10月起取缔报纸上的日语副刊。

在取缔日语的同时，台湾地区大力推行“国语”。“台湾行政长官公署教育处”规定，从1945年第二学期开始，省立专科学校及师范学校的新生入学考试要加考“国语”；从1946年第一学期开始，各级学校一律用“国语”教学（陈鸣钟、陈兴唐，1989）。[③]国民学校教师应参加“国语”“国文”培训班，成绩不及格者，取消任教资格（李西勤，1995）。[④]台湾当局还规定，公务人员执行公务时要使用“国语”；台湾广播电台开辟“国语”讲座节目，满足人们学习“国语”的需要（中国第二历史档案馆，1999）。[⑤]

在推行“国语”的同时，台湾地区并没有限制当地原住民语言和汉语方言的发展。《台湾省国语运动纲要》第一条指出，全体台湾同胞都明白推广“国语”的重要性，但由于历史环境的影响，过渡时期教师不一定通晓“国语”，在此情况下，学校可采用当地方言做教学语言；第六条指出，推行“国语”过程中要重视方言的重要性，应通过方言与“国语”的比较来推行“国语”（柯剑星，1991）。[⑥]虽然回归初期台湾地区的语言政策在实际落实与实施过程中存在一些问题（吴本荣，2006），[⑦]但是总体来说，当时的语言政策还是比较积极的，它对改善岛内的语言生态环境起了一定的作用。

1949年国民党政权战败后退守台湾。在很长一段时间里，国民党政权一直幻想着能够重返大陆，夺取政权。因此在这段时间里，台湾当局推行

---

①⑦　吴本荣：《陈仪与台湾光复初期的语言政策》，《广西社会科学》2006年第10期，第125—128页。

②　陈鸣钟、陈兴唐：《台湾光复和光复后五年省情（上册）》，南京出版社1989年版，第234页。

③　同上书，第412页。

④　李西勤：《台湾光复初期推行国语运动情形》，《台湾文献》1995年第3期。

⑤　中国第二历史档案馆：《中华民国史档案资料汇编（文化）》，江苏古籍出版社1999年版，第156页。

⑥　柯剑星：《台湾省国语教育的昨天今天与明天》，《华文世界》1991年第61期。

“‘国语’独大”的语言政策。从 1948 年起，国民党将“国语”定为台湾地区的官方语言。台湾地区官方资助的影视节目都要使用“国语”；即使影片中偶尔出现讲汉语方言的角色，也必定是社会地位低下、无权无势的家庭仆人、沿街小贩等形象（Dreyer，2003；Scott & Tiun，2007）。[①][②]台湾当局希望通过这种宣传，提高“国语”的社会地位，同时贬低汉语方言的社会地位。在教学领域，规定“国语”是唯一的教学用语，学生在学校讲方言将受到惩罚；学习内容是大一统的汉族文化，而不关注台湾当地的历史、文化、风俗；在学习少数民族文化时，并非关注台湾当地的少数民族文化，而是学习大陆的蒙、藏、回等民族文化（Dreyer，2003）。[③]

20 世纪 70 年代，台湾当局更加严厉地推行“国语”单语政策。台湾教育主管部门推出的《语文法（草案）》甚至规定，会议、公务、公开演讲、公共场所（三人及三人以上场合）交谈时必须使用“标准语文”；凡违反者，第一次警告，第二次处以三千元以上、一万元以下罚款（黄宣范，2008）。[④]国民党当局甚至将“国语”与“爱国”简单机械地等同起来，认为讲“国语”就是“爱国”，讲方言就是不“爱国”；当局试图由“语同音”收“心同一”之效（黄顺盖，1998）。[⑥]

国民党当局希望通过这样的语言政策和教育政策培养台湾人的中华认同，为“重返大陆”做好准备。但是这种政策严重影响了台湾地区汉语方言以及少数民族语言的活力以及这些语言所代表的特有文化的活力。

台湾地区出版的《台湾语言活力研究》（陈淑娇，2007）显示，进入 21 世纪以后，台湾岛上的原住民语言已经整体濒危，中青年原住民已经几乎不懂本民族语言，60 岁以上老人中，也仅有 5.26% 能用原住民语言流利交谈；客家话的活力稍微好于原住民语言，客家族群中能用客家话有效交流的人数依不同年龄段分别为 2.79%（12 岁及以下）、2.13%（13—18 岁）、

①③ Dreyer, J. T. The Evolution of Language Policies and National Identity in Taiwan, In M. E. Brown & S. Ganguly (Eds.), *Fighting Words: Language Policy and Ethnic Relations in Asia*, Cambridge: MIT Press, 2003, PP. 385-409.

② Scott, M. & Tiun, H. K., Mandarin-only to Mandarin-plus: Taiwan, *Language Policy*, 2007 (Vol. 6) (Special Issue: the Emergence of Chinese): 53-72.

④ 黄宣范：《语言、社会与族群意识：台湾语言社会学的研究》，文鹤出版社 2008 年版，第 55 页。

⑤ 黄顺盖：《台湾地区语言政策述论》，《中山中文学刊》1998 年第 4 期，第 124—145 页。

4.44%（19—29 岁）、9.43%（30—45 岁）、14.60%（46—59 岁）、32.14%（60 岁及以上），随年龄递减呈锐减之势；台湾地区使用人口较多的闽南语也呈濒危之势，各年龄段能使用闽南语流利交流的人数分别为 44.09%（12 岁及以下）、55.29%（13—18 岁）、71.48%（19—29 岁）、93.21%（30—45 岁）、93.29%（46—59 岁）、100%（60 岁及以上）。[①]

2. 多元文化发展时期

1987 年 7 月 15 日，国民党当局宣布解除实行 38 年的戒严体制，同时宣布解除“报禁”，允许人民自由办报；解除“党禁”，允许人民自由组党。自此台湾地区走上民主之路。与社会制度的民主相对应，台湾地区的语言文化政策开始由“国语”独大逐渐转变为多元文化共同发展。这样的变化可以从法律、行政、教育、文化传播等多方面体现出来。

法律方面，增加了保护原住民语言文化的条款，其中第十款第九条和第十条分别如下：

“肯定多元文化，并积极维护发展原住民族语言及文化。”

“应依民族意愿，保障原住民族之地位及政治参与，并对其教育文化、交通水利、卫生医疗、经济土地及社会福利事业予以保障扶助并促其发展，其办法另以法律定之。对于澎湖、金门及马祖地区人民亦同。”

2003 年台湾教育主管部门下属的“国语会”通过了《语言平等法（草案）》（后修改为《语言发展法（草案）》，以下简称《草案》），规定台湾境内所有的语言文字在法律上一律平等。虽然这样的《草案》是在台湾地区“去中国化”、谋求法理“台独”的背景下制定的（君雅、陆羽，2007；赵会可、李永贤，2005），[②][③] 但是不可否认，这样的政策对保护岛上的语言文化多样性起到了一定的积极作用。

① 陈淑娇：《台湾语言活力研究》，载郑锦全、何大安、萧素英、江敏华、张永利《语言政策的多元文化思考》，“中央”研究院语言学研究所，2007 年，第 19—39 页。

② 君雅、陆羽：《台湾当局语言政策分析》，《语言文字应用》2007 年第 1 期，第 49—55 页。

③ 赵会可、李永贤：《台湾语言文字规划的社会语言学分析》，《山西师范大学学报》2005 年第 6 期，第 131—135 页。

行政方面，台湾“行政院”分别于1996年12月和2001年6月成立了“行政院原住民族委员会”和“行政院客家委员会”（后改为“客家委员会”），直接服务于原住民和客家人发展事务，包括语言文化发展事务。

教育方面，1993年台湾教育主管部门在国民中小学教育中开设了母语教育内容，学生可以依据自身兴趣和需要选修闽南话和客家话课程，并于当年颁布小学母语教育课程标准，次年颁布中学母语教育课程标准（陈美茹，2009）。① 2000年3月，台湾教育主管部门颁布《国民中小学九年一贯课程暂行纲要》，规定“语文”课程包括“国语”、乡土语言和英语，其中乡土语言包括汉语闽南方言、汉语客家方言以及原住民语言，并且规定小学生每周都要接受乡土语言教育。

文化传播方面，2003年6月台湾地区开播岛内首家客家电视台；2005年7月，台湾原住民电视台开始试播；2007年1月，台湾客家电视台和台湾原住民族电视台（原台湾原住民电视台）正式加入台湾公共广播电视集团，成为非商业性公共媒体平台（黄建铭，2011）。② 2013年台湾地区开播首家岛内客家网络电台，这是客家语言文化保护与现代传媒有效结合的新探索。

台湾当局确定了多元文化发展的政策方针，并于2001年6月成立“行政院客家委员会”，统筹客家语言文化保护事务。接下来的时间里，台湾当局和“行政院客家委员会”（后改为“客家委员会”）出台了一系列规章政策，以保护台湾客家语言文化。接下来我们将介绍台湾客家人以及客家话的活力现状，考察客家话保护相关政策，分析这些政策对保护客家方言活力的作用和局限性。

---

① 陈美如：《台湾语言教育政策之回顾与展望》，高雄复文图书出版社2009年版，第150—151页。

② 黄建铭：《本土语言政策发展与复振的网络分析》，《公共行政学报》2011年第39期，第71—104页。

第二节 台湾的客家人与客家话

三四百年以前，部分居住在广东、福建等沿海地区操客家方言的居民移居台湾地区，逐渐形成了台湾岛上的一个重要族群——台湾客家人。在日本殖民台湾时期，统治者没有细致区分岛上不同的族群；国民党统治台湾初期，当局也没有科学确立岛内的族群。在20世纪50年代和60年代台湾地区的人口普查中，台湾当局先把岛上的居民区分为“大陆各省籍”和“台湾省籍”两大族群；“台湾省籍”族群中，又根据祖籍细分为“福建”“广东”、原住民等次族群。这一分类体系下的“台湾籍福建人”通常被认作客家人。但有时候居民不知道自己的祖籍是哪里，这时候就会根据所操的方言“推测”其祖籍。由于这种不科学的操作方式，台湾当局几乎无法准确说出台湾岛上究竟有多少客家人，以及客家话的活力状况。

1987年国民党当局解除台湾岛上的戒严体制，客家人也组织起来争取自己的权益。2001年台湾当局成立了“行政院客家委员会”，统筹客家事务。“行政院客家委员会”的首要任务就是通过实地调查摸清台湾岛内的客家人数量和客家话活力状况，以便提出有针对性的保护和发展客家语言文化的措施。

接下来的时间里，“行政院客家委员会”几乎每年都委托相关机构调查台湾客家人口的数量和分布情况，以及客家话使用状况，并在每年年底发布相关数据。这些数据较清晰全面地反映了台湾地区客家人口的变动情况以及客家话的活力情况，是研究台湾地区客家人和客家话较权威的资料。例如，台湾当局分别于2004年、2008年、2011年进行的台湾人口调查，不仅给出台湾人口状况，还公布台湾岛上“国语”、闽南方言、客家方言、台湾原住民语言的使用人数以及使用情况。此外，“行政院客家委员会”还分别于2002年、2003年、2004年、2005年、2006年、2009—2010年组织专门的客家话活力调查，2007年台湾地区组织了客家话教学情况调查。以下根据这些调研数据分析台湾客家人以及客家话的发展状况。

一　台湾客家人

究竟什么是客家人，学术界并没有统一标准。老一辈学者罗香林（1975）以家庭族谱为依据，认定凡兼具客家血统（中原南边汉族闽粤赣系血统）、客家方言及客家习俗三项条件的人都为客家人。[①] 近些年随着经济社会的发展，语言流失越来越严重，族际或族群通婚越来越普遍。在这种情况下，如何确定客家人成为一个新课题。

台湾《客家基本法》认为，台湾的客家人是“具有客家血统或者客家渊源、熟悉客家语、深受客家文化熏陶，且高度认同客家，并自我认定为客家人之人”。这一定义从血缘、语言、文化、认同四方面区分客家人，但不同人会对这个定义从不同角度进行解读：有人认为具备以上四项之一者即为客家人；有人认为完全具备以上四项者才能被称为客家人；还有人认为具有两项或三项者可以被认作客家人。由于认定标准不同，台湾地区的人口普查会给出具体的认定标准以及在此认定标准下的客家人数量。客家人的 11 种认定标准如下：

（1）自我单一主观认定为台湾客家人者即为客家人；

（2）自我多重主观认定为台湾客家人者即为客家人；

（3）父母亲皆为台湾客家人者即为客家人；

（4）父亲为台湾客家人者即为客家人；

（5）母亲为台湾客家人者即为客家人；

（6）父母亲有一方为台湾客家人者即为客家人；

（7）祖父母中有一方为台湾客家人者，或父亲为台湾客家人者，但不包括父亲为大陆客家人者；

（8）外祖父母中有一方为台湾客家人者，或母亲为台湾客家人者，但不包括母亲为大陆客家人者；

① 罗香林：《客家研究导论》，古亭书屋 1975 年版。

（9）历代祖先中有人为客家人，或祖父母中有一方为客家人，或外祖父母中有一方为客家人，或父母中有一方为客家人；但不包含父母亲皆为大陆客家人，或父亲为大陆客家人且母亲为其他族群，或母亲为大陆客家人且父亲为其他族群者；

（10）泛指以上九项定义中，至少有一项被认定为客家人者，即为客家人；

（11）能够流利（或较流利）说客家话，或完全能听懂（或基本能听懂）客家话者，即为客家人。

以上 11 项认定标准中，第 1 项、第 2 项从自我族群认定角度定义客家人；第 3 项到第 9 项从血缘角度认定客家人；第 10 项从广义角度认定客家人；第 11 项从语言角度认定客家人。在不同的标准下，台湾官方统计出的客家人口数量有所不同，具体见表 4-1。

表 4-1　　台湾客家人口

	2004 年	2008 年	2010—2011 年
自我单一主观认定	285.9 万（12.6%）	310.8 万（13.5%）	314.7 万（13.6%）
自我多重主观认定	441.8 万（19.5%）	427.6 万（18.6%）	428.6 万（18.5%）
广义认定	608.4 万（26.9%）	587.7 万（25.6%）	575.3 万（24.8%）
《客家基本法》认定	—	—	419.7 万（18.1%）

2004 年台湾当局人口统计显示，如果按照最严格的“自我单一主观认定”标准（也就是说同时满足“客家人”定义的四项条件），台湾约 285.9 万客家人，占全台湾地区人口的 12.6%；如果按照最宽泛的广义认定原则（也就是上面的第 10 项定义），台湾客家人为 608.4 万，占全台湾人口的 26.9%。有 441.8 万人（约占全台湾人口数的 19.5%）按照“自我多重主观认定”标准认定自己是台湾客家人，他们认为自己既是客家人又是其他族群的人；166.6 万人（7.4%）具有客家血统，但不认为自己是台湾客家人。另外还有 51.6 万（2.3%）人没有客家血统，却能听、说客家话，这些人没有

被认定为台湾客家人。

2008 年台湾当局的人口统计结果显示，按照最严格的“自我单一主观认定”标准，台湾地区有 310.8 万客家人，占全台湾人口的 13.5%；如果按照“自我多重主观认定”标准，台湾地区共有 427.6 万客家人，占全台湾人口的 18.6%；如果按照“广义认定”标准，也就是只要符合认定标准中 1 至 9 项中任何一项者都被视为客家人，那么台湾地区共有 587.7 万客家人，占全台湾人口的 25.6%。

台湾地区距今最近的一次人口调查是在 2010 年至 2011 年。这次调查中，除按照以前标准认定客家人外，还增加了一条按照《客家基本法》的标准认定台湾客家人，即台湾的客家人是“具有客家血统或者客家渊源、熟悉客语、深受客家文化熏陶，且高度认同客家，并自我认定为客家人之人”。这次调查显示，按照血缘认定，现在的台湾社会中父母都为客家人的仅占全部人口的 9.2%，约 213.1 万；祖先有客家血统的占 23.5%，约 544.3 万。按照“自我单一主观认定”标准，13.6%（314.7 万）为台湾客家人。按照“自我多重主观认定”标准，18.5%（428.6 万）[①] 为台湾客家人；另有 2.1%（48.6 万）为大陆客家人。按照“广义认定”标准，台湾地区共 575.3 万客家人，占 24.8%。按照“《客家基本法》认定”标准，有 419.7 万人（18.1%）为台湾客家人。

比较台湾地区近三次客家人口调研的数据，“自我单一主观认定”标准下台湾客家人绝对数量逐年增加（从 285.9 万到 310.8 万，再到 314.7 万），所占比例也逐次增加（从 12.6% 到 13.5%，再到 13.6%）。“自我多重主观认定”标准下台湾客家人绝对人数从 2004 年到 2008 年下降较多，此后基本保护稳定（从 441.8 万到 427.6 万，再到 428.6 万）；所占比例逐次下降（从 19.5% 到 18.6%，再到 18.5%）。“广义认定”标准下客家人口的绝对数和相对比例都呈逐次下降趋势；绝对数由 608.4 万降到 587.7 万，再到 575.3 万；相对比例由 26.9% 降为 25.6%，再降为 24.8%。

以上数据显示，以“自我多重主观认定”或“广义认定”的客家人口比例呈下降趋势；而以“自我单一主观认定”的客家人口比例呈缓慢上升

① 原书给出的数据是 482.6 万，但 482.6 万占 18.5% 的话，人口总数就与其他部分算出的总数不一致。本书认为，正确数据应为 428.6 万，原书 482.6 万是 428.6 万的误写。

趋势。也就是说，台湾有客家血统的人或其他居民对客家族群的认同度在逐渐提高。

台湾的客家人有些聚居在一起，有些与其他族群混居。岛内客家人的聚居程度差异较大。聚居程度较集中的地区包括新竹县（71.6%）、苗栗县（64.6%）、桃园县（39.2%）、花莲县（31.7%）、新竹市（30.1%）。这些地区客家人的比例都在30%以上，为客家人高密度地区，也是《客家基本法》定义的客家重点发展区。这些地区（客家重点发展区）享受更加优惠的客家语言文化保护与发展政策（具体见本章第三节）。屏东县（23.7%）、台东县（19.9%）、台中县（18.5%）、台北市（16.4%）、南投县（16.0%）客家人的比例在10%—30%之间，为中密度地区。台北县、宜兰县、彰化县、南投县、云林县、嘉义县、台南县、高雄县、基隆市、台中市、嘉义市、台南市、高雄市等客家人的比例在10%以下，为低密度地区。

以上分析了台湾地区的人口数量以及人口分布情况，这些信息与台湾客家话的活力息息相关。“自我单一主观认定”的客家人、“自我多重主观认定”的客家人、“广义认定”的客家人掌握客家话的情况会有一定不同；客家高密度地区、客家中密度地区、客家低密度地区的客家话活力也会有一些差异。以下将介绍客家话的活力以及发展情况。

二　台湾客家话活力

如前所述，台湾地区几乎每年都要调查客家人口或客家话使用情况，并且还组织过专门的客家话活力调研。众所周知，语言发展是一个渐变过程。在没有重大自然灾害或战争的情况下，一种语言或方言的活力不会在短时间内突变。鉴于此，本部分以“行政院客家委员会”2002年、2003年、2010年公布的客家话使用情况为依据，考察岛内的客家话活力和发展情况。同时以台湾“行政院客家委员会”2007年发布的数据为依据，考察岛上客家话的学术科研情况。

（一）2002 年客家话活力[①]

2002 年台湾的“行政院客家委员会”委托上华市场研究顾问股份有限公司调查台湾地区客家话的活力状况。经过数次预调查和科学抽样，2002 年 9 月 27 日至 12 月 15 日间，上华市场研究顾问股份有限公司在全台湾选取 1215 户客家人家作为被调查对象，其中 13 岁以下被调查对象 705 人（针对儿童的调查问卷由父母代为完成）；最终此次调查共回收 2582 份有效调查问卷。有效被调查对象中含 395 位 13 岁以下儿童。通过分析这些问卷，“行政院客家委员会”推测了 2002 年台湾客家话活力状况。

1. 客家话能力

“行政院客家委员会”发布的调查报告给出了客家人的客家话水平以及不同年龄、性别、职业、教育水平、居住环境下客家人的语言能力。总体来看，13 岁至 89 岁的台湾客家人中，56.5% 能完全听懂客家话，25.4% 能听懂绝大多数，两者合计占 81.9%；另有 3.2% 完全听不懂客家话。[②] 43.7% 能非常流利地讲客家话，22.9% 能流利地讲客家话，合计占 66.6%；另外有 7.9% 完全不会说客家话。[③]

联系年龄考察被试的客家话水平：50 岁及以上者中，97.2% 能听懂[④]客家话，93.1% 能用客家话流利交流；[⑤] 30—49 岁者中 89.2% 能听懂客家话，75.3% 能用客家话流利交流；13—29 岁者中 62.1% 能听懂客家话，37.0% 能用客家话流利交流；13 岁以下者中 49.7% 能听懂客家话，11.6% 能用客家话流利交流。具体见表 4–2。

① 上华市场研究顾问股份有限公司：《台湾客家民众客语使用状况调查研究》，“行政院客家委员会”，2002 年。

② 问卷中说的能力等级除“完全听懂”“听懂绝大部分”“完全不懂”外，还包括“约听懂一半”“听懂少部分”。

③ 问卷中说的能力等级除“非常流利”“流利”“完全不会说”外，还包括“普通”“不流利”。

④ 此处的“听懂”包括“完全听懂”和“听懂绝大部分”。

⑤ 此处的“流利交流”包括“非常流利”和“流利”。

表 4-2　　2002 年客家话能力的代际差异　　单位：%

	听		说	
	能听懂	完全听不懂	流利交流	完全不会说
13 岁以下	49.7	26.2	11.6	50.3
13—18 岁	57.7	10.2	27.0	24.1
19—29 岁	64.2	5.1	42.0	13.9
30—39 岁	86.5	2.9	68.2	6.5
40—49 岁	92.2	1.0	83.1	2.5
50—59 岁	96.5	—	90.6	0.7
60 岁及以上	97.7	—	94.9	—

台湾岛上的客家话并非完全一致，存在多样性。不同地区的客家人使用的客家话在语音、词汇、语法等方面存在差异，这些不同的客家话变体被称为不同的腔。其中以使用“四县腔”的比例最高，占 53.5%；其次为“海陆腔”，占 33.3%。其他还有“饶平腔”“大埔腔”“诏安腔”“永定腔”等，这些客家变体的使用人数较少。台湾客家人中，26.6% 掌握两种或两种以上的客家话变体。这些人大多生活在台湾岛北部地区，大多持“海陆腔”和另外一种或几种客家话变体。

2. 客家话使用

家庭交际方面，与父母交谈时，73.4% 的客家人使用客家话；其中 13—18 岁者仅 34.3% 使用客家话，19—29 岁者为 42%。与子女交谈时，43.4% 使用客家话；夫妻间交谈时，58.4% 使用客家话；兄弟姐妹之间交谈，65.1% 使用客家话。

社会交际方面，家族相聚时，77.0% 使用客家话；同乡聚会时，77.7% 使用客家话；朋友聚会时，72.3% 使用客家话；在工作单位，29.6% 使用客家话；在学校，21.1% 使用客家话。

由以上数据可以看出，客家话主要被应用于客家族群内部；在较为正式的工作或学习场合，使用客家话的比例大幅减少。

3. 客家文化认同

73.3% 的客家人认同“客家文化深刻影响人们的生活与行为方式”；43.9% 的受访者初次与别人见面时会主动表明自己的客家人身份；47.4% 的受访者表示，他身边的所有朋友都知道他是客家人；15.2% 的客家人非常期望自己的孩子与客家人结婚；9.7% 的客家人经常参加客家社团或客家的其他活动，另有 23.5% 的受访者偶尔参加客家社团或客家活动。在各种客家传统活动中，被认为最重要的是“扫墓、祭祖”，其次是“遵守客家传统礼俗（包括节假日与婚丧嫁娶等人生大事）”，接下来是“参加客家社区传统民俗节庆”“参观客家地方文物、古迹、风土、民俗”“收听客家广播”“收看客家电视节目”等。

（二）2003 年台湾客家话活力

2003 年台湾的“行政院客家委员会”做了第二次客家话使用情况调查。这次调查采用“分层抽样”方式最终选取 1213 户作为被调查对象。所谓“分层抽样”，就是按照客家人在台湾地区的分布情况确定各地的样本数量。例如，台湾客家人中 532385 人生活在桃园县，占台湾全部客家人的 20.68%。按照这一比例，研究样本中应有 250 户来自桃园县。实际操作中，最终在桃园县选取了 243 户做调查对象。

这次调研的 1213 户中，644 户是上一年度调查过的家庭户，新增的家庭户为 569 户。最终这次调研活动共获取 2206 份有效调查问卷，其中 577 人的年龄在 13 岁以下。此次调研结果显示的客家话活力如下。

1. 客家话能力

语言能力方面，13 岁及以上的客家人大多掌握多种语言变体。95.4% 能听懂普通话，91.4% 能用普通话流利交流；86.7% 能听懂客家话，79.0% 能用客家话流利交流；78.7% 能听懂闽南话，62.9% 能用闽南话流利交流；5.8% 能听懂英语，3.3% 能用英语流利交流；2.7% 能听懂日语，2.1% 能用日语流利交流；0.4% 能听懂台湾原住民语言，0.3% 能用原住民语言流利交流。

客家话能力方面，13 岁以下的儿童中 11.7% 能流利听说客家话；30.7% 能听懂客家话但不能用客家话流利交流；29.4% 能听懂一部分但不会说客家话；28.2% 完全不会客家话。13 岁以上民众中，74.5% 能够完全听懂客家话，12.2% 能够听懂大部分，4.0% 能够听懂一半，6.2% 能够听懂少部分，3.1% 完全听不懂；69.4% 能够非常流利地讲客家话，9.8% 能够流利地讲客家话，7.9% 自认为客家话水平一般，7.7% 自认为客家话不流利，5.3% 完全不会说客家话。

在会说客家话的民众中，69.3% 只会一种客家话腔调，26.3% 会两种客家话腔调，4.4% 会三种及三种以上客家话腔调。

调查还发现，客家话能力与被调查对象的性别、年龄、职业、受教育程度、地域、家庭环境有关。总体来看，男性的客家话能力高于女性；年长者好于年幼者；在所有被访者中，从事农林牧渔业的受访者客家话能力最强；教育程度越高，客家话能力越弱；从地域环境来看，都市化程度与客家话能力成反比，客家人聚居程度与客家话能力成正比；从家庭环境来看，通婚是影响客家话能力的重要因素之一，夫妻双方均为客家人者能讲客家话的比例（94.0%）远高于仅一方为客家人者会讲客家话的比例（78.3%）。

客家话能力的代际差异直接影响客家话今后的使用情况以及活力状况。鉴于此，以下将详细介绍不同年龄段的客家人客家话的听说能力。具体见表 4–3。

表 4–3　　2003 年客家话能力的代际差异　　单位：%

	听		说	
	能听懂[①]	完全听不懂	流利交流[②]	完全不会说
13 岁以下	42.4	28.2	11.8	57.6
13—18 岁	39.2	15.5	19.4	25.4
19—29 岁	71.7	5.8	48.1	10.2
30—39 岁	85.2	3.7	79.8	6.0
40—49 岁	93.2	1.5	87.3	3.0
50—59 岁	97.5	0.6	94.4	0.4
60 岁及以上	98.9	0.1	97.5	0.8

① 此处的“听懂”包括“完全听懂”和“听懂绝大部分”。

② 此处的“流利交流”包括“非常流利”和“流利”。

13 岁以下儿童中，11.7% 能流利听说客家话，30.7% 能听懂且会说简单的客家话，29.4% 略微听懂但不会说客家话，28.2% 无法听说客家话。

13 岁至 18 岁者，15.8% 完全能听懂，23.4% 能听懂绝大部分，26.0% 能听懂少部分，15.5% 完全听不懂客家话；12.7% 能很流利地用客家话交流，6.7% 能流利地交流，30.7% 不能流利地交流，25.4% 完全不会说客家话。

19 岁至 29 岁者，41.7% 完全能听懂，30.0% 能听懂绝大部分，15.6% 能听懂少部分，5.8% 完全听不懂客家话；30.7% 能用客家话很流利地交流，17.4% 能流利地交流，21.1% 能交流但不流利，10.2% 完全不会说客家话。

30 岁至 39 岁者，70.1% 完全能听懂，15.1% 能听懂绝大部分，6.3% 能听懂少部分，3.7% 完全听不懂客家话；63.1% 能很流利地用客家话交流，16.7% 能流利地交流，6.2% 能交流但不流利，6.0% 完全不会说客家话。

40 岁至 49 岁者，83.9% 能完全听懂，9.3% 能听懂绝大部分，3.9% 能听懂少部分，1.5% 完全听不懂客家话；77.7% 能用客家话很流利地交流，9.6% 能流利地交流，4.8% 能交流但不流利，3.0% 完全不会说客家话。

50 岁至 59 岁者，91.5% 能完全听懂，6.0% 能听懂绝大部分，0.2% 能听懂少部分，0.6% 完全听不懂客家话；88.8% 能用客家话很流利地交流，5.6% 能流利地交流，1.8% 能交流但不流利，0.4% 完全不会说客家话。

60 岁及以上者，95.4% 能完全听懂，3.5% 能听懂绝大部分，1.1% 能听懂少部分，0.1% 完全听不懂客家话；93.8% 能很流利地用客家话交流，3.7% 能流利交流，0.6% 能交流但不流利，0.8% 完全不会说客家话。

2. 客家话使用

家庭交际方面，与父母交谈时，62.6% 几乎完全使用客家话，12.2% 大部分时间使用客家话，7.2% 约一半时间使用客家话，8.7% 偶尔使用客家话，9.4% 几乎不用客家话；与子女交谈时，26.9% 几乎完全讲客家话，14.4% 大部分时间使用客家话，19.2% 一半时间使用客家话，19.1% 偶尔使用客家话，20.4% 几乎不讲客家话；夫妻间交谈时，40.9% 几乎完全使用客家话，13.8% 大部分时间使用客家话，11.4% 约一半时间使用客家话，9.2% 偶尔使用客家话，24.7% 几乎不用客家话；兄弟姐妹之间交谈时，46.7% 几乎完全使用客家话，17.8% 大部分时间使用客家话，11.9% 约一半时间使用客家话，9.8% 仅偶尔使用客家话，13.2% 几乎不用客家话，另有 0.6% 拒绝回答此问题。

社会交际方面，家族相聚时，75.2% 使用客家话；同乡聚会时，80.1% 使用客家话；朋友聚会时，78.6% 使用客家话；28.5% 的被访者在工作单位使用客家话；19.5% 的被访者在学校使用客家话。

3. 客家文化认同

31.9% 的客家人认同“客家文化会影响我的生活方式”（7.3% 非常同意，24.6% 同意）；49.6% 的受访者会在与别人初次见面时主动表明自己的客家人身份，44.5% 在别人询问时会表明自己的身份，5.3% 不会表明自己的身份，0.5% 不承认自己的客家人身份，0.1% 拒绝回答这一问题；51.5% 的受访者表示，他身边的所有朋友都知道他是客家人；65.6% 的被访者的子女认为自己是客家人，10.1% 不认为自己是客家人；21.6% 的民众希望子女与客家人结婚。81.2% 认同客家文化丰富了他们的生活；85.1% 的民众同意“我以说客家话为荣”这句话；88.2% 的被访者希望子女学习客家话，84.2% 愿意自己亲自教孩子客家话，48.2% 的被访者希望子女参加客家话培训课程，24.5% 被访者的孩子正在参加客家话培训课程。

（三）2009—2010 年台湾客家话活力

台湾地区最近一次发布的客家话使用情况报告是由全国意向顾问股份有限公司于 2010 年完成的。2010 年 4 月 24 日至 6 月 7 日间，该公司在台湾 21 个县市以及台北市和高雄市以电话访谈的方式调查客家话的使用情况。此次调查共获得 6023 份有效调查问卷。其中男性 2622 份（43.5%），女性 3401 份（56.5%）；加权后男性 3165 份（52.6%），女性 2858 份（47.4%）。13 岁以下 786 人（13.0%），13 岁至 19 岁 481 人（8.0%），

20 岁至 29 岁 942 人（15.5%），30 岁至 39 岁 1053 人（17.5%），40 岁至 49 岁 958 人（18.2%），50 岁至 59 岁 970 人（16.1%），60 岁至 69 岁 495 人（8.2%），70 岁及以上者 201 人（3.3%）；加权以后各年龄组的人数分别为 996 人（16.5%）、626 人（10.4%）、983 人（16.3%）、893 人（14.8%）、958 人（15.9%）、806 人（13.4%）、427 人（7.1%）、335 人（5.6%）。调查对象中，2997 人（49.8%）居住于客家城镇，3026 人（50.2%）居住于非客家城镇；加权后 2670 人（44.3%）来自客家城镇，3353 人（55.7%）来自非客家城镇。调查完成后抽取 1162 人（19.3%）进行复查，各题目的再测信度都在 0.77 以上，说明此项调查信度可靠。2010 年台湾客家话活力如下。

1. 客家话能力

调查显示，60.9% 客家民众能听懂客家话（34.7% 完全能听懂，26.2% 能听懂大部分）；34.9% 听不懂客家话（18.5% 完全听不懂，16.4% 只能听懂少部分）；另有 4.3% 只能听懂一部分客家话。43.8% 能用客家话流利交谈（24.4% 能非常流利地交谈，19.4% 能流利地交谈）；7.3% 能用客家话交流，流利度一般；21.9% 能用客家话交流，但不流利；27.0% 不会说客家话。

在客家话的不同变体中，"四县腔"的使用人数最多，达 58.6%；其次是"海陆腔"，为 41.2%。客家话的其他变体，如"大埔腔"（6.5%）、"饶平腔"（3.0%）、"诏安腔"（2.7%）等使用人口较少。另有 15.4% 的人不清楚自己说的是哪种腔调。大多数客家民众仅掌握一种客家话变体，有 25.1% 的民众掌握两种客家话变体，3.3% 掌握三种及三种以上客家话变体。

调查还发现，年龄、受教育程度、婚姻状况、职业、收入情况、居住环境等因素都影响被调查对象的客家话能力。

以居住环境为例，客家文化重点发展区内被访者的客家话能力比其他地方的被访者的客家话能力要好很多。具体见表 4-4。

表 4-4　　2010 年客家话能力的地域差异　　单位：%

	听					说				
	完全懂	大部分懂	普通	少部分懂	完全不懂	很流利	流利	普通	不流利	不会说
重点发展区内	46.6	33.9	4.7	9.9	4.8	33.8	26.0	8.5	22.0	9.8
重点发展区外	28.4	22.1	4.0	19.7	25.7	19.4	15.9	6.7	21.9	36.0

客家文化重点发展区内的客家民众中，80.5% 能听懂客家话（46.6% 完全能听懂，33.9% 能听懂大部分）；14.7% 听不懂客家话（4.8% 完全听不懂，9.9% 只能听懂少部分）；其余 4.7% 只能听懂一部分客家话。59.8% 能用客家话流利地交谈（33.8% 能非常流利地交谈，26.0% 能流利地交谈）；8.5% 能用客家话交流，流利度一般；22.0% 能用客家话交流，但不流利；9.8% 不会说客家话。

对应地，居住在客家文化重点发展区外的客家民众中，有 50.5% 能听懂客家话（28.4% 完全能听懂，22.1% 能听懂大部分），比居住在客家文化重点发展区内的民众低 30 个百分点；45.4% 听不懂客家话（25.7% 完全听不懂，19.7% 只能听懂少部分）；其余 4.0% 只能听懂一部分客家话。35.3% 能用客家话流利地交谈（19.4% 能非常流利地交谈，15.9% 能流利地交谈），比居住在客家文化重点发展区内的民众低 24.5 个百分点；6.7% 能用客家话交流，流利度一般；21.9% 能用客家话交流，但不流利；36.0% 不会说客家话。

再以年龄为例（具体见表 4-5），13 岁以下被访者中，32.2% 能听懂客家话（6.8% 完全能听懂，25.4% 大部分能听懂），59.8% 听不懂（39.2% 完全听不懂，20.6% 能听懂少部分），13.5% 能用客家话流利交流（3.3% 能非常流利地交流，10.2% 能流利地交流），49.1% 完全不会说客家话；13 岁至 18 岁者中，35.4% 能听懂客家话（6.2% 完全能听懂，29.2% 大部分能听懂），58.5% 听不懂（26.0% 完全听不懂，32.5% 能听懂少部分），13.4% 能用客家话流利地交流（2.1% 能非常流利地交流，11.3% 能流利地交流），40.4% 完全不会说客家话；19 岁至 29 岁者中，46.5% 能听懂客家话（13.7% 完全能听懂，32.8% 大部分能听懂），47.3% 听不懂（25.0% 完全听不懂，22.3% 能听懂少部分），22.7% 能用客家话流利地交流（5.3% 能非常流利地交流，17.4% 能流利地交流），38.4% 完全不会说客家话；30 岁至 39 岁者中，63.3% 能听懂客家话（29.1% 能完全听懂，34.2% 大部分能听懂），32.5% 听不懂（16.3% 完全听不懂，16.2% 能听懂少部分），41.9% 能用客家话流利地交流（14.8% 能非常流利地交流，27.1% 能流利地交流），25.8% 完全不会说客家话；40 岁至 49 岁者中，77.5% 能听懂客家话（49.4% 完全能听懂，28.1% 大部分能听懂），19.9% 听不懂（9.6% 完全听不懂，10.3% 能听懂少部分），62.5% 能用客家话流利地交流（35.0% 能非常流利地交流，27.5% 能流利地交流），14.4% 完全不会说客家话；50 岁至 59 岁者中，83.4% 能听懂客家话（66.8% 完全能听懂，16.6% 大部分能听懂），15.3% 听不懂（7.9% 完全听不懂，7.4% 能听懂少部分），73.5% 能用客家话流利地交流（53.9% 能非常流利地交流，19.6% 能流利地交流），11.7% 完全不会说客家话；60 岁及以上者中，85.3% 能听懂客家话（71.1% 完全能听懂，14.2% 大部分能听懂），13.5% 听不懂（4.9% 完全听不懂，8.6% 能听懂少部分），77.6% 能用客家话流利地交流（58.3% 能非常流利地交流，19.3% 能流利地交流），9.0% 完全不会说客家话。

表 4-5　　2010 年客家话能力的代际差异　　单位：%

	听		说	
	能听懂[①]	完全听不懂	流利交流[②]	完全不会说
13 岁以下	32.2	39.2	13.5	49.1
13—18 岁	35.4	26.0	13.4	40.4
19—29 岁	46.5	25.0	22.7	38.4
30—39 岁	63.3	16.3	41.9	25.8

① 此处的“听懂”包括“完全听懂”和“听懂绝大部分”。

② 此处的“流利交流”包括“非常流利”和“流利”。

续表

	听		说	
	能听懂	完全听不懂	流利交流	完全不会说
40—49 岁	77.5	9.6	62.5	14.4
50—59 岁	83.4	7.9	73.5	11.7
60 岁及以上	85.3	4.9	77.6	9.0

2. 客家话使用

家庭交际方面，与父母交谈时，35.6% 几乎完全使用客家话，8.4% 大部分时间使用客家话，6.3% 约一半时间使用客家话，14.5% 仅偶尔使用客家话，34.9% 几乎不用客家话；与子女交谈时，8.9% 几乎完全使用客家话，7.9% 大部分时间使用客家话，6.6% 一半时间使用客家话，26.0% 仅偶尔使用客家话，50.6% 几乎不用客家话；已婚被访者夫妻间交谈时，15.4% 几乎完全使用客家话，9.2% 大部分时间使用客家话，5.0% 约一半时间使用客家话，16.5% 仅偶尔使用客家话，53.7% 几乎不用客家话。

3. 客家文化认同

42.2% 的受访者表示，他身边的所有朋友都知道他是客家人；88.0% 的民众同意“我以说客家话为荣”这一观点；88.8% 的民众同意“我以身为客家人为荣”这句话；14.3% 的客家民众经常收看客家电视节目，31.3% 偶尔收看；81.7% 希望子女学习客家话；62.0% 愿意亲自教子女客家话。客家话推广与传承方面，68.6% 的客家民众知道当局正在推广客家话教育，但仅 14.6% 的客家民众参加过相关的客家话推广课程，有 55.7% 的被调查对象希望未来能参加这样的课程；大部分客家民众（36.3%）认为家庭是学习客家话最有效的场合，其他场合还包括客家村落或社区（27.4%）和学校（23.1%）；认为学习客家话最有效的教材是影音材料（22.1%）、语音材料（17.0%）、网络互动游戏（12.2%）、网络教学片（10.7%）和教科书（9.8%）。70.3% 的民众知道“客家话认证考试”。在这些民众中，50% 还知道“19 岁以下免收报名费”这一制度，40.1% 知道“认证考试成绩优秀者可获得奖励”这一制度。

（四）客家话教学与研究

目前台湾岛上民众对保护客家语言文化的呼声较高，岛内已经形成了较完备的从小学到研究生的教学体系。这些教育及科研机构承担着研究、传承、推广、保护客家话的重任。

1994 年台湾教育主管部门主持召开了首次客家语言研讨会，确定了“推广乡土教育、保护和发展台湾地区的语言文化多样性”的教育方针。目前台湾地区推行的乡土教育规定，学校可以自行决定开设客家话、闽南话、原住民语言等教育形式中的一种或几种，学生可以根据自身条件和兴趣选择课程。2010 年的调查结果显示，全台湾地区共有约 350 所中小学开设客家话乡土教育课程，平均每校约 33.8 名教师从事客家话乡土教育，约 543.4 名学生参加客家话乡土教育。167 所（47.7%）学校有客家话专任教师；145 所学校（41.4%）有“客语薪酬师”。[①] 客家话教师和学生参加“客家话认证考试”较为积极。以 2009 年为例，共有 209 所学校的教师和 100 所学校的学生参加了“客家话初级认证”考试，每校平均有 4.2 名教师、9.0 名学生通过认证；109 所学校的教师、27 所学校的学生参加“客家话中级认证”考试，每校平均有 1.8 名教师、2.5 名学生通过认证；144 所学校的教师、1 所学校的学生参加“客家话中高级认证”考试，每校平均有 2.4 名教师、1.0 名学生通过认证。

大学教育及科学研究方面，据 2007 年的调查（张维安、林修澈、戴宝村，2007），全台湾共有三所客家研究院，分别为中央大学客家学院（成立于 2003 年）、交通大学客家文化学院（成立于 2004 年）、联合大学客家研究院（成立于 2006 年）；九所客家研究所，分别为中央大学客家社会文化研究所（成立于 2003 年）、中央大学客家政治经济研究所（成立于 2004 年）、中央大学客家语文研究所（成立于 2004 年）、高雄师范大学客家文化研究所（成立于 2004 年）、屏东科技大学客家文化产业研究所（成立于 2005 年）、联合大学经济社会研究所（成立于 2006 年）、联合大学资讯与

① “客语薪酬师”是“客家委员会”授予在推广客家语言文化方面有贡献者的一种称号。具体见本章第三节。

社会研究所（成立于 2006 年）、联合大学语言与传播研究所（成立于 2006 年）、屏东教育大学客家文化研究所（成立于 2006 年）；另有两个客家语言文化的系，分别为交通大学人文社会学系（成立于 2004 年）、交通大学传播与科技学系（成立于 2004 年）。① 在这“三院、九所、两系”中，共有 616 名学生，130 名教师（专职教师 75 人，兼职教师 55 人）。

（五）客家话活力与发展

以上简要介绍了 2002 年、2003 年、2010 年台湾客家话的活力状况以及客家话的教学科研情况。比较这些年份的相关数据，会发现客家话活力的发展变化情况。

总体来看，客家民众的客家话能力较强，60% 以上能听懂客家话；40% 以上能用客家话流利地交谈。客家话能力没有出现断代现象，即使 13 岁以下的儿童，也有 30% 以上能够听懂客家话，10% 以上能够用客家话流利地交流。另外，台湾客家话的变体（腔）较为丰富，五至六种客家话变体都在被使用。学术科研机构较多，多个机构或项目正在从事客家话研究。2002 年、2003 年以及 2010 年台湾客家话听说能力比较具体见表 4-6。

表 4-6　2002 年、2003 年、2010 年客家话听说能力比较 ②　　单位：%

年份	听						说					
	能听懂			完全听不懂			流利交流			完全不会说		
	合计	13 岁以下	13 岁及以上	合计	13 岁以下	13 岁及以上	合计	13 岁以下	13 岁及以上	合计	13 岁以下	13 岁及以上
2002	76.6	49.7	81.9	6.7	26.2	3.2	57.6	11.6	66.6	14.4	50.3	7.9
2003	77.7	42.4	86.7	9.7	28.2	3.1	65.2	11.8	79.2	19.0	57.6	5.3
2010	60.9	32.2	66.6	34.9	39.2	34.0	43.8	13.5	49.8	27.0	49.1	22.6

① 张维安、林修澈、戴宝村：《大学校院客家学院（系所）现况调查研究》，“行政院客家委员会”，2007 年。

② 此处的“听懂”包括“完全听懂”和“听懂绝大部分”；“流利交流”包括“非常流利”和“流利”。2002 年和 2003 年的《台湾客家民众客语使用状况调查研究》报告分别给出 13 岁及以上和 13 岁以下的抽样数量和语言能力，此处全体客家民众的客家话能力依据以上数据计算而得；2010 年的《台湾客家民众客语使用状况调查研究》给出了全体客家民众的人数及语言能力以及不同年龄段的人数和语言能力，此表中 13 岁及以上者的语言能力由以上数据计算得来。

联合国教科文组织（The United Nations Educational, Scientific and Culture Organization, UNESCO）根据使用人口、语言变体数量、代际传承情况等多项指标将语言的活力划分为六个等级：安全（safe）、脆弱（vulnerable）、明显濒危（definitely endangered）、严重濒危（severely endangered）、极端濒危（critically endangered）、死亡（extinct）。“安全”是指该语言被所有年龄段的人使用，语言代际传承良好；“脆弱”指该语言被大部分儿童习得，但语言仅被应用于家庭等特定场合；“明显濒危”是指该语言已经不再作为母语习得，也就是代际传承出现中断；“严重濒危”是指该语言仅被祖父辈应用，也许父辈能够听懂这种语言，但已经不把这种语言作为交流工具；“极度濒危”是指该语言仅被祖父辈的人在特定场合使用；“死亡”是指已经没有人可以使用这种语言（Lewis，2009）。[①] 如果按照这一标准衡量台湾岛上客家话的活力，毫无疑问，客家话活力处于最高的“安全”这一级。

纵向比较各年客家人的语言能力。听力方面，2010 年能听懂客家话的比例（60.9%）分别比 2002 年（76.6%）和 2003 年（77.7%）低 15.7 个和 16.8 个百分点；完全听不懂的比例（34.9%）分别增加 28.2 个和 25.2 个百分点。口语方面，2010 年能用客家话流利交流的比例（43.8%）分别比 2002 年（57.6%）和 2003 年（65.2%）低 13.8 个和 21.4 个百分点；完全不会说的比例（27.0%）分别增加 12.6 个和 8 个百分点。

从以上分析可以看出，目前客家话活力处于“安全”等级。虽然台湾当局制定实施了乡土教育项目，客家话已经走入学校，但是客家话活力存在急速流失的趋势。如果不能正视这一问题，并采取切实有效的措施保护客家话，其前景不容乐观。幸运的是，台湾当局（尤其是“客家委员会”）已经看到了这一事实。从 2008 年到 2012 年（尤其是 2012 年）台湾地区颁布实施了多项法规和制度，用于保护和发展客家语言和文化。以下将介绍这些法律法规。

① Lewis, M. P. (Ed.), *Ethnologue: Languages of the World, Sixteenth Edition*, Dallas, Tex.: SIL International，2009.

第三节　客家语言文化保护相关规章制度研究

1987 年台湾地区解除了实施 38 年之久的军事戒严令，开始推行民主政治。相应地，语言政策也由“国语”独大转为多元文化共同发展，并把多元文化写入台湾地区“宪法”。《修订条文》第十款的第九条和第十条具体如下：①

“肯定多元文化，并积极维护发展原住民族语言及文化。”

“应依民族意愿，保障原住民族之地位及政治参与，并对其教育文化、交通水利、卫生医疗、经济土地及社会福利事业予以保障扶助并促其发展，其办法另以法律定之。对于澎湖、金门及马祖地区人民亦同。”

为落实“宪法”的相关内容，台湾“行政院”于 2001 年 6 月宣布成立“行政院客家委员会”（后改为“客家委员会”），统筹办理有关客家的事务。台湾“行政院”还出台了一系列法律和制度，用于保护和发展客家语言文化。

中国社会科学院黄行研究员（2000）曾经指出，语言的活力可以从十个方面去测量，即行政活力、立法活力、司法活力、教育活力、出版活力、媒体活力、文艺活力、宗教活力、经济活力、信息活力。② 台湾“行政院”和“客家委员会”保护客家语言文化活力的措施与黄行的观点有很多相似之处。总体来看，台湾“行政院”和“客家委员会”颁布实施的保护客家语言文化的措施涉及组织法律、学术发展、语言保护、文化资产、出版物、传播媒体、文学艺术、产业发展、海外交流、重点发展区政策以及其他方面的政策制度等。

---

① 具体见“客家委员会”官方网站，www.hakka.gov.tw。

② 黄行：《中国少数民族语言活力研究》，中央民族大学出版社 2000 年版。

语言保护方面的政策主要是推行客家方言、实施客家方言认证，以及一系列规则和奖惩措施。这部分是我们研究客家话保护应重点关注的领域。“客家委员会”颁布的其他发展客家文化的规章中也可零散见到有关保护客家话的条款，这些也是客家话保护研究中值得注意的地方。以下简要介绍这些政策和规章。

一　相关规章和制度简介[①]

1. 组织制度

组织制度方面的法律和规章主要有两项，分别是《客家基本法》和《客家委员会组织法》。

为解决台湾地区客家语言文化保护无法可依的瓶颈，2008 年 6 月台湾地区着手起草《客家基本法》，2009 年 10 月《客家基本法》经台湾最高行政机构通过，报送立法机构审议；2010 年 1 月 5 日《客家基本法》在“立法院”获得通过，1 月 27 日颁布实施。

《客家基本法》首先定义了什么是客家人，“具有客家血缘、客家渊源，且自我认定为客家人”；其次《客家基本法》规定应将客家常住人口达到总人数三分之一以上的乡、镇、市、区定为客家文化重点发展区，并且规定应将客家话定为这些地区的公务语言；最后《客家基本法》还规定了政府在保护客家语言文化方面的责任和义务，包括建立和推广客家话认证，建立客家话数据库，在学校、家庭和小区推广客家话，规划和建立全台性的客家广播和电视专属频道，制定台湾客家日，等等。

为了进一步保护客家语言文化，2011 年 6 月 29 日，台湾地区立法机构颁布了《客家委员会组织法》，将以前的“行政院客家委员会”改组为“客家委员会”，统筹办理客家有关事务。《客家委员会组织法》规定了“客家委员会”的权利和义务，具体包括以下几点：第一，综合规划和协调与客家事务有关的政策、制度和法规；第二，协调、调研和谈论岛内外的客家事务；第三，推广客家话，实施客家话能力认证；第四，保护和发展客家

① 本部分有关客家语言文化保护的法律规章均来自“客家委员会”官方网站，www.hakka.gov.tw。

文化；第五，发展客家文化产业；第六，制定支持客家媒体发展以及语言文化发展的策略和制度；第七，督导和协调客家文化机构的相关事务；第八，完成其他客家相关事务。

《客家基本法》和《客家委员会组织法》都由台湾地区最高立法机构颁布实施，是目前台湾地区保护和发展客家语言文化的最高法律。依据这两个法律，“客家委员会”制定了一系列规章制度，以落实《客家基本法》和《客家委员会组织法》保护客家语言文化的规定。

2. 语言保护

台湾地区保护客家话的核心措施是客家话认证考试，相关的规章主要包括《客家委员会推行客语能力认证作业要点》《客家委员会设置客语能力认证暨推广中心补助作业要点》《客家委员会奖励国民中小学学校参加客语能力认证绩优作业要点》《客家委员会推动客语生活学校补助作业要点》《客家委员会推动客语生活学校督导评核要点》《客家委员会奖励客语绩优学生奖学金作业要点》《客家委员会推动客语薪传师资格认定作业要点》《客家委员会推动客语薪传师传习补助作业要点》《客家委员会推动客语薪传师传习督导评核要点》《客家委员会奖励绩优客语薪传师作业要点》《客家委员会推行公事客语无障碍环境补助作业要点》《客家委员会推行公事客语无障碍环境督导评核要点》等。这类规章大致可以分为五类：第一类是客家话认证考试的总体规定；第二类是对客家话教学及考试机构的规章；第三类是客家教师的条件及对教师的奖励规则；第四类是对认证学生的奖励规则；第五类是对客家话社会使用的规则。这些规章制度将在下文详细介绍。

3. 学术发展

促进客家学术发展类的规章制度主要有以下几个：《客家委员会客家学术发展委员会设置要点》《客家委员会客家贡献奖颁给要点》《客家委员会补助大学校院发展客家学术机构作业要点》《客家委员会推动补助大学校院发展客家学术机构计划督导评核要点》《客家委员会奖助客家学术研究计划作业要点》《客家委员会奖助客家学术研究计划管制考核实施计划》

《客家委员会奖助客家研究优良博硕士论文作业要点》《客家委员会奖励客家研究所学生奖学金试行作业要点》。

依据《客家委员会客家学术发展委员会设置要点》，“客家委员会”设置了“客家学术发展委员会”，用于促进客家学术研究，并明确了“客家学术发展委员会”的职责和组织形式。《客家委员会客家贡献奖颁给要点》规定，凡是在推广客家语言、文史、文学、学术、艺术、文创产业、公共事务等方面有成就的人，可获得最高100万新台币的奖励，同时《客家委员会客家贡献奖颁给要点》详细给出了相关奖励的评审程序和评审原则。《客家委员会补助大学校院发展客家学术机构作业要点》对台湾地区设立或筹备设立客家学院、客家研究系所、客家研究中心的大专院校给予资金补助，并给出了评审原则和评审程序。《客家委员会推动补助大学校院发展客家学术机构计划督导评核要点》用于管制、督导、追踪相关大专院校获取的客家发展资金的使用情况，并根据相关院校使用资金的情况给予奖惩。《客家委员会奖助客家学术研究计划作业要点》对从事客家研究的专家学者给予奖励，此奖项每年颁发20项，每项最高可获得40万新台币。《客家委员会奖助客家学术研究计划管制考核实施计划》规定了如何监督管理受“客家委员会”资助的科研项目。《客家委员会奖助客家研究优良博硕士论文作业要点》给予以客家研究为主题的博硕士论文资金奖励，奖励金额为博士学位论文每篇最高15万新台币、硕士学位论文每篇10万新台币。《客家委员会奖励客家研究所学生奖学金试行作业要点》鼓励学生进入客家研究所学习客家话，研究客家文化，博士研究生和硕士研究生刚入学即可获得最高2万新台币（博士研究生）或1.5万（硕士研究生）新台币奖励，成绩好的研究生每学期还会获得1万新台币的成绩优良奖学金。

4. 文化资产

保护和促进客家文化资产发展的相关规章制度包括以下四项：《客家委员会推动客家文化设施活化经营补助作业要点》《客家委员会推动客家文化设施活化经营补助计划督导评核要点》《客家委员会补助地方政府推动客家文化生活环境营造计划作业要点》《客家委员会补助地方政府推动

客家文化生活环境营造计划督导评核要点》。

《客家委员会推动客家文化设施活化经营补助作业要点》对从事客家文化推广的各级政府或民间团体给予资金援助，援助金额为每项不超过100万新台币。《客家委员会推动客家文化设施活化经营补助计划督导评核要点》规定了如何管制、追踪、访查、督导政府或团体使用这些援助资金，以及对相关单位的奖惩细则。《客家委员会补助地方政府推动客家文化生活环境营造计划作业要点》规定，地方政府进行地区规划时，如果考虑客家人的传统，营造具有客家特色的生活场所，"客家委员会"将对地方政府给予资金资助，最高可达全部工程款的90%。《客家委员会补助地方政府推动客家文化生活环境营造计划督导评核要点》规定了如何管理、督导、审核受"客家委员会"资助的项目，并制定了相应的奖惩措施。

5. 客家出版物

要保护语言文化，必须大力发展这种语言文化的出版物，因为用文字记载下来的作品比口口相传的作品具有更加顽强的生命力，更利于代际传承，也更加有利于发扬光大。为了发展客家语言文化，"客家委员会"制定了《客家委员会客家出版品补助作业要点》。该要点规定，对出版与客家有关的图书、杂志、有声作品、影像、网络作品、客家话教材以及辅导资料的出版机构、学术团体、社会团体、学者等给予奖励，金额最高可达20万新台币。

6. 传播媒体

有关发展客家媒体的规章制度有《客家委员会补助优良客语广播节目作业要点》和《客家委员会补助制作客家议题电视节目作业要点》。[①] 前者的目的是"鼓励制播优良客语广播节目，提升客语广播节目质量，增进其多元性及丰富度，拓展客语广播传播效益，增进社会对客家的了解与认同"，"客家委员会"对"以客语为主要语言"，介绍客家音乐、文化、信息的节目给予资助，金额最高可达80万新台币。后者的目的是鼓励"制

① 台湾地区通常将客家话称作"客语"。实际上客家话不是一门独立的语言，而是一种汉语方言。

作客家相关议题电视节目，增加客家语言及文化议题于各大电视频道之能见度”，“客家委员会”对在电视节目中融入客家语言文化的电视节目制作者给予补助，补助数量为每年不超过20案，每案最高金额50万新台币。这两个文件还规定了具体的申请程序、评审程序，评审原则。

7. 文学艺术

为推动客家文化艺术发展，“客家委员会”制定了《客家委员会推展客家学术文化活动补助作业要点》《客家委员会辅导艺文团队成长补助作业要点》《客家委员会辅导艺文团队成长补助计划督导评核要点》三项规章制度。《客家委员会推展客家学术文化活动补助作业要点》的宗旨是“推动客家学术、文化活动，增进国人认识并弘扬客家文化”，“客家委员会”对政府、学校、民间团体从事的各种客家文化活动（如文艺演出、调查研究、研习培训、影视制作等）给予资金补助，金额最高可达100万新台币，同时该《要点》还规定了详细的申请程序、评审原则，以及资金监督管理办法。《客家委员会辅导艺文团队成长补助作业要点》鼓励创立和发展客家文艺团队，并对这样的文艺团队进行资金补助，金额最高为每年100万新台币；《客家委员会辅导艺文团队成长补助计划督导评核要点》规定了管理、督导、审核补助资金的办法以及对被资助单位的奖惩措施。

8. 产业发展

有关鼓励发展客家产业方面的规章制度主要有以下几项：《客家委员会推展客家青年返乡创业启航补助作业要点》《客家委员会台湾客家特色商品标章认证作业要点》《客家委员会台湾客家特色商品通路标章授权使用作业要点》《客家委员会推动特色文化加值产业发展计划补助作业要点》《客家委员会推动特色文化加值产业发展计划督导评核要点》。

《客家委员会推展客家青年返乡创业启航补助作业要点》鼓励并帮助客家青年返乡创业，在客家文化重点发展区创业者，可获得启动资金；每年资助人数为25人，每人资助额度最高50万新台币。为提高客家特色商品的知名度和市场竞争力，“客家委员会”推出了《客家委员会台湾客家特色商品标章认证作业要点》和《客家委员会台湾客家特色商品通路标章授权使用作业要点》两项规章，决定优质客家特色商品以及声誉较好的经营商统一使用“Hakka TAIWAN”标识，同时规定了申请和使用这一标识的具体条件和程序。《客家委员会推动特色文化加值产业发展计划补助作业要点》的宗旨为“协助客家地区文化与产业相结合，发展具有客家特色之文化创意产业、绿色休闲产业及其他地方产业，并协助传统产业转型与创新，以创造就业机会，带动地方经济发展，发扬客家文化”，“客家委员会”决定对地方政府和民间团体实施的“客家特色文化加值产业发展计划”最高给予计划总金额 90% 的资金补助，并详细规定了补助项目类别、申请程序、评审程序、评审原则、资金使用情况的监督管理等。《客家委员会推动特色文化加值产业发展计划督导评核要点》细化了对补助资金的管理，包括对项日和资金的管理追踪、访查督导、评估奖惩等。

9. 客家海外交流

“客家委员会”促进客家语言文化海外交流的规章制度主要有四项：《客家委员会筑梦计划补助作业要点》《客家委员会筑梦计划补助作业督导评核要点》《客家委员会推展海内外客家事务交流合作活动补助要点》《客家委员会推展海内外客家事务交流合作活动补助督导评核要点》。前两项鼓励客家青年去岛外参加客家文化学习、研究以及推广。“客家委员会”每年最多补助 20 人参加此类活动，每位受资助者最多可获 30 万新台币补助。后两项资助民间团体或各级学校与岛外相关机构进行客家文化交流与传播，此类补助的最高额度也为 30 万新台币。受资助的个人或团体要严格遵守“客家委员会”规定的资金使用要点。“客家委员会”将依据《客家委员会筑梦计划补助作业督导评核要点》和《客家委员会推展海内外客家事务交流合作活动补助督导评核要点》分别监督和审核获得《客家委员会筑梦计划补助作业要点》或《客家委员会推展海内外客家事务交流合作活动补助要点》资助的单位或个人使用相关资金的情况，并给予表现较好的单位或个人一定的奖赏。

10. 重点发展区政策

为发展客家语言和文化，《客家基本法》将客家常住人口达到了总人数三分之一以上的乡、镇、市、区定为客家文化重点发展区，对这些地区给予更多优惠政策以及更大幅度的资金资助。《客家文化重点发展区乡（镇、市、区）公告作业要点》规定，客家发展区实施动态管理，每三年评审一次，第一次评审结果于2011年2月公布，全台湾地区共有69个乡（镇、市、区）为客家重点发展区，这些区域分布在全台湾的11个直辖市、县（市）。

客家重点发展区的优惠政策主要有以下两项：《客家文化重点发展区计划提高补助比率暂行作业要点》和《客家委员会客家文化重点发展区奖励客语绩优公教人员作业要点》。前者规定，客家重点发展区内相关人员或机构获得"客家文员会"资金补助时，其资助额度按照一定比例上浮；后者规定，对重点发展区内通过客家话认证考试的公职人员和教师给予奖励。

11. 其他方面

其他方面的规定主要是有关"客家委员会"管理方面的规定，这些政策包括《客家委员会提供政府信息作业要点》《客家委员会各类补助案件应收岁入款催缴及处置作业要点》《客家委员会对直辖市及县（市）政府补助处理原则》。这些规章规定了"客家委员会"的责任和义务，是帮助"客家委员会"健康发展的规章制度。

二　客家话认证及客家话保护的规章和制度

语言是文化的重要组成部分，也是文化的重要载体之一。毫不夸张地说，语言是民族（或种族）身份的重要象征。"客家委员会"制定的客家文化保护规章中，有关语言方面的规章最多。这些规章都是围绕"客家话认证"展开的。近些年中国大陆和香港地区也在实施各种语言认证（具体见本书第一章），也就是说，语言认证已成为语言保护的重要措施。在各地实施的语言认证工作中，台湾地区的客家话认证是实施较好，规章制度较为完备的认证活动。此处将详细介绍这些规章制度。

1. 客家话认证考试

客家话认证考试是"客家委员会"推行客家话保护的重要措施。《客家委员会推行客语能力认证作业要点》是关于客家话认证考试的重要文件。该要点初次制定于2005年3月，后分别于2007年12月和2012年2月进行了两次修订。文件规定，客家话能力认证考试分为初级、中级、中高级、高级四个级别，考试形式为笔试与口试相结合。初级考试总分100分（口试80分，笔试20分），70分以上为合格；中级和中高级考试总分300分（口试200分，笔试100分），得分215分以上者通过中高级认证，150分以上者通过中级认证；高级考试总分300分（口试150分，笔试150分），240分以上者为合格。取得客家话能力认证中高级（含）以上资格者，参加教育行政机关举办的客家话教师资格证考试时，可以免试客家话。

2. 培训及考试机构

要进行客家话认证考试，需要学校或社会其他机构的共同参与，这些机构承担客家话认证考试的具体事务。为增进学校和机构参与客家考试认证的热情，"客家委员会"对组织实施客家话教学、培训、考试的机构给予资金补助，相关规章包括《客家委员会设置客语能力认证暨推广中心补助作业要点》和《客家委员会奖励国民中小学学校参加客语能力认证绩优作业要点》。

《客家委员会设置客语能力认证暨推广中心补助作业要点》初次制定于2008年7月7日，于2012年2月10日修订。该要点规定，应给予岛内从事客家话教学及考试的大专院校资金补助，补助的内容包括客家话网上学习系统开发、题库建设、考试系统开发、客家话教学活动等。补助金额依据补助内容而异，最高可达200万新台币或整个费用的80%。该文件还具体列举了经费的申请程序、评审标准和程序、经费管理办法等。

《客家委员会奖励国民中小学学校参加客语能力认证绩优作业要点》依据《客家基本法》第十条于2010年3月制定，后于2012年2月修订。该要点明确了对客家话认证考试成绩较好学校的工作人员的奖励标准：学校中10%（学校总人数1000人以下）或8%（学校总人数1000人以上）的学生参加客家话认证考试，若过关率在40%以上，学校校长以及其他工作人员各记功一次；过关率20%以上者，嘉奖一次；30%以上者，嘉奖两次。

3. 教师

要推广客家语言文化，必须有一批精通客家语言文化的教育者。为提高客家语言文化传播的质量，“客家委员会”对从事客家语言文化教学活动的人员进行认证考核，对成绩优秀者给予一定的奖励。这方面的规定和制度包括以下几项：《客家委员会推动客语薪传师资格认定作业要点》《客家委员会推动客语薪传师传习补助作业要点》《客家委员会推动客语薪传师传习督导评核要点》《客家委员会奖励绩优客语薪传师作业要点》。

《客家委员会推动客语薪传师资格认定作业要点》授予从事客家语言文化传播人员“客语薪传师”的尊称。“客语薪传师”分为四类：语言类、文学类、歌谣类、戏剧类。每类人员要想获得相应的“客语薪传师”称号，须达到一定的要求。例如，语言学类“客语薪传师”要满足以下要求中的至少一项：第一，在各级学校教授客家话五年以上并且成绩优异；第二，取得教师证，通过客家话认证中高级以上考试，并接受过教育主管部门举办的相关培训，成绩合格；第三，从事客家语言文化研究，出版过相关著作；第四，长期研究客家话，或者客家话教学成绩卓越者。其他类别的“客语薪传师”也有相应的任职条件。《客家委员会推动客语薪传师资格认定作业要点》还给出了“客语薪传师”的申请程序、评审原则与程序。

《客家委员会推动客语薪传师传习补助作业要点》制定于 2010 年 8 月，分别于 2011 年 1 月和 2012 年 2 月进行了两次修订。该要点的宗旨为“推展客语文化永续传承，落实客语薪传师制度，提升客家语言文化传习之效能，并增加民众对客家之认同及使用客语之意愿与能力”。如若学习客家话、客家文学、客家歌谣、客家戏剧等的学校或培训机构学生人数达到 15 人，且 19 岁以下者占一半，开班课时数达到 36 节以上，将给予教师薪金补助。补助金额为每节课（50 分钟）最高 800 新台币。另外还可获得最高 1 万新台币的场地费、100 新台币的教材费以及其他杂费。

《客家委员会推动客语薪传师传习督导评核要点》制定于 2009 年 8 月，并于 2011 年 1 月和 2012 年 2 月进行了两次修订。该要点规定了管制、监督、访查“客家委员会”发放的补助资金的措施，以及对受《客家委员会推动客语薪传师传习补助作业要点》资助单位的奖惩措施。

《客家委员会奖励绩优客语薪传师作业要点》依据《客家基本法》第十条制定于2010年3月，并于2012年进行了修订。该要点规定，全班参加客家话认证考试的学生过关率达到90%以上者，教师获得10000新台币奖励；过关率达70%者，奖励8000新台币；过关率50%以上者，奖励5000新台币。该文件还明确了申请这些奖金的原则。

4. 学生

为奖励客家话认证考试成绩优异的学生，"客家委员会"于2012年9月颁布了《客家委员会奖励客语绩优学生奖学金作业要点》。该要点规定，"客家委员会"奖励通过客家话认证的学生：通过初级认证考试者，获1000新台币；通过中级认证考试者，获5000新台币；通过中高级认证考试者，获10000新台币。"客家委员会"希望通过这些政策鼓励学生参加客家话认证考试。

5. 语言运用

中国社会科学院的黄行（2000）[1]曾区分过"语言能力"和"语言运用"。"语言能力"是一个人对某种语言知识的掌握情况；"语言运用"是在一定的环境下将掌握的语言知识运用在实际的社会生活中。从二者的定义和关系中可以看出，"语言能力"是语言运用的基础。在保护一种语言或方言的活动中，强调和加强这种语言或方言使用者的语言能力是第一步；但仅有这一步还不够，还需要创造在实际生活中使用这种语言或方言的条件，使这种被保护的语言变体真正融入语言人的日常生活。只有这样，被保护的语言或方言才会具有活力。

以上讨论了"客家委员会"颁布的部分规章制度，这些都着眼于增强语言人的"客家话能力"；"客家委员会"还颁布了一些扩大客家话"语言运用"领域的制度，主要包括以下几项：《客家委员会推动客语生活学校补助作业要点》《客家委员会推动客语生活学校督导评核要点》《客家委员会推行公事客语无障碍环境补助作业要点》《客家委员会推行公事客语无

① 黄行：《中国少数民族语言活力研究》，中央民族大学出版社2000年版。

障碍环境督导评核要点》。

《客家委员会推动客语生活学校补助作业要点》依据《客家基本法》第六条和第十条于2003年12月制定，后分别于2005年11月、2006年10月、2010年4月、2012年2月修订，其基本精神为：第一，营造生活化的客家话学习环境，使学生自然学会客家话；第二，创造师生通过客家话互动的机会，提升学生的学习兴趣；第三，建立听、说客家话的自信心，体会客家语言、文化之美；第四，配合台湾教育主管部门推动"九年一贯"课程教育精神，塑造学生人本、乡土情怀及培养民主素养。"客家委员会"要求学校在创造客家语言环境时应秉承生活化、公共化、教学化、多元化以及小区参与化的原则。《客家委员会推动客语生活学校补助作业要点》建议应给予参加客家语言环境建设的学校资金补助，金额最高30万新台币。

《客家委员会推动客语生活学校督导评核要点》依据《客家委员会推动客语生活学校补助作业要点》第十四条于2004年12月制定，后于2012年1月修正。这项制度规定了如何跟踪、管制、督导、审查受"客家委员会"资助的学校在建设客家语言环境中的资金使用情况，并依据考察结果给予学校一定的奖赏。

《客家委员会推行公事客语无障碍环境补助作业要点》依据《客家基本法》第六条和第九条于2003年6月制定，后分别于2004年1月、2005年1月、2006年3月、2009年4月、2010年3月、2010年12月、2012年2月修正。该要点鼓励政府、事业机关、团体等创造客家话使用环境，鼓励相关机构提供客家话翻译、播音、多媒体以及培训服务。"客家委员会"对依据《客家委员会推行公事客语无障碍环境补助作业要点》创造客家话语言环境的单位给予最高30万新台币的资金补助。

《客家委员会推行公事客语无障碍环境督导评核要点》依据《客家基本法》第六条和第九条以及《客家委员会推行公事客语无障碍环境补助作业要点》于2005年1月制定，后分别于2006年3月、2009年4月、2010年3月、2012年2月修正。该《要点》规定了如何监督考察受"客家委员会"资助的单位建设客家话语言环境，并依据考核结果给予相关单位奖惩。

第四节 客家话保护的启示

客家话是一种汉语方言变体，在历史的长河中经常处于日语、“国语”等语言变体的打压之下，从来没能获得官方语言的地位。这导致客家话在较正式场合的使用率较低。例如，国民党统治台湾地区初期，学生在学校讲客家话会受到惩罚。即使解除禁令以后，也仅有 20% 左右客家民众在学校讲客家话。在过去以农耕为主的年代，广大农村地区还能够保持较为独立的语言环境和语言生态，客家话能够通过家庭传承保持代代相传，一直延续到现在。

现代社会中，“全球化”的触角伸向世界每一片领土，人员交流不断加剧。“地球村”的概念席卷世界的每一个角落。客家人的居住地也很难保持独立的语言环境，这导致客家人的母语能力出现较大幅度下滑。在此背景下，“客家委员会”出台多项政策保护和发展客家语言文化。

仔细观察这些政策文件，相关客家语言文化保护措施大多给予客家语言文化保护单位或个人经济补助，而未提及政治权益。这样的政策刚刚发布不久，仅有一年多的时间，它们对保护和发展客家语言文化有多大作用，值得我们关注。

笔者 2013 年 12 月在澳大利亚阿德莱德市曾遇到一位来自台北市的客家青年（男，22 岁，大学学历，不会客家话）。当询问其对客家语言文化保护相关政策的看法时，他认为这些规章制度的作用有限。“这些政策虽然会给予通过客家话认证考试的人资金奖励，但城市里面没有客家话的语言环境，客家孩子在这样的环境里很难学会客家话。‘客家委员会’提供的那么一点点奖励不足以激励孩子学习客家话。”他还举了自己的例子：虽然是客家人，父母都不会客家话，从小也没学会客家话；即使有相关奖励政策，要想真正学会客家话，要付出太多精力，甚至还会影响升学或就业。这样的付出与通过认证考试获得的奖励不成比例，而且即使学会了客家话，在社会上也没有使用的机会，所以就没学客家话。

笔者认为这位客家青年的观点有一些道理。当下在“全球化”的背景下，语言趋同或求同成为大趋势。掌握世界通用语或地区通用语可以获得更多与其他人交流的机会，获得更多个人发展机会。在这种背景下，希望依靠经济奖励激发人们学习客家话的兴趣似乎很难实现。“客家委员会”的相关政策刚刚发布与实施不足两年时间，其保护与发展客家语言文化的作用还需进一步观察。

第五章　天祝藏语文保护研究

从语言系属来说，藏语是汉藏语系藏缅语族藏语支的一种语言，与汉语具有同源关系；与中国境内的嘉戎语、门巴语，尼泊尔的塔克巴语、布南语、达夫拉语等语言关系密切。据王力（1980）研究，在公元前 4000 年到 6000 年，原始汉藏语开始分化，藏语逐渐形成独立的语言。[①] 从 7 世纪开始，藏语形成了完善的书写系统，在历史长河中创作了丰富的文学作品。

中国境内的藏语可分为卫藏方言、康方言、安多方言三个大的方言区。这些方言变体主要分布在一个自治区（西藏自治区）、十个自治州（甘南藏族自治州、玉树藏族自治州、果洛藏族自治州、海北藏族自治州、海南藏族自治州、黄南藏族自治州、海西蒙古族藏族自治州、甘孜藏族自治州、阿坝藏族羌族自治州、迪庆藏族自治州）和两个自治县（天祝藏族自治县、木里藏族自治县）。中国境内操不同藏语方言的人有时不能完全通话，但不同方言区的人使用相同的书写形式。藏语是绝大多数藏族同胞的母语和第一语言，同时也是部分其他民族的母语和主要交际语。

目前全世界正在经受着全球化和信息化大潮的冲击，语言求同或语言趋同成为世界语言生活的主旋律。据世界少数民族语文研究院（SIL International）的专家估算，两千多年前世界上约有 15 万种语言（Lewis，2009），[②] 到目前仅剩下 7106 种，在这些仍被使用的语言中，有 1537 种（占 21.6%）使用人数不足千人；3515 种（49.5%）不足万人；汉语（使用人数 11.97 亿）、西班牙语（使用人数 4.14 亿）、英语（使用人数 3.35 亿）、印地语（使用人数 2.60 亿）、阿拉伯语（使用人数 2.37 亿）、葡萄牙语（使

① 王力：《汉语史稿（重排本）》，中华书局 1980 年版，第 680 页。

② Lewis, M. P., *Ethnologue: Languages of the World, Sixteenth Edition*, Dallas, Tex.: SIL International，2009.

用人数2.03亿）、孟加拉语（使用人数1.93亿）、俄语（使用人数1.67亿）、日语（使用人数1.22亿）九种语言被世界上49.7%的人当作第一语言习得（Lewis, Simons & Fennig, 2014）。[①] 从这些数据可以看出，语言趋同成为世界语言生活的主旋律；人类语言正在以人们难以想象的速度消亡，其灭绝速度要比物种消亡速度快千倍，语言所代表的文化也正以此速度消失；甚至有研究者（Gorenflo, L. J., Suzanne Romaine, Russell A. Mittermeier & Kristen Walker-Painemilla，2012）指出，[②] 照此发展趋势，50%—90%的人类语言将在未来100年间消失。

幸运的是，截至目前藏语文在社会生活的政治、经济、文化、教育、新闻、宗教等领域发挥着重要作用，是藏区主要的社会交际工具。根据黄行（2013）的测算，[③] 整体来看中国境内的藏语文保持较高的活力，其活力等级位于联合国教科文组织（UNESCO）语言活力标准的最高级（安全级）。

在全球语言求同或趋同的大背景下，藏语文依旧保持旺盛的活力，部分原因在于中国颁布和实施了一系列语言文化保护法律法规。这些措施值得语言文字保护者和研究者学习和借鉴。同时我们还应该看到，虽然目前国内藏语文的整体活力较高，但由于历史、地理、人文环境等因素的影响，部分藏族地区的藏语文活力低于其他地区。在这些地区，藏语文的社会功能逐渐弱化，甚至有濒危的趋势（姚春林，2013）。[④] 这些地区应该成为语言文化多样性保护重点关注的地区。鉴于此，本章选择了国内藏语文活力较低的地域濒危语言（天祝藏语文）为研究对象，探讨语言保护的相关问题。本章首先介绍中国藏语文保护的法律法规，其次介绍天祝藏语文保护，再次描述藏语文活力现状，最后分析天祝藏语文保护对保护语言文化多样性的启示。

---

① Lewis M. P., Gary F. Simons, and Charles D. Fennig (Eds.), *Ethnologue: Languages of the World, Seventeenth Edition*, Dallas, Texas: SIL International, 2014.

② Gorenflo, L. J., Suzanne Romaine, Russell A. Mittermeier & Kristen Walker-Painemilla, Co-occurrence of Linguistic and Biological Diversity in Biodiversity Hotspots and High Biodiversity Wilderness areas, *Proceedings of the National Academy of Sciences of the United States of America*, Vol. 109, No. 21, 2012, PP. 8032-8037.

③ 黄行：《少数民族语言文字使用情况调查述要》，《民族翻译》2013年第3期，第64—78页。

④ 姚春林：《城市化进程中甘青藏区语言文化生活研究——以甘肃省天祝藏族自治县华藏寺镇为个案》，《中央民族大学学报》2013年第6期，第153—159页。

第一节　藏语文保护法律法规

中国是一个多民族多语言的国家。党和各级政府历来重视保护各民族的权利和语言文化的多样性。党的执政理念贯穿于各级立法机构和各级政府颁布的法律法规和规章制度中。本节将简要介绍中国保护藏语文的法律法规，并重点介绍天祝藏族自治县有关藏语文保护的措施。

一　国内藏语文保护法律法规

《中华人民共和国宪法》《中华人民共和国民族区域自治法》等法律赋予了少数民族在民族自治地区享有的权利，各藏族自治机构依据这些法律法规并结合当地的实际情况，制定了本地区的自治条例。这些自治条例都明确保证藏语文在当地的社会地位，并提出应该保护民族语言文字。部分条款如下："各民族都有使用和发展自己的语言文字的自由""在执行职务时，可以同时或者分别使用汉、藏两种语言文字""国家机关、事业单位、人民团体的印章、牌匾应当同时使用汉、藏两种文字""重要宣传标记应当并用汉文、藏文""人民法院和人民检察院使用汉族或者藏族的语言文字审理和检察案件""对于不通晓汉语言文字或者藏语言文字的诉讼参与人，应当为他们提供翻译""收少数民族学生为主的学校，应当实行少数民族语文和汉语文双语文教学""培养通晓少数民族语文的教师""重视藏族和其他少数民族历史文化的收集、整理、研究、编译和出版"，等等。

除云南省迪庆藏族自治州和四川省木里藏族自治县外，[①] 其他藏族自治机构还依据国家相关法律和当地的自治条例制定了藏语文保护条例，具体包括：《西藏自治区学习、使用和发展藏语文的规定》《果洛藏族自治州藏语文工作条例》《海北藏族自治州藏语文工作条例》《海南藏族自治州藏语文工作条例》《玉树藏族自治州藏语文工作条例》《海西蒙古族藏族自治州

① 截至目前，云南省迪庆藏族自治州和四川省木里藏族自治县还没有制定相关的藏语文使用条例。

藏语文工作条例》《甘肃省甘南藏族自治州藏语文工作条例》《甘肃省天祝藏族自治县藏语言文字工作条例》《甘孜藏族自治州藏族语言文字使用条例》等。这些条例规定的内容有同有异，现简要介绍如下。

1. 立法依据

各藏族自治机构制定当地的藏语文法律或条例时都依据了《中华人民共和国宪法》《中华人民共和国民族区域自治法》以及当地的藏族自治条例，其中西藏自治区和青海省海北藏族自治州制定本地的语言文字规章时还依据了《中华人民共和国通用语言文字法》。

2. 立法目的

各藏族自治机构制定藏语文法律法规的目的都是“保障各民族都有使用和发展自己语言文字的自由”，“赋予自治地内藏语文和汉语文具有同等效力，并鼓励各民族公民互相学习语言文字”。

除四川省甘孜藏族自治州、甘肃省甘南藏族自治州、青海省海西蒙古族藏族自治州外，其他藏族自治地区（西藏自治区、青海省果洛藏族自治州、黄南藏族自治州、玉树藏族自治州、海南藏族自治州、海北藏族自治州、甘肃省天祝藏族自治县）都提出，“在政治、经济、文化、教育、科学、卫生、新闻等社会领域加强藏语文使用”。

青海省果洛藏族自治州、黄南藏族自治州、海南藏族自治州、海北藏族自治州还提到要“继承和发扬藏族优秀文化遗产”。

3. 政治领域

各藏族自治地区都规定，“重要文告和宣传材料，根据实际需要使用藏文或同时使用藏汉两种文字”“自治地区内召开各种会议，根据实际需要，可以同时或分别使用藏语文和汉语文”，“自治地区地方国家机关和企事业单位的公章、牌匾、证件、公文头、会标、信封、广告等，同时使用藏汉两种文字”。

四川省甘孜藏族自治州、青海省果洛藏族自治州、海西蒙古族藏族自治州还规定，“制定或颁布的选举文件、选民名单、选民证、代表候选人名单和代表当选证书等，应当同时使用藏、汉两种文字”。

4. 司法领域

各藏族自治地区颁布的藏语文法律法规都规定，“自治机构各级人民法院和人民检察院，根据实际需要，同时或分别使用藏、汉两种语言文字审理和检察案件、送达法律文书、发布法律文告”；“应为诉讼参与人提供必要的翻译”。

除西藏自治区、甘肃省甘南藏族自治州、天祝藏族自治县外，其他藏族自治地区（四川甘孜藏族自治州及青海省果洛藏族自治州、黄南藏族自治州、玉树藏族自治州、海南藏族自治州、海北藏族自治州、海西蒙古族藏族自治州）都规定，“自治州内各级国家机关在受理和接待不通晓汉语文的藏族公民来信来访时，应当使用藏语文”。

5. 日常生活领域

各藏族自治地区都规定，自治地区内“主要街道名称、路标、界牌、公用设施、交通标记和汽车门徽等需要书写文字的，使用藏、汉两种文字”。

除西藏自治区、四川甘孜藏族自治州、青海省海北藏族自治州、甘肃省天祝藏族自治县外，其他藏族自治地区（甘肃省甘南藏族自治州、青海省果洛藏族自治州、黄南藏族自治州、玉树藏族自治州、海南藏族自治州、海西蒙古族藏族自治州）还明确规定“自治州内藏族公民可以用藏文书写各种申请书、志愿书、登记表、诉状以及其他各类文书”。

四川甘孜藏族自治州、甘肃省甘南藏族自治州、青海省海北藏族自治州规定，“各服务行业应积极创造条件逐步用藏、汉两种语言文字为群众服务”。

6. 经济领域

各藏族自治地区的藏语文法律法规都规定，自治地区“生产的商品的名称、商标，服务行业的经营项目、牌价、票据等均使用藏汉两种文字”。

7. 招工和职称评定

除甘肃省甘南藏族自治州和天祝藏族自治县外，其他藏族自治地区

（西藏自治区、四川省甘孜藏族自治州、青海省果洛藏族自治州、黄南藏族自治州、玉树藏族自治州、海南藏族自治州、海北藏族自治州、海西蒙古族藏族自治州）都规定，自治地区内“国家机关和企事业单位录用公务员和招工、招生考试时，应提供藏、汉语文两种试题，允许考生选择其中一种语文应试”。

西藏自治区、青海省海西蒙古族藏族自治州、甘肃省天祝藏族自治县的藏语文法律法规都规定，“选拔、录用国家公务员和专业技术人员时，在同等条件下优先选用能够使用藏、汉两种语言文字的公民”。

甘肃省甘南藏族自治州、天祝藏族自治县、青海省果洛藏族自治州、玉树藏族自治州藏语文法律法规都规定，“在技术考核、评定职称时，藏语文水平达到规定要求的，可申请免试外语”。

甘肃省甘南藏族自治州、天祝藏族自治县规定，“在考核评聘专业技术职务时，可使用藏语文答题、撰写材料”。

8. 教育科研

除青海省海西蒙古族藏族自治州外，其他藏族自治州地区都规定，“义务教育实行藏汉双语教育”。对于非义务教育，青海省果洛藏族自治州、黄南藏族自治州、玉树藏族自治州、海南藏族自治州、海北藏族自治州的藏语文法律法规都规定，“其他教育应根据需要开设藏语课，加强对‘双语’教师的培训”。

西藏自治区、青海省玉树藏族自治州、四川省甘孜藏族自治州、甘肃省甘南藏族自治州、天祝藏族自治县规定，“在藏族聚居地用藏语文开展扫盲工作，用藏语文宣传推广科普实用技术、卫生、计划生育等知识”。

除甘肃省甘南藏族自治州外，其他藏族自治地区的藏语文法律法规都明确指出，各地应“重视藏语文专业人才的培养使用和管理”；除西藏自治区、青海省海北藏族自治州、甘肃省甘南藏族自治州、天祝藏族自治县外，其他藏族自治地区都明确规定，各地藏语文管理和保护部门应“积极搜集、挖掘、整理藏族优秀文化遗产，保护藏语文的古籍文献”。

除四川省甘孜藏族自治州、甘肃省甘南藏族自治州、天祝藏族自治县外，其他藏族自治地区（西藏自治区、青海省果洛藏族自治州、黄南藏族自治州、玉树藏族自治州、海南藏族自治州、海北藏族自治州、海西蒙古族藏族自治州）有关藏语文的法律法规都指出，各藏族自治地区应“重视培养藏汉翻译人才，根据需要配备专职或兼职的藏语文翻译人员或文秘人员”。青海省的各藏族自治州（果洛藏族自治州、黄南藏族自治州、玉树藏族自治州、海南藏族自治州、海北藏族自治州、海西蒙古族藏族自治州）还提出应“重视藏语文信息化建设”。

9. 文化出版

各藏族自治地区的藏语文保护条例都指出，“各级国家机关应重视发展藏语文文化事业，加强藏文报刊、广播、电视、音像制品、教材、图书的编译出版发行工作”；除西藏自治区外，其他藏族自治地区还指出，“提倡和鼓励科技人员和文艺工作者，在从事科学研究、撰写论文、进行文艺创作和演出时，使用藏语文”。

10. 奖惩机制

各藏族自治地区的法律法规还规定了相应的奖惩机制，各自治地区有关藏语文的法律法规都规定，“对模范执行本条例的单位和个人，给予表彰和奖励；对违反本条例的单位和个人，视情节轻重，给予批评教育或者行政处罚”；甘肃省甘南藏族自治州、青海省海北藏族自治州还明确了保障条例顺利实施的经费保证方式和渠道。

二　天祝藏语文保护法律和文件

为了保护天祝藏族的各项权益，包括使用本民族语言文字的权益以及保护和发展本民族文化的权益，天祝藏族自治县政府依据国家相关法律法规，制定了《甘肃省天祝藏族自治县自治条例》和《天祝藏族自治县藏语言文字工作条例》。为更加彻底地贯彻这两个条例，增强相关条款的操作性，甘肃省天祝藏族自治县党政相关部门还出台了一系列文件，如《中共天祝县委、天祝县人民政府关于进一步加强民族教育工作的意见》等。

1.《甘肃省天祝藏族自治县自治条例》

《甘肃省天祝藏族自治县自治条例》(以下简称《自治条例》)于1987年由天祝藏族自治县第十一届人民代表大会第一次会议制定并颁布，后由天祝藏族自治县于2006年第十六届人民代表大会第一次会议修改，2007年8月10日实施。《自治条例》共五十三条，涵盖了自治机构组织原则、机构组成以及自治机构在政治、经济、文化等各方面的权利和义务。其中一些条款规定了自治机构在司法、行政、教育、文化等领域如何保障藏族同胞的语言文化权。

在司法方面，《自治条例》第十一条规定："自治县的各民族公民都有使用本民族语言文字进行诉讼的权利。自治县人民法院和人民检察院在审理和办理案件的时候，根据实际需要，选择使用藏语或汉语；对不通晓藏语或汉语的诉讼参与人，应当为他们提供翻译。"《自治条例》的这一条款从法律层面给予藏语和汉语平等的社会地位，保障所有藏族同胞不管掌握何种语言，都能够享有法律赋予的司法权益。

在行政方面，《自治条例》第十五条规定："自治县的自治机关在执行职务的时候，使用藏语、藏文或汉语、汉文。自治县内的国家机关、企事业单位、人民团体的印章、牌匾和主要文件，并用藏、汉两种文字。"此条款给予藏语在行政领域与汉语相等的法律地位。尤其是"印章、牌匾和主要文件并用藏、汉两种文字"这一点，清晰地表明这里是藏族自治机构，提醒藏族同胞牢记自己的语言文化。《自治条例》第十六条规定："自治县的自治机关教育和鼓励各民族干部互相学习语言文字。汉族干部要学习当地少数民族的语言文字，少数民族干部在学习、使用本民族语言文字的同时，要学习全国通用的普通话和规范文字。"第十七条规定："自治县的自治机关对本地方的各族人民进行爱国主义、中华民族传统美德和法律法规的教育。教育各民族干部和群众互相信任、互相学习、互相帮助、互相尊重语言文字、风俗习惯和宗教信仰，共同维护国家统一和各民族的团结。自治县的自治机关对在民族团结进步事业中做出突出贡献的单位和个人给予表彰、奖励。"这两条强调不同民族的干部群众应尊重和学习对方的语言文化，同时培养中华文化认同。

教育方面，《自治条例》第四十二条规定：“自治县的自治机关自主地发展民族教育，制定教育发展规划，合理配置教育资源，提高全县各民族公民的科学文化素质”，“自治县的民族中、小学实行藏、汉两种语言教学。”此条款保障了藏族同胞接受教育的权利，尤其是接受藏语文教育的权益。

文化方面，《自治条例》中多项条款规定了自治机构在保护藏族文化方面的义务。自治政府应保护和发展藏族物质文化遗产和非物质文化遗产、传承和发展藏医藏药、为藏族同胞提供丰富多彩的文化娱乐节目。这些内容蕴含于《自治条例》的第四十五条、四十六条和四十九条。其中第四十五条规定：“自治县的自治机关发展现代医药和民族传统医药，开展藏医、藏药学的挖掘和研究工作，促进藏医药产业化开发，实行中医、西医、藏医结合，培养藏医药人员，促进藏医药发展。”第四十六条规定：“自治县保护、发展藏族及其他民族的物质文化遗产和非物质文化遗产。自治县发展广播、电视、电影事业，加强农村牧区广播电视网络建设，办好藏、汉语广播电视节目，扩大广播电视覆盖面。”第四十九条规定：“自治县积极开展群众性的体育活动，发展具有藏族和其他民族形式、民族传统的体育项目。”

2.《天祝藏族自治县藏语言文字工作条例》

《天祝藏族自治县藏语言文字工作条例》（以下简称《工作条例》）于1999年1月18日由天祝藏族自治县第十四届人民代表大会第二次会议通过；1999年3月26日在甘肃省第九届人民代表大会常务委员会第九次会议上获得批准，1999年5月1日起开始实施。《工作条例》共含二十五项条款，具体内容包括条例制定的依据，制定目的，政府机关和个人的职责，藏语文在行政、司法、经济、文化、教育、科研等领域的法律地位，以及相应的奖惩制度。

与其他藏族自治地区颁布实施的藏语文相关条例类似，天祝藏族自治县制定《天祝藏族自治县藏语言文字工作条例》时主要依据了《中华人民共和国宪法》《中华人民共和国民族区域自治法》和当地的《自治条例》，即《甘肃省天祝藏族自治县自治条例》，并结合了当地的实际情况。制定《工作条例》的目的是贯彻各民族语言文字平等的原则，保障各民族使用和发展自己语言文字的自由，进而建立“平等、团结、互助”的社会主义民族关系。

《工作条例》肯定了藏语文在当地政治、经济、文化建设中的作用，规定政府应保障藏族同胞学习、使用和发展本民族语言文字的自由；各族群众也有义务学习其他民族的语言文字。汉族干部群众应积极学习藏语文；同时在藏族自治地区推广普通话，帮助藏族干部群众学习和使用汉语文。藏族领导干部在保护和发展藏语文工作中肩负着更大的责任，他们应该带头学习藏语文，提高自己使用本民族语言文字执行职务的能力。

《工作条例》明确了藏语言文字工作机构的职责，包括以下几项内容：第一，宣传、贯彻、执行国家的民族语言文字政策和有关法律、法规，检查督促《天祝藏族自治县藏语言文字工作条例》的实施情况；第二，依据有关法律、法规、政策、条例，制定藏语言文字工作的实施规划和措施；第三，检查指导藏语言文字教学、科研、编译、新闻、广播、影视、出版、古籍整理等工作；第四，组织藏语言文字的学术研究、协作交流、业务考核和专业人员的培训工作；第五，管理藏语言文字规范化、标准化及其推广工作；第六，检查指导当地的藏语言文字的学习和使用，协调有关藏语言文字工作各部门之间的业务关系。

行政方面，《工作条例》首先明确了藏语文同汉语文具有相等的法律地位，规定国家机关在执行职务时通用藏、汉两种语言文字，同时倡导在政治、经济、司法、文化、教育、科技、卫生、体育、广播、影视、出版等社会生活各领域学习和使用藏语言文字。规定自治机关颁布的条例、文件、公告，应根据实际需要单独或同时使用藏、汉两种文字；召开重要会议或集会时应悬挂藏、汉两种文字会标；会议材料，自治县国家机关、企事业单位的公章、牌匾、公文头、证件和界碑，县城和乡镇的主要街道名称、门牌、路标、纪念碑和汽车门徽等，都应使用藏、汉两种文字。同时规定，国家机关或事业单位选拔录用公务员或专业技术人员时，同等条件下优先选用能够使用藏、汉两种语言文字的公民。

在司法领域，《工作条例》规定自治地人民法院和人民检察院应配备兼通藏、汉两种语言文字的法官和检察官。在审理或检察案件时，同时或者分别使用藏、汉两种语言文字；应为不通晓汉语文的诉讼参与人提供翻译。人民法院和人民检察院的起诉书、判决书、布告或其他法律文书，应根据需要同时或者分别使用藏、汉两种文字。通过这些条例，保障藏族同胞必要的司法诉讼权益。

在教育领域，《工作条例》规定，自治政府应该有计划地在藏族聚居区开展藏文或汉文扫盲教育，逐步提高民族文化素质；学校或主管部门要认真执行自治机关制定的藏语言文字教育规定；以招收少数民族学生为主的民族中小学，应实行藏、汉“双语”教学；幼儿园和学前班应根据实际情况，对自愿学习藏语言文字的各民族幼儿实行藏、汉“双语”教育。

在文化方面，《工作条例》规定，自治政府应努力办好藏语广播电视节目，做好藏文报刊和图书的发行工作，满足藏族群众的文化生活。为实现以上目标，自治政府应注重培养精通藏语文的编辑、记者、作家等文艺人员，并为他们进入高校深造创造条件；同时鼓励和支持科技人员、文艺工作者使用藏语言文字撰写科普读物和著作，以及进行文艺创作和演出。

在科技领域，《工作条例》规定，自治政府应加强藏语言文字翻译工作，推进翻译标准化、规范化建设；藏语言文字翻译工作者享受专业技术人员待遇，可按照国家规定评定职称。参加专业技术职务考核与评定时，从事藏语言文字专业技术工作的人员可用藏语文答卷；在评定中级职称时，经上级职称主管部门确认的兼通藏、汉两种文字的参评人员，可免试外文。

《工作条例》还规定，自治县内生产的产品，其名称、商标、广告等，根据需要使用藏、汉两种文字。自治县根据条件设立藏语言文字奖励基金，对学习、使用、发展、研究、传播藏语言文字成绩显著的单位和个人给予表彰奖励；对妨碍正常开展藏语言文字工作，影响民族团结，造成不良后果的，建议所在单位或上级主管部门给予批评教育或行政处分，并限期改正。

以上是《天祝藏族自治县藏语言文字工作条例》的主要内容。《工作条例》从多方面保证了藏族同胞学习和使用藏语文的权益，对保护和发展藏语文起了重要作用，但其中还有部分亟待完善的地方。笔者在藏区调研时，多位藏语文管理人员都抱怨《工作条例》未赋予藏语文管理机构足够的执法权。他们在检查工作中会发现部分人员或机构违反《工作条例》的相关规定，这时他们只能对相关人员进行批评或教育。如果对方不接受相关批评或教育，继续违反《工作条例》，藏语文管理部门无权对其进行处罚。这不利于藏语文保护。

3.《中共天祝县委、天祝县人民政府关于进一步加强民族教育工作的意见》

《中共天祝县委、天祝县人民政府关于进一步加强民族教育工作的意见》(以下简称《意见》)是天祝藏族自治县县委和县政府各部门为落实法律法规所规定的保护藏语文的相关条款而制定的系列文件之一，2009 年 8 月 5 日由天祝县委办公室印发,《意见》从目标任务、办学思路、教师队伍、发展速度、教学质量、管理责任六方面给出了天祝藏族自治县发展藏语文教育的指导意见。[①]

为全面贯彻党的教育方针和民族政策，认真落实《国务院关于深化改革加快发展民族教育的决定》精神，2009 年天祝藏族自治县县委和县政府制定了“继承和发扬民族语言文化”“努力普及藏语言文字教学”的天祝藏族自治县民族教育发展方针，提出了到 2015 年天祝县民族教育的发展目标：第一，在少数民族学生占一半以上的乡镇学校，藏语文普及率达到 80% 以上；第二，中小学藏语文监测和会考合格率达到 80% 以上；第三，“民考民”高考升学率 65% 以上，本科升学率 55% 以上；第四，“三语”小学六年级“语数藏”三科合格率 75% 以上，“语数藏英”四科合格率 65% 以上；第五，建成八所具有鲜明特色和时代特点的“三语”示范性窗口学校。

《意见》指出，少数民族学生占一半以上的“三语”学校，在九年义务教育阶段普及藏语文或藏语口语课程；倡导全县所有普通中学和幼儿园逐步开设藏语文口语选修课；学习藏语文的汉族学生与藏族“三语”学生

---

① 有关藏语文教育的其他文件包括：《天祝藏族自治县民族教育发展规划(2010—2015)》,《天祝藏族自治县教育局双语教师培训规划》,《天祝藏族自治县教育局关于调整双语中小学部分藏语文课文内容的通知》,《天祝藏族自治县教育局关于大力宣传民语类考生高考录取接轨的通知》,《天祝藏族自治县教育局关于进一步做好学习民族语言文字工作的通知》,《天祝藏族自治县双语教育工作考核办法》。

一样享有相同的优惠政策；同时应办好县民族中学和天师附小，在开设藏语文的乡镇办好一所民族小学。拓宽“民考民”考生的录取渠道，争取优秀的民族学生进入省级示范性高中或内地西藏班学习。做好藏语文类毕业生就业指导工作，行政事业单位申报人员需求时，民族语文类毕业生的招录比例不低于普通毕业生的招录比例。对报考民族语文类的毕业生加考藏语文，其成绩列入招录考试的最终成绩。

要办好民族教育，教师队伍的素质是关键。《意见》指出，要通过外引内培等手段逐步提高双语教师的学历层次和学识水平。从 2009 年开始每年选拔十至十五名双语教师参加市级以上的中长期培训；到 2010 年民族中学初高中教师学历的合格率分别达到 100% 和 95% 以上，力争高中教师中具有研究生学历的教师占有一定比例。同时还应该完善双语教师激励机制，“三语”学校的教师配备应略高于国家标准；“三语”学校的校长应从掌握藏汉双语的教师中选拔任用；双语教师和“三语”学校应该在“名师”“名校”的评选中占有一定比例。

为实现以上目标，《意见》要求教育主管部门应加大对民族教育的投入，实施各类教育项目时应优先考虑民族教育。从 2009 年开始县财政每年单列 100 万元用于支持民族教育，并随社会发展逐年增加；县教育主管部门应建立中小学藏语文教学资料库，推动藏族语言文化信息化建设，并对藏语文教学提供技术支持；完善办学硬件设施，着力解决师生的住宿、吃饭、活动场所等问题；实施“三语”寄宿生生活补助制度，从 2009 年开始，对“三语”寄宿生逐步实行全免费教育，小学生和中学生每年分别补助 750 元和 1125 元，对品学兼优的“三好学生”给予物质奖励。

搞好藏语文教育，不仅需要学校付出努力，还需要社会创造良好的藏语文使用环境。《意见》要求广大教育和科研人员要加强民族教育科研工作；广电、文化、旅游、编译等部门应配合教育部门搞好民族语文教育；倡导社会各行各业使用藏语文，提倡说民族语言、唱民族歌曲、穿民族服装、跳民族舞蹈；“三语”学校每周应适当安排藏餐及特色食品，在学校积极营造民族文化氛围；定期或不定期举办藏族文艺演出、书画展、论坛等民族文化活动，在全县创设学习和传承民族语言文化的良好社会环境。

第二节　天祝藏语文活力研究

本节以天祝藏族自治县为调查地，研究天祝藏语文的活力和天祝藏语文保护。本节将简要介绍语言活力，然后介绍天祝藏语文活力研究的整体思路。

一　语言活力

要保护一种语言，首先要对该语言有足够的了解，掌握其使用情况和社会功能，同时应采用一定标准尽量客观地测量其活力。遗憾的是，目前国内外并没有完全统一的、被所有人接受的测量语言活力的标准。

近些年来，学术界一直在探讨语言活力应该包括的内容以及如何客观测量语言活力。曾先后出现了菲什曼（Fishman，1991）的语言复兴及语言活力八阶段理论；[①] 联合国教科文组织（UNESCO）的语言活力与语言多样性标准（联合国教科文组织非物质文化遗产部濒危语言特设专家组，2003）；[②] 世界少数民族语文研究院（SIL International）的语言活力与濒危标准（Grimes, 2000; Gordon, 2005; Lewis, 2009）；[③] [④] [⑤] 列文森和西蒙斯（Lewis & Simons, 2010）的扩展的语言复兴及语言活力十三阶段理论。[⑥]

我国语言学家黄行（2000）[⑦] 根据学界对语言活力的研究，细化出语言

① Fishman Joshua A., *Reversing Language Shift: Theory and Practice of Assistance to Threatened Languages,* Clevedon, UK: Multilingual Matters Ltd., 1991.

② 联合国教科文组织非物质文化遗产部濒危语言特设专家组：《语言活力与语言濒危》，布鲁塞尔：新欧洲的语言多样性研究大会，2003 年。

③ Grimes, B. F. (Ed.), *Ethnologue: Languages of the World, 14th Edition,* Dallas, Tex.: SIL International, 2000.

④ Gordon, R. G. (Ed.), *Ethnologue: Languages of the World, 15th Edition,* Dallas, Tex.: SIL International, 2005.

⑤ Lewis, M. P. (Ed.), *Ethnologue: Languages of the World, 16th Edition*, Dallas, Tex.: SIL International，2009.

⑥ Lewis, M. P. & Gary F. Simons, Assessing Endangerment: Expanding Fishman's GIDS. *Revue Roumaine de Linguistique*, Vol. 55, No. 2, 2010, PP. 103–120.

⑦ 黄行：《中国少数民族语言活力研究》，中央民族大学出版社 2000 年版。

活力研究应考虑的社会领域，设计出一套涵盖社会生活十个领域的语言活力量化研究体系，并对中国境内的 70 种语言进行了量化排序研究。[①] 以下简述前人针对语言活力研究的成果。

1. 菲什曼的语言复兴及语言活力八阶段理论

菲什曼认为，语言的活力主要体现为语言的代际传承。如果儿童不再使用本民族语言，那么这种语言就将逐渐濒危，直至消失。父母对语言的态度以及其他的一些社会因素影响儿童的语言选择。菲什曼等人将这些社会因素称为语言的“使用领域”(domains of use)。如果一种语言的“使用领域”遭到破坏，一种新的“使用领域”就会在社会上出现，那么另一种适应这种新的“使用领域”的语言就会逐步进入人们的日常生活。当父母看到以前的语言在当下的语言“使用领域”失去功能，就会帮助孩子选择适应当下“使用环境”的语言作为孩子的母语。和平环境下，语言消亡的轨迹通常是由“失去功能”到“失去人口”，最终“走向消亡”。菲什曼(Fishman, 1991) 根据语言的“使用领域”将语言活力分为八级。[②]

第一级：在全国范围内该种语言被应用于教育、日常工作、大众媒体、政府服务等各领域。

第二级：在地方或区域范围内，该种语言被应用于大众媒体或政府服务领域。

第三级：在地方或区域范围内，该种语言被区域内外的人应用于日常工作领域。

第四级：该种语言仍然应用于教育领域，语言能力能在教育领域得到传承。

---

① 由于对语言的定义不同，国内外学者对中国境内语言的数量看法不一致。世界少数民族语文研究院认为中国大陆有 298 种语言〔Lewis M. P., Gary F. Simons, and Charles D. Fennig (Eds.), *Ethnologue*: *Languages of the World*, *17th edition*, Dallas, Texas: SIL International, 2014〕; 我国学者王远新认为中国有 130 多种语言（王远新：《中国少数民族非物质文化遗产中的民族语言文字》，载赵学义、关凯《政策视野中的少数民族非物质文化遗产》，民族出版社 2010 年版，第 134—192 页）; 孙宏开认为中国共有 114 种语言（孙宏开：《中国少数民族语言活力排序研究》,《广西民族大学学报》2006 年第 5 期，第 6—10 页）。关于“语言”的讨论，具体见第六章。此处黄行只考察了中国大陆境内没有争议的 70 种语言。

② Fishman Joshua A., *Reversing Language Shift*: *Theory and Practice of Assistance to Threatened Languages*, Clevedon, UK: Multilingual Matters Ltd., 1991. 汉语译文由笔者翻译。

第五级：该种语言的口语形式被社区内所有代际的语言使用者使用，书面语形式能够有效使用。

第六级：该种语言的口语形式被所有代际的语言使用者使用，儿童仍将这种语言作为第一语言习得。

第七级：父母辈的人能够用这种语言与长辈流利交流，却不愿将这种语言传承给下一代。

第八级：仅祖父辈的人能够使用这种语言。

通过这些标准，语言学者可以测量一种语言的活力，进而采取措施保护活力较弱的语言；同时还可以评估语言复兴活动的结果。

2. 联合国教科文组织的语言活力与语言多样性标准

联合国教科文组织的语言活力与语言多样性标准文件《语言活力与语言濒危》由联合国教科文组织濒危语言特设专家组共同起草完成（含英语版、法语版、西班牙语版、阿拉伯语版、汉语版五种版本），具体内容包括序言、背景、帮助濒危语言、评价濒危语言和记录语言的紧迫性、结语五部分。该文件于2003年在比利时布鲁塞尔举行的新欧洲的语言多样性研究大会上宣读并对外公布。这一标准规定，语言的濒危程度由语言应用活力、语言态度、记录该种语言的紧迫性三方面构成（联合国教科文组织非物质文化遗产部濒危语言特设专家组，2003）。[①]

评估语言应用活力时应考虑六个要素：第一，代际之间的语言传承；第二，使用一种语言的绝对人口；第三，总人口中使用该语言的比例；第四，现存语言使用领域的趋势；第五，新领域和媒体的回应；第六，用于语言教育和学习材料的数量。

影响语言濒危程度的语言态度包括两部分：一是政府和机构的语言态度和语言政策；二是社区成员对自己语言的态度。前者主要指语言在官方的地位和使用情况。如果该语言受到法律保护，而且政府有明确的政策鼓励维持该语言，则该语言的活力远离濒危；反之，如果该语言只允许在私人领域使用而被禁止在其他领域使用，则该语言将趋于濒危。后者指语言

① 联合国教科文组织非物质文化遗产部濒危语言特设专家组：《语言活力与语言濒危》，布鲁塞尔：新欧洲的语言多样性研究大会，2003年。

使用者对该种语言的认同感。如果群体成员对该语言持积极态度，则有助于维持或增强该语言的活力；反之，如果语言使用者以使用该语言为耻，他们回避使用这种语言，则该语言将逐渐趋于濒危。

记录该种语言的紧迫性主要通过计算记录该种语言的数量和质量来衡量，集中体现在现有的记录该种语言的长篇语料数量，包括已经转写、翻译以及自然说话的注释录音带等方面的内容。

根据一定标准，以上九项（包括评估语言活力的六个要素，语言态度和政策的两个要素以及记录该种语言的紧迫性）中每一项的活力被分为零级到五级六个等级。其中零级为“灭绝”级，活力为零；五级为“安全”级，活力为旺盛。联合国教科文组织根据以上九项标准评价语言的濒危程度。

3. 世界少数民族语文研究院的语言活力与濒危标准

世界少数民族语文研究院（SIL International）认为，联合国教科文组织语言濒危等级中的语言应用活力一项即可反映语言的活力与濒危程度。他们主要根据使用某种语言的人数这一标准来判断语言濒危程度和语言活力等级，并把语言的活力与濒危等级分为五级：活的语言（Living）、仅作为第二语言（Second Language Only）、接近灭绝的语言（Nearly Extinct）、休眠的语言（Dormant）、灭绝的语言（Extinct）。世界少数民族语文研究院近些年就是依据此标准评价世界语言活力的（Grimes, 2000; Gordon, 2005; Lewis, 2009）。[①][②][③] 在这一标准中，“活的语言”指这种语言被绝大多数人作为第一语言使用；“仅作为第二语言”指这种语言已经不被人们作为第一语言（也许被语言复兴者作为第一语言使用），而仅作为第二语言使用；“接近灭绝的语言”指这种语言的使用人数在 50 人以下或仅被人口数量很少且呈下降趋势的民族使用；“休眠的语言”指已经没有人使用这种语言，但是部分人仍然把这种语言作为自己身份认同的象征；“灭绝的语

① Grimes, B. F. (Ed.), *Ethnologue*: *Languages of the World*, *14th Edition,* Dallas, Tex.: SIL International, 2000.

② Gordon, R. G. (Ed.), *Ethnologue*: *Languages of the World*, *15th Edition*, Dallas, Tex.: SIL International, 2005.

③ Lewis, M. P. (Ed.), *Ethnologue*: *Languages of the World*, *16th Edition*, Dallas, Tex.: SIL International，2009.

言”指没有人使用这种语言，并且没有人把它作为身份的象征。

4. 列文森和西蒙斯的扩展的语言复兴及语言活力十三阶段理论

列文森和西蒙斯认为以上语言活力与濒危标准都存在不足。菲什曼的语言复兴及语言活力八阶段理论存在用静态观对待语言、未涵盖语言活力的所有状态、标准模糊、标准不具体等问题；与菲什曼的语言复兴及语言活力八阶段理论类似，联合国教科文组织的语言活力与语言多样性标准和世界少数民族语文研究院的语言活力与濒危标准也不能涵盖语言活力的所有状态，也就是说，有些语言的活力要高于菲什曼的语言活力等级中的第一级，另一些语言的活力要低于此活力框架中的第八级（Lewis & Simons, 2000）。[①] 为此列文森和西蒙斯修订了菲什曼的语言复兴及语言活力标准，将其扩充为十三阶段，具体见表 5-1。

表 5-1　　扩展的语言活力十三阶段（EGIDS）[②]

等级	名称	描述	联合国教科文组织标准
0	国际语言	世界范围内该种语言被广泛应用	安全
1	国家语言	在全国范围内该种语言被应用于教育、日常工作、大众媒体、政府服务等各领域	安全
2	地域语言	在地方或区域范围内，该种语言被应用于大众媒体或政府服务领域	安全
3	商业语言	在地方或区域范围内，该种语言被区域内外的人应用于日常工作领域	安全
4	教育语言	该种语言仍然应用于教育领域，语言能力能在教育领域得到传承	安全
5	书面语言	该种语言的口语形式被社区内所有代际的语言使用者使用，书面语形式能够有效使用	安全

①② Lewis, M. P. & Gary F. Simons, Assessing Endangerment: Expanding Fishman's GIDS, *Revue Roumaine de Linguistique*, Vol. 55, No. 2, 2010, PP. 103–120.

续表

等级	名称	描述	联合国教科文组织标准
6a	活力语言	该种语言的口语形式被所有代际的语言使用者使用，儿童仍将这种语言作为第一语言习得	安全
6b	受威胁的语言	该种语言的口语形式被所有代际的语言使用者使用，但仅有部分年轻母亲希望把这种语言传授给下一代	不安全
7	转换的语言	父母辈的人能够用这种语言与长辈流利交流，却不愿将这种语言传承给下一代	肯定濒危
8a	垂死的语言	仅祖父辈健在的人能够说这种语言	严重濒危
8b	几乎灭绝的语言	仅祖父辈的人或特别年长的人能够说这种语言，但他们却很少有说这种语言的机会	极度濒危
9	休眠的语言	该种语言仅仅作为一个族群的身份象征。除此功能外，没有人使用它	消失
10	灭绝的语言	没有人把这种语言与族群身份联系起来，甚至不把其作为身份象征	消失

扩展的语言复兴及语言活力十三阶段理论是当下学界较公认的语言活力与濒危分类标准。世界少数民族语文研究院 2014 年出版的《民族语：世界的语言》（第 17 版）（*Ethnologue: Languages of the World, Seventeenth Edition*）就是以此标准划分的世界语言活力（Lewis, Simons & Fenning, 2014）。①

5. 中国语言活力研究

学者探讨了评价语言活力的指标，为科学合理地量化和测量语言活力奠定了基础。参考国外学者的相关研究，我国学者黄行制定了测量我国语言活力的量化指标体系，并依据此指标体系测定了我国境内 70 种语言的活力。

① Lewis M. P., Gary F. Simons, and Charles D. Fennig (Eds.), *Ethnologue: Languages of the World, Seventeenth Edition*, Dallas, Texas: SIL International, 2014.

黄行将“语言活力领域”（简称“语域”）定义为语言使用的不同社会领域。根据实际情况，进一步将社会领域细化为不同的场合。根据我国的实际情况，他将我国的语言活力领域分为行政、立法、司法、教育、出版、媒体、文艺、宗教、经济、信息10个子系统（黄行，2000、2001）。[①][②]每个子系统再分若干不同的场合以及不同场合中语言的等级。接下来采用“尺度法”（scaling）对单一语言在某个子系统中的活力进行量化赋值。例如，将语言在子系统中的使用频度“不使用/偶尔使用/经常使用”分别赋值“0/1/2”。考虑到语言使用领域的等级差异，对量化后的数值进行加权处理。应用于最高等级领域/次高等级领域/次低等级领域/最低等级领域的语言权重值分别为4/3/2/1。

各子系统的参数项不同，各参数项的等级也不同，因此计算语言活力时无法简单地将一种语言在各子系统的活力值直接相加。为此应将加权后的各子系统的语言活力值进行等权处理，其计算公式为“语言活力值=实际语言活力值÷该领域的最高值×该领域汉语文的活力值”。这样就计算出该语言的最终活力值。

黄行采用这种计算体系，测量了我国70种语言的活力，并将这70种语言的活力分为三类（黄行，2000）。[③]第一类语言包括维吾尔语、蒙古语、藏语、哈萨克语、朝鲜语，其综合活力值为225—287；第二类语言包括柯尔克孜语、傣语、锡伯语、彝语、壮语、景颇语、载瓦语、傈僳语、苗语、拉祜语、布依语、佤语、纳西语、侗语、哈尼语，其综合活力值为44—141；第三类语言包括以上两类语言以外的40种语言，占语言总数的多数（67%），其综合活力值为1—40。

我国学者孙宏开曾根据联合国教科文组织的语言活力指标体系，兼顾语言分布状况、语言内部差异、语言跨境情况，研究了我国语言的活力状况（孙宏开，2006）。[④]他将中国境内主要语言的活力排序如下：维吾尔语、藏语、朝鲜语、蒙古语、哈萨克语、壮语、彝语等语言属于“充满活力的

① 黄行：《中国少数民族语言活力研究》，中央民族大学出版社2000年版。

② 黄行：《我国少数民族构成要素的因子分析》，《世界民族》2001年第1期，第45—51、108页。

③ 同注释①。

④ 孙宏开：《中国少数民族语言活力排序研究》，《广西民族大学学报》2006年第5期，第6—10页。

语言”；傈僳语、傣语、苗语、黎语、哈尼语、侗语、水语、独龙语、布依语、雅美（达悟）语、拉祜语、锡伯语等语言属于“有活力的语言”；羌语、德昂语、达斡尔语、纳西语、嘉绒语、塔吉克语、景颇语、载瓦语、土家语、仫佬语、东乡语、保安语、布朗语、白语、撒拉语等21种语言属于“活力降低，已经显露濒危特征的语言”；仡佬语、普米语、基诺语、怒苏语、门巴语、义都语、仓洛语、京语、浪速语、勒期语、拉乌戎语、格曼语、达让语、裕固语、鄂伦春语、乌孜别克语等55种语言属于“活力不足，已经走向濒危的语言”；阿侬语、赫哲语、塔塔尔语、畲语、普标语等19种语言属于“活力很差”的语言，已经进入濒危语言行列。

二 天祝藏族自治县的藏族与藏语

（一）天祝藏族

天祝藏族自治县处于河西走廊东端，现隶属于甘肃省武威市，是新中国成立后建立的第一个少数民族自治县。“天祝”，藏语称“华锐”，意为英雄部落。夏至汉初先后为戎羌、月氏、匈奴等民族驻牧地，自汉武帝时归入中央王朝版图，唐代后逐步形成以吐蕃（今藏族）为主体民族的多民族聚居地。[①] 由于特殊的地理位置，这一地区自古就是多民族交汇融合的地区，汉族也在历史早期就进入了现在的天祝藏族自治县。藏族、汉族等多民族在这片土地上世代生活繁衍。

由于地理环境、生态环境以及战争的影响，新中国成立初期当地的人口密度仅为每平方公里9.43人（中国社会科学院民族研究所、国家民族事务委员会文化宣传司，1994）。[②] 新中国成立后当地人口逐渐增加。改革开放后，尤其是我国实施西部大开发战略以后，天祝藏族自治县的人口更是得到了迅猛发展，人口组成的民族比例也发生较大变化，具体见表5-2。

① 百度百科：天祝藏族自治县，http://baike.baidu.com/link?url=LnI2ojsbnzoTQQr75i16szk4yyz6lS_IjQmhU lRNK_C_u9CtFCvRb2L7LKDHeus_bNJ82VSEN83PjeRLnP_GRK。

② 中国社会科学院民族研究所、国家民族事务委员会文化宣传司：《中国少数民族语言使用情况》，中国藏学出版社1994年版。

表 5-2　　天祝藏族自治县的人口发展[①]　　单位：万人，%

年份	1956	1964	1982	2010
藏族	2.43 / 27.12	2.75 / 23.19	4.46 / 24.20	8.11 / 37.7
汉族	6.02 / 67.19	8.36 / 70.49	12.74 / 69.13	13.17 / 61.2
其他民族	0.51 / 5.69	0.75 / 6.32	1.23 / 6.67	0.24 / 1.1
总人口	8.96 / 99.99	11.86 / 100	18.43 / 99.96	21.52 / 100

目前（2010 年）天祝藏族自治县总面积 7149.8 平方公里，辖九镇十乡一百七十六个行政村，生活着藏、汉、土、回等 16 个民族，总人口 22 万，其中少数民族约 8 万人，占 38%；少数民族中绝大部分（97% 以上）是藏族（天祝藏族自治县教育局，2010、2011）。[②][③][④]

（二）天祝藏语

天祝藏族自治县境内的藏语属于藏语安多方言。与其他地区的安多藏语一样，天祝藏语的声调不具备区别意义的功能。这一地区的藏语又可具体分为哇彦、觉仓、华锐三种土语；三种土语间差异不大，可自由通话（中国社会科学院民族研究所、国家民族事务委员会文化宣传司，1994）。[⑤] 如前所述，历史上汉族很早就进入现在的天祝藏族自治县境内，藏族、汉族以及其他民族在这片土地上共同生活了很长时间，藏语与其

① 1956 年、1964 年、1982 年的数据来源于《中国少数民族语言使用情况》（中国社会科学院民族研究所 / 国家民族事务委员会文化宣传司，1994）；2010 年数据来源于《天祝藏族自治县民族教育工作情况汇报》（天祝藏族自治县教育局，2010）。

② 天祝藏族自治县教育局：《天祝藏族自治县民族教育工作情况汇报》，天祝藏族自治县教育局，2010 年。

③ 天祝藏族自治县教育局：《天祝藏族自治县双语教育发展指南》，天祝藏族自治县教育局，2011 年。

④ 以上两份材料给出的天祝藏族自治县的总人口和少数民族人口不一致。根据 2010 年的材料（《天祝藏族自治县民族教育工作情况汇报》），全县总人口 21.52 万人，少数民族占总人口的 38.8%（约 8.35 万），藏族占总人口的 37.7%（约 8.11 万）；根据 2011 年的材料（《天祝藏族自治县双语教育发展指南》），全县总人口 23 万，少数民族 7.8 万，占 37.14%，其中藏族人口占少数民族的 97.14%（约 7.58 万）。

⑤ 中国社会科学院民族研究所、国家民族事务委员会文化宣传司：《中国少数民族语言使用情况》，中国藏学出版社 1994 年版。

他语言（主要是汉语）在很早以前就开始接触，天祝地区的双语或多语人通常要多于其他藏区的双语或多语人。据中国社会科学院民族所和国家民族事务委员会文化宣传司（1994）统计，[①]从20世纪90年代开始，天祝藏族自治县城镇藏族几乎完全转用或开始转用汉语；农区的藏族正在向藏汉双语人转变；牧区的藏族完全掌握藏语，其中部分为藏汉双语人。20世纪当地的藏语文使用情况具体见表5-3。当地藏语文的使用场合主要包括寺庙、藏医院以及牧区或藏族聚居区的家庭内部、小学和乡村集贸市场。

表5-3　20世纪天祝藏族自治县牧区和农区藏族语言使用情况

单位：人，%

抽样地点	抽样人数	掌握藏语人数			掌握汉语人数		
		懂	略懂	不懂	懂	略懂	不懂
牧区（聚居区）	54/100	54/100	0	0	32/59.3	16/29.6	6/11.1
农区（杂居区）	66/100	34/51.5	15/22.7	17/25.8	57/86.4	5/7.6	4/6.1

近些年受“全球化”“西部大开发”等政策以及其他因素的影响，天祝藏族自治县的人口数量大量增加，人口组成的民族成分也发生了较大变化。同时，从20世纪末21世纪初开始，国家实施的“退耕还林”措施在一定程度上改变了天祝藏族群众的生活生产方式。受耕地或牧场面积缩小的影响，以前完全以牧业为生的生产方式转为半农半牧形式；同时，部分农业或半农半牧人口开始离开家乡走入城镇，成为城镇就业人员。这些社会和经济变化改变了当地的语言环境，使得藏语与汉语的接触更加频繁。由于汉语普通话是全国通用语，其社会功能强于国内其他语言（包括藏语）。通常情况下，国内其他语言与汉语普通话（在部分地区，民族语言还会与世界通用语英语接触）的接触过程中，自身的社会功能会进一步萎缩，甚至逐渐被汉语普通话替代。如果不进行人为保护，国内的其他语言，

① 中国社会科学院民族研究所、国家民族事务委员会文化宣传司：《中国少数民族语言使用情况》，中国藏学出版社1994年版，第256页。

尤其是像天祝藏语这样在历史上语言活力本就不是非常旺盛的语言，就会像世界上其他地区的语言一样，以“比物种灭亡快千倍的速度加速灭亡”（Gorenflo, L. J., Suzanne Romaine, Russell A. Mittermeier & Kristen Walker-Painemilla，2012）。[①] 幸运的是，国家和地方民族自治机构颁布了一系列保护语言文化的法律法规和措施。但是，这些法律法规和措施究竟能在多大程度上保护民族语文的活力，这值得语言工作者和民族工作者关注。

（三）天祝藏语文活力研究

语言活力体现在社会生活的方方面面，要想科学测量一种语言的活力，需要多角度考察语言在社会生活各领域的社会功能。以上介绍了国内外学者不同的语言活力观，虽然各方观点并不完全相同，但都把语言运用和代际传承，尤其是语言在日常生活中的运用，看作语言活力的重要方面；同时认为语言使用者的语言观和政府的语言观（语言政策）是决定语言活力和语言发展的重要因素。

在天祝藏语文保护方面，政府的语言态度十分明确。中央和地方颁布实施了一系列法律、法规和行政命令，确认天祝藏族自治县境内藏语文在行政、司法、经济、文化、教育、科技等社会生活各领域享有与汉语文同等的地位，在个别领域藏语文的社会地位甚至超过汉语文。理想状态下，天祝藏语文的活力最高可以达到列文森和西蒙斯的语言复兴及语言活力十三阶段理论的“地域语言”（Regional）级，或者联合国教科文组织的“安全”级。

除政府的语言态度外，语言活力和语言的等级发展还受语言使用和语言态度影响。各级语言文字主管部门为繁荣和发展藏语文创造了良好的外部条件，在这种情况下，天祝藏语的活力和发展在很大程度上取决于当地群众的藏语文使用情况以及他们的语言文字态度。为进一步了解天祝藏语文的活力，笔者曾于 2011 年 8 月赴甘肃省天祝藏族自治县进行藏语文使

① Gorenflo, L. J., Suzanne Romaine, Russell A. Mittermeier & Kristen Walker-Painemilla, Co-occurrence of Linguistic and Biological Diversity in Biodiversity Hotspots and High Biodiversity Wilderness Areas, *Proceedings of the National Academy of Sciences of the United States of America*, Vol. 109, No. 21, 2012, PP. 8032-8037.

用和态度的田野调查。

1. 抽样与调查对象基本信息

社会语言学研究中，当确定一个研究议题后，面临的首要问题是确定调查对象的全体。通常情况下调查对象的全体数量巨大，有时甚至无法确定调查全体的具体数量。也就是说，多数情况下社会语言学研究不能穷尽式地调查研究对象。以本研究为例，要穷尽式地调查天祝藏族自治县所有藏族群众的藏语文使用及态度，对研究者来说几乎是一项无法完成的任务。为解决这一问题，社会语言学研究过程中通常根据某些原则，抽取全体中的部分单位作为研究样本，通过研究样本推断总体的指标数值。这种研究被称为抽样研究。

抽样研究的第一步就是根据一定的规则确定调查点。调查点的选择应尽量反映研究事物的总体面貌。在田野调查前查阅相关资料后发现，天祝藏语文的使用活力与藏族群众的生产生活方式有很大关系。据中国社会科学院民族研究所和国家民族事务委员会文化宣传司（1994）的资料，天祝藏语文在牧区的使用活力最强；农区次之；而在城镇，藏语文的使用活力最弱，甚至有转用汉语文的趋势。[①] 为此，笔者计划选择藏族牧区、藏族农区、城镇三个调查点。进一步阅读相关文献发现，目前天祝藏族群众的生产生活方式发生了一些改变。从 20 世纪末 21 世纪初开始，为保护生产和生活环境，国家开始实施了“退耕还林”计划。“退耕还林”计划缩减了天祝藏族自治县的耕地面积和牧场面积。在同一时期，“全球化”和“西部大开发”的浪潮几乎冲击了我国整个西部民族地区。在种种外部环境作用下，天祝藏族自治县以前完全以牧业为生的生产方式转变为现在的半农半牧形式；部分农业或半农半牧人口开始离开家乡走入城镇，成为城镇就业人员。到 2011 年时，天祝藏族自治县几乎没有完全以牧业为生的藏族。考虑到以上事实，笔者最终选择天祝藏族自治县华藏寺镇（城镇，县府所在地）和天堂镇菊花村（一个以藏族居民为主的半农半牧社区）为田野调查点。

① 中国社会科学院民族研究所、国家民族事务委员会文化宣传司：《中国少数民族语言使用情况》，中国藏学出版社 1994 年版。

确定了调查点，接下来要在调查点选择合作的人员作为被调查对象。确定被调查对象最理想的抽样方式是“阶段抽样”。但实际操作中，“阶段抽样”是很难做到的。例如，拉波夫（William Labov）曾耗费巨大的人力和物力，采用“阶段抽样”的方法，抽取纽约市下东区10万居民（总体）中的340人（样本）做调查对象，最终得到的有效样本仅88人（转引自祝畹瑾，1992）。[①] 除“阶段抽样”外，“偶遇抽样”“雪球抽样”“判断抽样”等非随机抽样方式也是社会语言学研究常采用的抽样方法。

本研究在实际操作中借鉴祝畹瑾（1984）研究“师傅”用法时的抽样方式，采取“偶遇抽样”的方法选择调查对象。[②] 这种抽样得到的研究结果虽不能完全反映总体的情况，但至少可部分反映总体的面貌。

具体来说，笔者于2011年8月3—5日、6—8日分别在华藏寺镇的中心广场和天堂镇菊花村的村口，以随机偶遇的方式，选择18岁以上的藏族作为本研究的调查对象。最终华藏寺镇的33位和菊花村的31位藏族人成为调查对象。

华藏寺镇的33位被调查对象中，22人为男性，11人为女性；青少年（25岁及以下）8人，中青年（26岁至44岁，包括26岁和44岁）16人，中老年（45岁及以上）9人；18人为大专及以上文化程度，4人为高中（含中专）文化程度，3人为初中文化程度，3人为小学文化程度，5人没上过学。这些调查对象的基本信息见表5-4。

表5-4　　华藏寺镇调查对象的基本信息（N=33）

指标	性别		年龄			文化程度				
	男	女	青少年（≤25岁）	中青年（26—44岁）	中老年（≥45岁）	大专及以上	高中（含中专）	初中	小学	没上过学
人数（人）	22	11	8	16	9	18	4	3	3	5
比例（%）	66.7	33.3	24.2	48.5	27.3	54.5	12.1	9.1	9.1	15.2

① 祝畹瑾：《社会语言学概论》，湖南教育出版社1992年版。

② 祝畹瑾：《“师傅”用法调查》，《语文研究》1984年第1期，第44—47页。

菊花村的31位被调查对象中，男性15人，女性16人；青年（35岁以下）11人，中年（35岁至54岁，含35岁和54岁）10人，老年（55岁及以上）10人；大专及以上文化程度2人，高中（含中专）文化程度2人，小学文化程度10人，17人没上过学。这些调查对象的基本信息见表5-5。

表5-5　　菊花村调查对象的基本信息（N=31）

指标	性别		年龄			文化程度				
	男	女	青年（≤35岁）	中年（35—54岁）	老年（≥55岁）	大专及以上	高中（含中专）	初中	小学	没上过学
人数（人）	15	16	11	10	10	2	2	0	10	17
比例（%）	48.4	51.6	35.5	32.3	32.3	6.5	6.5	0	32.3	54.8

2. 调查问卷和调研方法

本研究是一项实证研究，需要通过田野调查获取第一手资料，在这些田野调查资料的基础上分析天祝藏语文的活力，进而探讨语言文化保护。要获得真实可靠的田野调查数据，需要科学合理地设计和选择调研方法和调研工具。本研究采取问卷调查辅以集体和个别访谈的方式收集数据。调查问卷借鉴王远新（1999）教授的语言使用与语言态度问卷设计而成，① 问卷内容由五部分48个单选或多选题组成，具体包括被试基本情况A1-A5，语言习得及语言能力B1-B11，语言学习途径C1-C5，语言使用情况D1-D10，语言态度E1-E17。② 每题根据调查需要设置若干选项或指标，题目及选项、指标之间相互印证，可通过逻辑分析检验被试自报的可信度。调查问卷为封闭式问卷，即问题的设置及选项、指标是既定的，被试只需在给定范围内做出选择。为防止选项或指标过于简单而导致遗漏一些重要现象或问题，在问卷的题目旁留出空白，问卷末尾留出调查员日记栏，要求

① 王远新：《论裕固族的语言态度》，《语言与翻译》1999年第2期，第9—14页。

② 调查问卷由中国社会科学院民族学与人类学研究所龙从军、孔敬、马爽，中央民族大学李庐静，以及笔者共同设计完成，最后由中国社会科学院黄行研究员和中央民族大学王远新教授审订。

调查员把遇到的问题及被试的看法准确记录下来。如果一些问题或现象较重要，则采用个别访谈的办法补充调查。

调查采用一对一方式，由笔者、闫拉旦、格塔卓玛（汉名：马忠娥）[①]做调查员。调查员逐题询问，被试回答，再由调查员圈选或填写。问卷完成后，先由调查员检查各自负责的问卷，再分别进行交叉检查。如果发现问题，调查组及时联系被试并重新询问相关问题，以确保问卷的有效性。

本部分的访谈包括两类：一是对问卷调查对象的访谈，内容多围绕问卷设置的问题进行；二是专题访谈，即就相关问题寻找合适的对象进行访谈。实际操作中，本研究的专题访谈主要包括对天祝藏族自治县教育局有关藏语文教育的访谈和对天祝藏族自治县广电局的访谈。田野调查完成后，将调查数据输入计算机，统计调查点的藏语文使用及态度。

第三节　天祝藏语文使用、态度及教育研究

完成田野调查后，将调查问卷中的数据输入计算机，统计分析天祝藏族自治县的藏语文使用情况、语言使用者的藏语文态度以及当地藏语文教育状况。结果如下。

一　家庭语言环境

1. 华藏寺镇

分析华藏寺镇的调查数据后发现，当地具有良好的藏汉双语环境。小时候（上学前或5周岁前）13位被试的父亲同他们只讲汉语，11位父亲讲藏汉双语，9位父亲只讲藏语。13位被试的母亲同他们只讲汉语，12位母亲只讲藏语，8位母亲讲藏汉双语。在与孩子讲（包括兼用）汉语的家长中，有两位父亲和两位母亲讲普通话，其他父母讲天祝话。由于当地的语言环

① 闫拉旦（男，藏族）和格塔卓玛（女，藏族）均系中央民族大学藏学院2011级研究生。此次调查过程中，二人给予了极大帮助。没有他们的帮助，此项研究不可能顺利完成。在此对他们表示感谢。

境较为多样，被试最先习得的语言有较大差异。12 人（36.4%）最先学会汉语，11 人（33.3%）最先学会藏语，10 人（30.3%）同时学会了藏汉双语。在最先学会（包括兼会）汉语的 22 位被试中，只有 2 人最先学会（包括兼会）普通话，其他人最先学会当地汉语方言。

2. 菊花村

菊花村的藏语文环境要好于华藏寺镇。小时候（上学前或 5 周岁前）18 位被试的父亲同他们只讲藏语，10 位父亲讲藏汉双语，3 人只讲汉语方言；同样，有 18 位被试的母亲同他们只讲藏语，10 位母亲讲藏汉双语，3 人只讲汉语方言。将父母的语言使用与被试的年龄关联，50 岁及以上被试（共 14 人）小时候父母和他们只讲藏语；25 岁及以下的被试（共 3 人）小时候父母和他们只讲天祝话；26 岁至 49 岁的被试（共 14 人），小时候父母和他们既讲藏语又讲天祝话。也就是说，被试的上一代的语言使用情况，有从藏语单语向藏汉双语，最后向汉语单语转变的趋势。

在这种语言环境下，31 位被试中有 30 人（96.8%）最先学会了藏语，其中 14 人（45.2%）同时学会了汉语方言，只有 1 人（3.2%）仅学会了汉语。

结合个人信息分析，年龄与被试最先学会的语言或方言有关。老年组 10 人中，9 人（90%）最先学会藏语，1 人（10%）最先学会藏语和天祝话；中年组 10 人中，4 人（40%）最先学会藏语，6 人（60%）最先学会藏语和天祝话；青年组 11 人中，3 人（27.3%）最先学会藏语，7 人（63.6%）最先学会藏语和天祝话，1 人（9.1%）最先学会天祝话。也就是说，随年龄递减，最先学会（包括兼会）藏语的比例逐渐减少，而最先学会天祝话（包括同时学会天祝话和藏语）的比例逐渐增加。此结论与上一部分被试父母的语言使用情况一致。

3. 华藏寺镇与菊花村家庭语言环境比较

以上数据显示，在幼儿的语言习得期，华藏寺镇 33.3% 的被试最先学会藏语，30.3% 同时学会藏汉双语，36.3% 仅学会汉语。在菊花村，51.6% 的被试最先学会藏语，45.2% 同时学会藏汉双语，3.2% 仅学会汉语。与历史上其他时期类似，天祝藏族自治县半农半牧区的藏语文环境好于城镇藏语文环境。

二　语言文字能力

1. 华藏寺镇

现在所有被试都能听懂并熟练使用天祝话。23 人（69.7%）能听懂藏语，其中 14 人“完全能听懂”，6 人“大部分能听懂”，3 人“基本能听懂”；20 人（60.6%）能用藏语交谈，其中 10 人“能够熟练交谈，没有任何障碍”，7 人“能熟练交谈，个别时候有障碍”，3 人“基本能交谈”。全部被试都能听懂汉语普通话，其中 29 人“完全能听懂”，4 人“大部分能听懂”；24 人（72.8%）能用普通话交谈，其中 14 人“能熟练交谈，没有任何障碍”，8 人“能熟练交谈，个别时有障碍”，2 人“基本能交谈”。

被试中 29 人为双语或双方言人，2 人为天祝话单语人。单语人中一人从小学会的是天祝话。他的爷爷、奶奶、父亲、母亲、配偶及儿媳为汉族，自己和孩子是藏族。[①] 另一人自报小时候曾学会过藏语，但后来到城镇生活，周围的语言环境发生变化，现在几乎变成汉语单语人了，仅能讲一点点藏语日常用语。但周围的群众偷偷告诉调查员，第二位被试实际是汉族人，只因丈夫是藏族人，就把民族成分改成藏族了。

被试中 17 人（51.5%）能读懂藏文，其中 8 人“能读书看报”，7 人“能看懂家信或简单文章”，2 人“只能看懂便条或留言条”；16 人（48.5%）会写藏文，其中 7 人“能写文章或其他作品”，3 人“能写家信或简单文章”，6 人“只能写便条或家信”；28 人（84.8%）能读懂汉文，其中 25 人“能读书看报”，2 人“能看懂家信或简单文章”，1 人“只能看懂便条或留言条”；27 人（81.8%）会写汉文，24 人“能写文章或其他作品”，1 人“能写家信或简单文章”，2 人“只能写便条或家信”。

从以上分析发现，华藏寺镇具有较好的藏汉（天祝话）双语环境，大

① 父母都是汉族人，而自己却是藏族人，让人感觉很奇怪。访谈得知，前几年或几十年中，为了某些目的（如升学、升迁等），部分汉族人将自己的民族成分改为藏族。这部分人几乎不懂藏语和藏族文化，是具有藏族户口的汉族人。这位被试就是这种“具有藏族户口的汉族人”。

部分被试为藏汉双语人，藏语和天祝话是被试最先学会的语言变体。

2. 菊花村

在菊花村，所有被试“完全能听懂”天祝话，并能够用天祝话“熟练交谈，没有任何障碍”。24 人（77.4%）能听懂普通话（18 人“完全能听懂”，6 人“大部分能听懂”）；7 人（22.6%）能用普通话交谈，其中 2 人“能熟练交谈，没有障碍”，3 人“能熟练交谈，个别时候有障碍”，2 人“基本能交谈”。

能讲普通话的 7 名被试均在 30 岁以下，2 人大专及以上学历，2 人高中学历，2 人小学学历，1 人（女，24 岁）没上过学。与被试的受教育程度关联，高中（含中专）及以上文化程度的 4 人均会讲普通话；小学文化程度的 10 人中，20%（2 人）会讲普通话；没上过学的 17 人中，仅 5.9%（1 人）会讲普通话。也就是说，被试掌握普通话的比例随其受教育程度的增加而增加。

31 人都能听懂安多藏语（30 人“完全能听懂”，1 人“大部分能听懂”），26 人能用安多藏语熟练交谈（23 人“能熟练交谈，没有任何障碍”，3 人“能熟练交谈，个别时候有障碍”）。如果算上 1 人“基本能交谈”，也就是说目前菊花村 87.1% 的被试会安多藏语。

被试掌握的语言与其最先习得的语言不完全相符，部分原因在于一些被试小时候习得了藏语，由于某些原因，现在已经忘记，不再使用了。一位女性被试（27 岁，小学文化）曾向调查员说，小时候父母教过藏语，但长大后经常和汉族小伙伴一起玩，并且上的是汉族学校，几乎不使用藏语，现在只能讲一些藏语日常用语。

由于被试大部分没上过学，菊花村被试的文字掌握情况总体不理想。

8 人（25.8%）用汉文“能读书看报”，1 人（3.2%）“能看懂家信或简单文章”，2 人（6.5%）“只能看懂便条或留言条”，2 人（6.5%）“基本看不懂”汉文，18 人（58.1%）“完全看不懂”汉文；5 人（16.1%）用藏文“能读书看报”，2 人（6.5%）“能看懂家信或简单文章”，1 人（3.2%）“基本看不懂”藏文，23 人（74.2%）“完全看不懂”藏文。

5 人（16.1%）能用汉文“写文章或其他作品”，3 人（9.7%）“能写家信或简单文章”，2 人（6.5%）“只能写便条或家信”，3 人（9.7%）“基本不会写”汉文，18 人（58.1%）“完全不会写”汉文；3 人（9.7%）能用藏文“写文章或其他作品”，3 人（9.7%）“能写家信或简单文章”，1 人（3.2%）“只能写便条或家信”，1 人（3.2%）“基本不会写”藏文，23 人（74.2%）“完全不会写”藏文。

3. 华藏寺镇与菊花村语文能力比较

两地被试的天祝汉语方言能力差异不大。华藏寺镇和菊花村的所有被试都能听懂和使用当地汉语方言。也就是说，汉语方言是天祝藏族自治县最主要的交际工具。菊花村被试的藏语口语能力好于华藏寺镇被试的藏语口语能力。具体来看，菊花村所有被试都能听懂藏语，87.1% 能用藏语交流；而在华藏寺镇，能听懂藏语的为 69.7%，能用藏语交流的为 60.6%。华藏寺镇被试的普通话能力好于菊花村被试的普通话能力。华藏寺镇的所有被试都能听懂普通话，72.8% 能用普通话交流；在菊花村，77.4% 能听懂普通话，22.6% 能用普通话交流。两地被试的藏文能力都不强，菊花村被试的能力稍好于华藏寺镇。在菊花村 35.5% 的被试能看懂藏文，32.3% 能写藏文；在华藏寺镇，22.6% 的被试能读写藏文。华藏寺镇被试的汉文能力好于菊花村被试的汉文能力。前者所有被试都能读懂汉文，87.1% 的被试能写汉文；而后者 77.4% 能读懂汉文，仅 22.6% 能写汉文。

综合来看，天祝汉语方言是当地被试掌握的主要语言。被试的语言能力强于文字能力，这可能与被试的教育程度较低有关。半农半牧区被试的藏语能力强于城镇被试的藏语能力，而城镇被试的普通话能力强于半农半牧社区被试的普通话能力。具体见表 5–6。

表 5–6　天祝藏族自治县被试的语文能力　单位：%

	语言						文字			
	藏语		汉语				藏文		汉文	
			方言		普通话					
	听	说	听	说	听	说	读	写	读	写
华藏寺（N=33）	69.7	60.6	100	100	100	72.8	51.5	48.5	84.8	81.8
菊花村（N=31）	100	87.1	100	100	77.4	22.6	22.6	22.6	35.5	32.3

三　语言文字习得

1. 华藏寺镇

调查发现，被试学习藏汉语文的途径既有相同之处，又存在差异。在能用藏语交流的20位被试中，全部自报通过“家里人影响”学会藏语，其他途径还包括“学校学习”（10人次）和“社会交往”（3人次）等；能用普通话交谈的24位被试中，23人自报通过“学校学习”学会普通话，其他途径包括“社会交往”（10人次），“家里人影响”（5人次），“外地打工”（2人次），“培训班学习”（1人次）等；天祝话是所有被试都掌握的语言变体，被试自报主要通过“家里人影响”（29人次）和“社会交往”（19人次）学会天祝话，其他途径包括“学校学习”（2人次）。与掌握藏汉语的方式不同，被试掌握藏汉文的方式较为相似，主要通过“学校学习”学会藏汉文。另有1人和3人分别自报兼受“家人影响”学会藏汉文。

2. 菊花村

会讲藏语的27人全部自报通过“家里人影响”自然学会藏语；同时有10人兼报通过“社会交往”学会藏语，4人兼报通过“学校学习”学会藏语。所有被试都会说天祝汉语方言，27人自报通过“家里人影响”自然学会天祝话，18人自报通过（或兼通过）“社会交往”学会天祝话，3人兼报通过“学校学习”掌握天祝话。菊花村仅7人能讲普通话，6人自报通过“学校学习”掌握普通话（同时兼报“看电视”“社会交往”“外地务工”等），1人自报通过“社会交往”和“外地务工”学会普通话。

被试自报学会藏汉文的方式较一致。会写藏文的7人全部自报通过“学校学习”学会藏文；会写汉文的10人中，9人自报通过“学校学习”学会汉文，另1人自报通过“看电视”学会汉文。

3. 华藏寺镇与菊花村语言文字习得比较

比较语言习得途径，两地存在很多相似之处。两地的被试都在家庭环境中学会藏语和天祝话，通过学校习得汉语普通话，通过学校习得汉文和藏文。由此看出，家庭语言环境和学校教育在保护语言活力方面具有不可替代的作用。

四　家庭语言使用

1. 华藏寺镇

华藏寺镇被试同家人交流时使用的语言变体较多。与父亲（若父亲健在）交流时，14 人用天祝话（2 人兼用普通话），9 人兼用藏汉双语，1 人仅用藏语；与母亲（若母亲健在）交流时，12 人用天祝话（1 人兼用普通话），8 人兼用藏汉双语，3 人仅用藏语；与同辈（若有同辈，包括夫、妻或兄弟姐妹）交谈时，19 人使用汉语（2 人使用或兼用普通话），6 人使用藏汉双语，5 人仅用藏语；和子女（若有子女）交谈时，12 人使用汉语（2 人使用或兼用普通话），5 人使用藏汉双语，3 人使用藏语。

以上数据显示，在家庭内部，天祝话是被试的主要交际语，仅不到一半的被试使用（或兼用）藏语。在与同辈或晚辈交谈时，极少部分年纪较轻、学历较高的被试使用（或兼用）普通话。

2. 菊花村

与父亲（若父亲健在）交谈时，3 人仅用藏语，6 人用藏汉双语，6 人仅用汉语；与母亲（若母亲健在）交谈时，4 人仅用藏语，7 人用藏汉双语，7 人仅用汉语。对照被试年龄，和父亲谈话时，中年组除 6 人无此情况外，[①] 2 人（50%）同时讲藏语和天祝话，1 人（25%）只讲天祝话，1 人（25%）只讲藏语；青年组除 1 人无此情况外，5 人（50%）只讲天祝话，3 人（30%）同时讲藏语和天祝话，2 人（20%）只讲普通话。[②] 和母亲谈话时，中年组除 5 人无此情况外，3 人（50%）同时讲藏语和天祝话，2 人（33.3%）只讲藏语，1 人（16.7%）只讲天祝话；青年组 11 人中，6 人（54.5%）只讲天祝话，3 人（27.3%）同时讲藏语和天祝话，2 人（18.2%）只讲普通话。

---

① 无此情况是指父亲或男性抚养人已不在世。

② 调查与父亲（或母亲）谈话时使用的语言时，老年组 10 人中，9 人自报无此情况，因此，分析与父母辈交谈的代际差异时，没有分析老年组。

以上数据说明，与父母辈交谈时，随年龄递减，被试使用天祝话的比例逐渐增加。

与妻子（或丈夫，或兄弟姐妹）交谈时，10 人仅用藏语，10 人兼用藏汉双语，11 人仅用汉语（其中 1 人仅用普通话）。对照受试年龄，和同辈（妻子、丈夫、兄弟姐妹）谈话时，老年组的 10 人中，8 人（80%）只讲藏语，2 人（20%）同时讲藏语和天祝话；中年组 10 人中，6 人（60%）同时讲藏语和天祝话，2 人（20%）只讲藏语，2 人（20%）只讲天祝话；青年组 11 人中，8 人（72.2%）只讲天祝话，2 人（18.2%）同时讲藏语和天祝话，1 人（9.1%）只讲汉语普通话。由此看出，随年龄减小，被试与同辈说藏语的比例逐渐减少，说天祝话的比例逐渐增加。

现在跟子女（若有子女）交谈时，9 人仅用藏语，11 人用藏汉双语，8 人仅用汉语。对照受试的年龄，和子女谈话时，老年组的 10 人中，6 人（60%）只讲藏语，4 人（40%）同时讲藏语和天祝话；中年组 10 人中，5 人（50%）同时讲藏语和天祝话，3 人（30%）只讲天祝话，2 人（20%）只讲藏语；青年组 3 人无此情况，其余 8 人中有 5 人（62.5%）只讲天祝话，2 人（25%）同时讲藏语和天祝话，1 人（12.5%）只讲藏语。与和同辈讲话类似，随着年龄的减小，被试与晚辈说藏语的比例逐渐减小，说天祝话的比例逐渐增大。

通过家庭三代人对比，可以明显看出被试家庭语言使用的三个特点：第一，藏汉（天祝话）双语是被试家庭的主要交际语。第二，被试选择家庭交际语时，受交谈对象的影响较小。第三，家庭主要交际用语存在代际差异；与不同交际对象交谈时，年轻人主要使用天祝话，中年人主要使用藏汉（天祝话）双语，老年人主要使用藏语。

3. 天祝藏族自治县家庭语言使用

比较两地被试家庭语言使用情况发现，与被试的语文能力对应，菊花村被试使用藏语文的比例多于华藏寺镇的被试，而华藏寺镇被试使用汉语的比例多于菊花村。在两地，随着年龄的递减，被试使用藏语的比例逐渐减小。

五 社区语言使用

1. 华藏寺镇

跟本民族邻居或熟人聊天时，18 人自报使用天祝话（2 人兼用普通话），9 人使用藏汉双语，6 人仅用藏语；跟外民族邻居或熟人聊天时，33 人全部使用天祝话，其中 4 人兼用普通话；跟初次见面的陌生人交谈时，14 人使用天祝话，13 人使用普通话，6 人兼用天祝话和普通话。

在本地集贸市场买东西时，33 人全部使用天祝话，其中分别有 1 人和 2 人兼用藏语和普通话；去政府机关办事时，27 人使用天祝话（9 人兼用普通话，3 人兼用藏语），4 人仅用普通话，1 人仅用藏语；去医院看病时，31 人使用天祝话（9 人兼用普通话，3 人兼用藏语），2 人仅用普通话。

2. 菊花村

跟本民族邻居或熟人聊天时，5 人自报仅用藏语，18 人自报兼用藏汉双语，8 人使用汉语；跟外民族邻居或熟人聊天时，31 人全部使用天祝话，其中 3 人兼用藏语；跟初次见面的陌生人交谈时，全部被试都使用汉语，其中 26 人使用天祝话，3 人兼用天祝话和普通话，2 人使用普通话。

在本地集贸市场买东西时，31 人全部自报使用天祝话，仅 5 人兼用藏语；去政府机关办事时，曾去过政府机关办事的 18 人都自报使用天祝话，仅 3 人兼用藏语，另 1 人自报兼用普通话；去医院看病时，31 人全部自报使用天祝话，其中 6 人自报兼用藏语，1 人自报兼用普通话。

3. 天祝藏族自治县社区语言使用

综合以上两地数据，在天祝藏族自治县，藏族家庭外的藏语使用频率要小于家庭内的藏语使用频率。在社区中，几乎所有被试都使用汉语，仅个别被试偶尔兼用藏语。越是在正式场合（如政府机关），被试兼用藏语的概率越低；在非正式场合（如熟人或邻居闲聊），被试兼用藏语的概率相对较高。

六 语言文字态度

1. 华藏寺镇

语言文字实用性评价方面，华藏寺镇的被试对汉语普通话评价最高，藏语次之，当地汉语方言最低。31 人认为普通话很有用，2 人认为普通话对一部分人或在一定范围有用；20 人认为藏语很有用，11 人认为藏语对一部分人或在一定范围有用，2 人认为藏语没有用；9 人认为天祝话很有用，21 人认为天祝话对一部分人或在一定范围有用，3 人认为天祝话没有用。32 人认为汉文很有用，1 人认为汉文对一部分人或在一定范围有用；21 人认为藏文很有用，10 人认为藏文对一部分人或在一定范围有用，2 人认为藏文没有用。

当被问到哪种语言或方言对他们更重要时，被试给出的答案较为多样。统计数据后发现，绝大多数被试（21 人次）认为藏语更重要，多于认为普通话更重要的人数（16 人次）和认为天祝话更重要的人数（15 人次），也多于会藏语的人数（20 人次）。部分被试虽不会藏语，但认为藏语很重要。他们大都表示虽然不会藏语，但希望今后学习藏语；他们认为如果藏族不会藏语，那么这个民族就失去了民族特点，也就不会存在了。由此可见，藏族同胞对藏语具有较强的民族情感，因此认为藏语重要。

语言文字发展期待方面，被试对藏汉语文的发展前景都持积极态度。具体来看，21 人希望藏语有很大发展，11 人希望藏语在一定范围内发展；23 人希望藏文有很大发展，9 人希望藏文在一定范围内发展，1 人希望藏文在不久的将来不再使用。31 人希望普通话有很大发展，2 人希望普通话在一定范围内发展；3 人希望天祝话有很大发展，21 人希望天祝话在一定范围内发展，8 人希望其自然发展，1 人希望天祝话在不久的将来不再使用；30 人希望汉文有很大发展，3 人希望汉文在一定范围内发展。

语言行为倾向方面，19 人兼看藏汉双语电视节目，12 人仅收看汉语电视节目，2 人仅收看藏语电视节目；17 人兼听藏汉双语广播，13 人仅听汉语广播，2 人仅听藏语广播，1 人从来不听广播。3 人自报经常阅读藏文报刊，6 人有时阅读，5 人偶尔阅读，19 人从来不阅读。17 名被试自报经常上网，3 人有时上网，3 人偶尔上网，10 人从不上网。在自报上网的 23 名被试（包括经常上、有时上、偶尔上）中，12 人只上汉文网站，另外 11 人既上汉文网站又上藏文网站。

两位被试仅收看（收听）藏语电视节目（广播）。访谈中二人都说，随着社会的发展，周围的藏语环境变得越来越糟糕。他们担心周围环境会影响自己及家人的藏语水平，因此，只收看（收听）藏语电视节目（广播）。他们希望用这种方式为自己和家人创造一种理想的藏语环境。

子女教育方面，当被问到他们希望后代接受什么语言的教育时，大多数被试希望后代接受双语（或多语）教育，希望后代成为双语（或多语）人。其中 15 人希望后代接受藏汉英三语教育，7 人希望后代接受藏汉双语教育，6 人希望后代接受藏语单语教育，分别有 2 人希望后代接受汉英双语教育或汉语单语教育，1 人希望后代接受英语单语教育。

2. 菊花村

语言文字实用性评价方面，22 人认为藏语有用，9 人认为藏语对一部分人或在一定范围内有用；同样有 22 人认为普通话有用，9 人认为普通话对一部分人或在一定范围内有用；21 人认为天祝话有用，10 人认为天祝话对一部分人或在一定范围内有用。27 人认为汉文很有用，4 人认为汉文对一部分人或在一定范围内有用；23 人认为藏文很有用，8 人认为藏文对一部分人或在一定范围内有用。

针对语言变体，自报“很有用”的人数相差不大，绝大多数被试认为安多藏语、汉语普通话、天祝话都很有用。针对文字变体，自报认为汉文“很有用”的人数稍多于认为藏文“很有用”的人数。

访谈中，部分被试还谈到了对英语及藏语其他方言的看法，他们认为这些语言或方言也很有用。一位受试（女，30 岁，高中文化，农民）说：“藏语、汉语以及各种方言都很有用，掌握的语言多，就能和更多人交流，交更多朋友，有更多打工机会。虽然我不会英语，感觉英语也很有用。要考大学，不会说英语、不会写英文是不行的。”

当被问到哪种语言或方言对他们更重要时，绝大多数被试（20 人次）认为藏汉双语都很重要，7 人认为汉语更重要，4 人认为藏语更重要。由此可见，菊花村被试的语言文字态度包容性更强。

语言文字发展期待方面，被试对藏汉语文的发展前景都持积极态度。具体来看，22 人希望藏语（文）有很大发展，9 人希望藏语（文）在一定范围内发展。21 人希望普通话有很大发展，3 人希望普通话在一定范围内发展，5 人希望普通话自然发展，2 人认为此问题无法回答；13 人希望天祝话有很大发展，15 人希望天祝话在一定范围内发展，3 人希望其自然发展；23 人希望汉文有很大发展，8 人希望汉文在一定范围内发展，5 人希望汉文自然发展，2 人认为此问题无法回答。

语言行为倾向方面，31 人全部自报兼看藏汉双语电视节目；12 人兼听藏汉双语广播，其他人从来不听广播。1 人自报经常阅读藏文报刊，另外 1 人偶尔阅读。2 名被试自报经常上网，都是既上汉文网站又上藏文网站。

子女教育方面，当被问到希望后代接受什么语言的教育时，大多数被试希望后代接受双语（或多语）教育，希望后代成为双语（或多语）人。具体来说，23 人希望后代接受藏汉英三语教育，7 人希望后代接受藏汉双语教育，1 人希望后代接受藏语单语教育。

3. 天祝藏族自治县的藏语文态度

综合两地的调查数据，被试的语言文字态度包容性较强。两地绝大多数被试都认为藏语文和汉语文都“很有用”，希望这些语言文字都有“很大发展”或“在一定范围内发展”。希望后代成为多语人，接受藏汉英三语教育；菊花村所有被试都希望后代接受（或兼接受）藏语文教育，他们希望后代接受藏语文教育的倾向更加强烈。

为深入了解被试对双语教育的看法，笔者针对希望后代接受双语或多语教育的被试进行了专题访谈，希望他们谈谈对双语教育模式的看法。几乎所有的受访者都表示，他们认为的理想教学模式是采用汉语作为授课语言，从小学一年级开始加授藏语课。[①]

七　天祝藏族自治县藏语文电视和广播

截至 2011 年 8 月，国内已经建立了比较完备的藏语文新闻、广播、出版体系。这些新闻、广播、出版机构主要包括两家藏文出版社，[②] 十五家藏文报刊社，[③] 两家藏文杂志社，[④] 五家藏语文广播电视媒体，[⑤] 四家藏文网络媒体。[⑥] 这些藏语文媒体为丰富藏族群众的生活发挥着至关重要的作用。[⑦]

天祝县广播电视台是天祝藏族自治县境内唯一的藏语文媒体，其前身是 1956 年成立的县广播站，1979 年开办藏语广播，1992 年开始播报自制电视节目。1995 年 7 月成立“天祝人民广播电台”，1998 年 3 月，“天祝人民广播电台”与“天祝县有线电视台（筹）”合并为“天祝藏族自治县广播电视台”。成立初期，天祝电视台每天播出 10 多个小时的电视节目，内容包括新闻、广告、文艺、影视、域外交流等节目。从 2000 年开始，每天播出的电视节目固定为 14 个小时，其中 8 小时为藏语节目（首播 4 小时），6 小时为汉语节目。

---

① 不同地区的藏族群众对藏汉双语教育的模式持不同观点。在青海省黄南藏族自治州调查时，几乎所有被试都表示，他们理想的藏汉双语教学模式是采用藏语作为教学语言，从一年级起加授汉语课。相关研究具体如下：

[1] 姚春林：《城镇化背景下青海省黄南藏族自治州马克唐镇语言使用及语言态度研究》，《语言学研究》2014 年第 14 期，第 181—189 页。

[2] 姚春林：《经济大发展背景下藏族牧区的语言文化生活——青海省黄南藏族自治州羊直牧委会藏语文使用及态度研究》，《北华大学学报》2014 年第 2 期，第 12—16 页。

[3] 姚春林：《藏族牧区小城镇的语言文化生活——甘肃省甘南藏族自治州玛曲县尼玛镇语言使用及语言态度研究》，《重庆工商大学学报》2014 年第 1 期，第 142—147 页。

[4] 姚春林：《活力与濒危：安多藏语文活力研究——青海省黄南州古什当村藏语文使用及态度调查》，《华南理工大学学报》2015 年第 5 期，第 84—90 页。

② 具体包括民族杂志社、青海民族出版社。

③ 具体包括：西藏日报、日喀则报、青海藏文报、青海藏文法制报、青海科技报、黄南报、果洛报、黄南日报、海南日报、刚坚少年报、阿坝日报、甘孜日报、迪庆日报、甘南日报。

④ 具体包括：青海畜牧业、党的生活。

⑤ 具体包括西藏人民广播电台藏语部、青海人民广播电台藏语频道、青海民族语影视译制中心、四川广播电视台民族频道、天祝县广播电视台。

⑥ 具体包括新华网、中国藏族网通、中国西藏新闻网、中国西藏网。

⑦ 以上信息由《中国藏语媒体第十二次工作会议》统计所得。相关资料由青海省黄南藏族自治州藏语文管理办公室提供，在此表示感谢。

2011年天祝县广播电视台下设总编室、新闻部、藏语部、广告部等5个部室，共有44名干部职工。其中藏语部有主任（编辑）2人，编译5人，播音8人，负责各类藏语广播电视节目的采制、编排、编译、播音、主持等工作。[①]

八 天祝藏族自治县藏语文教育

在语言文化传承中，家庭和学校发挥着无法替代的作用。为保护藏族语言文化，天祝藏族自治县十分重视发展当地的藏汉双语教育工作。从1949年到如今，天祝县的藏语文教育经历过快速发展，也走过低谷，最终实现了蓬勃发展。天祝藏族自治县1979年至2010年的藏语文发展历程见表5-7。

新中国成立前，当地没有现代意义的学校，藏语文教学基本在寺庙完成，学习的内容主要是宗教经文。1952年天祝县成立了初级师范学校，第二年增设藏文师资培训班，第一期招收41名藏语文学生。同年全县的普通完小均加授藏语文课程，并成立了藏语文初小或开设了藏文班。到1957年，全县有1所藏文完小，3所藏文初小，8所普通完小附设藏文班。

从1958年到1969年这十多年间，天祝的藏语文教育经历了一段曲折的发展历程。1958年天祝藏族自治县取消了附设的藏文班，并把藏文完小和初小改为加授藏文课。1961年恢复藏文完小和初小，另有10所学校附设藏文课。从1969年开始，全县取消所有的藏文完小和初小，以及附设的藏文课。此后十年，天祝藏族自治县没有了藏语文教育。

改革开放为国内教育界送来了一阵清风。天祝的藏语文教育也借助这阵清风获得了快速发展。1979年天祝师范学校恢复招收藏文班；经恢复或重建，次年全县共设8所藏语文小学，21所小学附设藏文班；1981年天祝藏族自治县新建了民族中学，当年秋季开始招生。到1987年全县有43所中小学附设藏文班；从事中小学藏语文教育的专任教师达121人；学习藏语文的中小学生达3844人；初步形成了村小学、寄宿制小学、民族中学、民族师范的藏语文教学体系。

① 以上有关天祝县广播电视台的信息由电视台苏主任提供，在此表示感谢。

1989年县教育局制订了《藏语口语教学计划》，成立了华锐藏语口语教材编写领导小组和编写组，开始编写统一的华锐藏语口语教材。到1994年，教材编写组完成中、小学华锐藏语口语教材共20册，经全国藏文教材审查委员会审查通过，甘肃省教委批准，在全县双语学校正式使用。

表5-7　天祝藏族自治县藏语文教育发展历程（1979—2010年）[①]　单位：%

年份	学校	班级	在校生	教师	高中毕业生	普通高校录取	师范藏文班毕业生	大事备注
1979								天祝民族师范学校恢复招生
1980	29	116	862	30				建立武威师范天祝班
1981	29	116	957	44				新建民族中学
1982	30	120	1064	48			14	恢复招生后的首批藏文班学生毕业
1983	25	95	1166	66			30	
1984	28	107	1372	97			31	
1985	32	123	1485	102			35	
1986	35	135	1985	130			28	
1987	40	155	2693	161	40	21	31	民族中学首届高中生毕业
1988	45	189	3900	148	38	28	35	新建天祝师范学校附属小学
1989	46	184	3958	168	39	23		天祝师范学校藏文班学制改为四年
1990	47	185	3915	170	60	31	30	天祝民族师范学校附属小学
1991	49	193	3949	171	51	15	30	
1992	51	201	3958	172	48	28	30	
1993	53	216	2400	176	54	27	29	

① 天祝藏族自治县教育局：《天祝藏族自治县双语教育发展指南》，天祝藏族自治县教育局，2011年。

续表

年份	学校	班级	在校生	教师	高中毕业生	普通高校录取	师范藏文班毕业生	大事备注
1994	53	216	2571	184	37	28	30	
1995	53	216	2658	196	62	18	31	
1996	53	216	2736	192	56	17	24	
1997	53	216	2914	215	56	23	31	
1998	53	216	3098	240	57	24	28	
1999	54	220	3231	266	60	21	30	中央电视台新闻联播节目播出天祝双语教育成果
2000	54	220	2900	216	74	51	31	
2001	54	288	2478	266	72	46	29	
2002	54	270	2421	208	79	63	37	
2003	54	169	2627	212	74	67	29	《华锐地区藏语口语》教材正式出版
2004	44	195	2768	209	98	95	30	县教育局成立“民族教育股”
2005①	44	193	2662	211	125	117	21	民族中小学全面开设英语课；县民族中学建立全国首家藏文中学网站
2006	41	161	2606	207	146	130	39	
2007	30	134	2626	157	145	83	22	
2008	30	102	1900	156	185	127	30	
2009	30	102	1662	156	179	109	31	出台《进一步加强民族教育工作的意见》
2010	30	92	1567	120	147	128	0	民族教育与普通高考接轨

① 《天祝藏族自治县双语教育发展指南》原始数据中，在校学生数为1662，班级数为293。与相邻年份数据对照分析，笔者认为此处数据有误，应为“在校学生数2662，班级数193”。

21世纪以来，天祝的藏语文教育获得更加快速的发展。2000年，民族初中开始开设英语课；2005年全县调整了双语学校的课程设置，藏汉双语教育整体向藏汉英三语教育过渡。调整发现，全县共有44所双语学校，占全县各级各类学校的19.4%；双语学生2662人，占全县学生总数的6.7%。2006年全县投入大量资金改善藏语文教学的软硬件条件：在双语学校共建起11个计算机教室，33个卫星收视教室，44个电教室，配置了292台计算机，100多套藏汉文字处理软件。

2010年到2011年，天祝藏族自治县的双语教育更加规范。全县下发了《天祝藏族自治县民族教育教学工作考核办法》，把双语教育纳入年度考核体系。假期期间开设了全县民俗常识、民族历史和藏语口语培训班，营造良好的藏语文环境。县教育局还下发了《关于进一步做好学习民族语言文字工作的通知》，在全县幼儿园、城关小学以及少数民族学生达到50%以上的中小学开设藏语口语活动课和选修课。各级学校将现代教育技术引入教学活动中，努力探讨新形势下藏语文教育的新形式。

综上所述，新中国成立以后，尤其是改革开放以后，天祝藏族自治县的藏语文教育取得了巨大成就。学校数量、班级数量、学生人数、教师人数都呈增长趋势。近些年全国各地需要入学的适龄儿童数量都在减少，天祝藏族自治县的藏语文教育学校数量和学生数也出现了一定的下滑。为此天祝藏族自治县实施了藏语文窗口学校建设工程，全县着力建设七所藏语文窗口小学和一所窗口中学。[①] 希望这些窗口学校能够吸引更多孩子学习藏语文。

双语教育在保护民族语言文化方面发挥着至关重要的作用。一方面双语教育能够保证民族学生继承和发扬本民族的语言文化，另一方面能保证民族学生学习到最新的科学文化知识。双语教育是处理文化继承和个人发展之间的矛盾的重要方式，是今后应大力发展和扶持的教育形式。

---

① 这些窗口学校分别是：天祝藏族自治县民族中学，天祝民族师范附属小学，天堂镇天堂学校，炭山岭镇阿沿沟小学，抓喜秀龙乡红疙瘩小学，石门镇石门中心小学，松山镇松山小学，毛藏乡毛藏小学。

第四节 天祝藏语文保护的启示

上文简要介绍了藏语文在社会生活各领域的活力。在行政、司法、经济、文化、科技等领域，中央和地方的一系列法律、法规、行政命令确保在天祝藏族自治县境内藏语文享有与汉语文同等的地位，个别领域甚至超过汉语文的地位。理想状态下，天祝藏语文的活力可以达到语言复兴及语言活力十三阶段理论的“地域语言”（Regional）级，或者联合国教科文组织的“安全”级。天祝藏语文的实际活力状况，可以从田野调查数据中计算出来。

宗教领域，藏族是全民信教的民族。藏传佛教在藏族同胞的生活中起着无法替代的作用。藏语文是藏传佛教的唯一载体。也就是说，不管日常交流中使用何种语言，在宗教活动中几乎所有的藏族都使用藏语文。以此判断，藏语文的活力至少应达到语言复兴及语言活力十三阶段理论的“地域语言”（Regional）级，或者联合国教科文组织的“安全”级。

在新闻传媒方面，全国有两家藏文出版社，十五种藏文报刊，两种藏文杂志，五家藏语文广播电视媒体，四家藏文网络媒体。天祝藏族自治县有自己的藏语文广播电视台，每天以藏语文播出新闻、广告、文艺、影视等节目。按照语言复兴及语言活力十三阶段理论或联合国教科文组织语言活力标准判断，天祝藏语文活力应为“地域语言”（Regional）级或者“安全”级。

在教育领域，从全国范围来看，中央民族大学、青海民族大学、西北民族大学、西南民族大学、西藏大学等多所大学可提供大学及以上学历的藏语文教育。天祝藏族自治县内没有大学教育，但可以提供从小学到高中完整的藏语文教育和藏语文师范教育。近些年藏语文教育开始走向幼儿园，这进一步增大了藏族同胞学习藏语文的机会。另外，民族学生高考实现了与普通高考并轨，这大大增加了民族学生进入高等学府深造的机会。按照联合国教科文组织语言活力标准判断，天祝藏语文活力为“安全”级；按照语言复兴及语言活力十三阶段理论，天祝藏语文活力应为“地域语言”（Regional）级。

在家庭语言传承方面，63.7% 的城镇被试在母语习得期学会（包括同时学会）藏语，96.8% 的半农半牧区被试在母语习得期学会（包括同时学会）藏语。目前城镇被试中 69.7% 能听懂藏语，60.6% 能用藏语交流；半农半牧区的被试都能听懂藏语，87.1% 的能用藏语交流。按照世界少数民族语文研究院的语言活力标准，天祝藏语属于“活的语言”，即这种语言被绝大多数人作为第一语言使用。

纵向比较天祝藏族自治县的藏语文活力发展情况，据 20 世纪 80 年代的调查结果，天祝藏族自治县牧区 54 名被试全部掌握藏语，农区 66 名被试中 34 人（51.5%）懂藏语，17 人（22.7%）略懂藏语（中国社会科学院民族研究所、国家民族事务委员会文化宣传司，1994）。[①] 对比前后 30 多年天祝藏语文的活力，二者并没有发生显著变化。

日常交际方面，家庭内部交际时，城镇被试中不足一半的被试使用（或兼用）藏语；绝大多数半农半牧被试使用藏汉双语。社区交往中，同本民族聊天时大部分牧区被试使用藏语，城镇被试多使用汉语，仅部分年老的被试偶尔使用藏语。

综合以上分析，天祝藏语文的活力应属于“安全”级或“地域语言”级，与三十多年以前的活力差异不大。在全球范围内语言趋同成为大趋势的背景下，天祝藏语文活力保持不变。能取得如此成绩，实属不易。这与我国实施了一系列保护藏语文的法律法规有直接关系。这些法律法规保证了藏语文在社会生活领域享有与汉语文同等的社会地位，保护了藏语文的活力。

在看到天祝藏语文保护取得的成就的同时，还应该清醒地看到当地存在的潜在问题。如前所述，我国的法律法规创造了在社会生活领域使用藏语文的外部条件；目前大部分城镇和农牧区的被试掌握藏语，具有藏语文能力；调查结果也显示藏族被试对藏语文持积极的态度，他们大多数认为藏语文很有用，希望藏语文在今后能够得到较大发展。按此推论，藏语文应该被当地藏族同胞应用在社会生活的各个领域。但事实上，藏语文

① 中国社会科学院民族研究所、国家民族事务委员会文化宣传司：《中国少数民族语言使用情况》，中国藏学出版社 1994 年版。

只被农牧区被试应用于家庭交际；在城镇藏族家庭中，仅有不足一半的被试兼用藏语文交际。“家庭是社会的最小单位，是后代自然习得语言的第一‘学校’，也是一种语言在衰微过程中用于交际的最后场所”（王远新，2002）。[①] 如今，部分城镇藏族年轻人即使在家庭内部也不使用藏语做交际语。如果不对藏语使用现状进行干预，久而久之，藏语将在当地失去交际功能，逐渐退出历史的舞台。

天祝藏语文保护的实践表明，实施语言保护的法律法规是保护语言活力的重要外部条件，要保护一种语言文字，必须赋予这种语言文字相应的法律和社会地位，创造使用这种语言文字的社会大环境。同时，还应该加强这种语言的教育，培养语言使用者的语言能力。

① 王远新：《中国民族语言学：理论与实践》，民族出版社 2002 年版，第 218 页。

第六章　语言发展与语言保护

语言是民族的象征，是民族文化的重要组成部分，也是民族文化的载体。每个民族都想保护自己的民族文化，继承和发展本民族的精神家园，因此每个民族都想保护自己的语言，希望世界上存在一个五彩斑斓的多元文化社会。遗憾的是，目前世界上的语言正在加速趋同，已从两千多年前的15万种减少到现如今的7000种左右；在这7000种语言中，有70%使用人口不足万人（Lewis，2009；Lewis, Simons & Fennig, 2014），[①][②]照此速度发展下去，50%—90%的人类语言将在未来100年间消失，人类语言正在以比物种消亡速度快千倍的速度加速消亡（Gorenflo, L. J., Suzanne Romaine, Russell A. Mittermeier & Kristen Walker-Painemilla, 2012）。[③]

正是看到了语言保护的重要性和紧迫性，从2000年开始，联合国将每年的2月21日定为"世界母语日"（International Mother Language Day），以唤起人们保护语言文化多样性的意识；多个国际组织和地区组织签署协议和共识，承诺保护少数人的权益，包括母语使用权；世界上多个国家以国家语言规划的形式，保护本国语言文化的多样性；一些研究机构和民间团体也在以自己的方式为语言保护和语言复兴做贡献。那么，这些机构和组织付出的努力效果如何？语言文化保护的本质是什么？哪些措施能够更加有效地保护语言文化多样性？人们能不能找到一种在各种环境下都能保

① Lewis, M. P. (Ed.), *Ethnologue: Languages of the World, Sixteenth Edition*, Dallas, Tex.: SIL International，2009.

② Lewis M. P., Gary F. Simons, and Charles D. Fennig (Eds.), *Ethnologue: Languages of the World, Seventeenth Edition*, Dallas, Texas: SIL International, 2014.

③ Gorenflo, L. J., Suzanne Romaine, Russell A. Mittermeier & Kristen Walker-Painemilla, Co-occurrence of Linguistic and Biological Diversity in Biodiversity Hotspots and High Biodiversity Wilderness areas, *Proceedings of the National Academy of Sciences of the United States of America*, Vol. 109, No. 21, 2012, PP. 8032-8037.

护语言文化多样性的理论或措施？这些问题值得语言文化管理机构和语言多样性保护组织及个人深思。

第一节 中外语言保护异同比较

前几章简要介绍了中外语言保护的个案。这些语言复兴和语言保护的个案中，有些是与民族独立相伴随的政治事件，有些是单纯的语言保护尝试；有些是由民间组织发动的，有些是以国家行政命令或法律的形式实施的；有些注重采取行政手段，给予相关语言一定的政治地位，有些以经济手段为主，对掌握该语言的人给予物质奖励；这些语言复兴或语言保护活动有的针对完全“休眠”的语言，有的针对在社会大部分领域失去功能的语言，还有的针对刚刚出现濒危迹象的语言；从结果来看，有些被认为比较成功，有些被认为成就不明显，有些语言保护活动的成果需要进一步观察。分析这些语言复兴和语言保护个案，可以更加清晰地了解语言保护的实质和根本任务，更好地保护语言文化的多样性。

一 希伯来语复兴概述

希伯来语复兴开始于 19 世纪末期，是犹太人争取民族独立运动的一部分。古典希伯来语曾是犹太人的唯一语言，他们用这种语言创造了灿烂的古代文明。后由于遭受其他民族的入侵，犹太人被流放在世界各地，他们开始转用希伯来语与居住地语言混合而成的语言变体作为口头交际语，如法语–希伯来语、拉迪诺语（Judaeo-Spanish，即希伯来–西班牙语）、意第绪语（Yiddish language）等。即使在这一时期，古典希伯来语仍是犹太人的宗教语言、法律语言以及书面文学语言，在部分地区甚至偶尔被犹太人作为族群内部交际语使用。在希伯来语这段所谓的休眠时期，部分作家仍用希伯来语创作文学作品。这些创作活动不仅继承了希伯来语，还扩展了希伯来语的使用领域，使其超出宗教走入世俗生活，同时丰富了希伯来语词汇。

19 世纪中后期，在犹太复国运动的感召下，世界各地的犹太人纷纷返回现在的巴勒斯坦地区。他们希望建立自己的国家，复兴犹太王国。来自世界各地的犹太人聚集在一起，客观现实要求在这些犹太人之间推行一种共同语；由于古典希伯来语曾是古代强大的犹太王国的语言，出于政治的考虑，古典希伯来语理所当然地成为即将建立的犹太国家最合适的官方语言。在现实需求和政治需求的双重作用下，以耶胡达为首的一批犹太人开始复兴古典希伯来语。

虽然没有得到现代语言学理论的指导，但是希伯来语复兴者们所做的工作几乎囊括了语言规划的全部内容，具体包括语言地位规划、语言本体规划、语言教育规划三个方面。复兴者努力提高希伯来语的政治地位，希望将其定为即将建立的犹太国家的官方语言；他们通过多种方式扩充词汇和表达形式，以适应现代社会的需求；他们将希伯来语引入课堂，使其成为教学语言。语言复兴者们通过这些方式复兴古典希伯来语。

经过多年的努力，希伯来语被认为成功复兴了，但实际上，这种成功只是部分成功，并非在语言规划的三个方面都取得了预期成就。在语言地位规划和语言教育规划方面，希伯来语是成功的。希伯来语教育一直伴随着希伯来语复兴活动；复兴之初，巴勒斯坦地区的大部分学校就采用希伯来语授课。也就是说，希伯来语复兴中的教育规划是成功的。1923 年 12 月 29 日，英国政府颁布了《巴勒斯坦托管条例》(*British Mandate of Palestine*)，将英语、阿拉伯语、希伯来语定为巴勒斯坦地区的官方语言；1948 年以色列政府颁布了第一号《法律与行政条例》(*Law and Administration Ordinance*)，确认将阿拉伯语和希伯来语定为官方语言。这些法律条款赋予了希伯来语官方语言的地位，表明希伯来语复兴中的语言地位规划是成功的。

与希伯来语的地位规划和教育规划相比，希伯来语的本体规划不能被认为是成功的。在整个希伯来语复兴运动中，耶胡达等人一直希望复兴古典希伯来语，并将其作为日常语言引入犹太人的生活。也就是说，希伯来语复兴者希望所有现代犹太人都讲与希伯来语“休眠”前一样的古典希伯来语。实际上，希伯来语复兴的最终结果与这一目标相去甚远。复兴后的希伯来语和古典希伯来语在语音系统、词汇系统和语法系统上都存在很大的差异。更有甚者，现代犹太人的思维方式已经完全欧化，作为其语言代表的古典希伯来文化已消失近半。正如诸葛漫和沃什（Ghil‘ad Zuckermann &

Michael Walsh，2011）指出的那样，如果用1—10级（10表明完全成功，1表明完全失败）表示复活成功率：希伯来语的复兴最多位于第7级；语言使用者的思维模式、交际方式、言语行为模式等与古典希伯来语使用者的思维模式完全不同，完全是欧化的，仅为1级；现代希伯来语与古典希伯来语的语音系统几乎不同，复兴成功率为2级；语义网络和词汇的联想意义是3级。现代希伯来语仅仅沿用了古典希伯来语的一些基本词汇和动词的词形变化。[①] 有学者甚至认为，复兴后的希伯来语（或称为“以色列语”）已不属于亚非语系的语言，而是一种多层次、多来源的亚非语系与印欧语系语言的混合语（诸葛漫、姚春林、徐佳，2012；Ghil'ad Zuckermann、徐佳，2013）。[②][③]

二　澳大利亚Kaurna语复兴概述

澳大利亚Kaurna语曾经是Kaurna人的母语和日常生活语言。19世纪初期，西方殖民者来到Kaurna人的领地，开始打开Kaurna人与外部世界接触的大门。接下来的几十年中，在殖民者的杀戮和带来的瘟疫的双重夹击下，Kaurna人口大量减少。后来，澳大利亚当局实施了“白色澳大利亚”政策和针对原住民的“被偷一代”政策，这使得以Kaurna语为母语的人越来越少。1929年，世界上最后一个Kaurna母语人Ivaritji离世（Tom Gara，1990），[④] 自此Kaurna语进入“休眠”状态。Kaurna人将标准英语或Nunga英语作为他们的第一语言和日常交际语。

从20世纪70年代开始，澳大利亚的法律逐渐去除了歧视原住民的条款，澳大利亚政府开始建设多元文化社会。在这一背景下，部分原住民提出了他们的语言权利，希望保护和复兴本民族的语言。从1990年开

① Ghil'ad Zuckermann & Michael Walsh, Stop, Revive, Survive: Lessons from the Hebrew revival Applicable to the Reclamation, Maintenance and Empowerment of Aboriginal Language and Cultures, *Australian Journal of Linguistics*, Vol. 31, No. 1, 2011, PP. 111-127.

② 诸葛漫、姚春林、徐佳：《一门新的语言学分支：复兴语言学——兼谈濒危语言和濒危方言复兴的普遍制约条件和机制》，《世界民族》2012年第6期，第66—73页。

③ Ghil'ad Zuckermann、徐佳：《复兴语言学：一个新的语言学分支》，《语言教学与研究》2013年第4期，第100—106页。

④ Tom Gara, The life of Ivaritji（"Princess Amelia"）of the Adelaide Tribe, *Journal of the Anthropological Society of South Australia*, Vol. 28, No. 1, 1990, PP. 64-105.

始，在语言规划理论指导下、在语言学家的帮助下，Kaurna 语言复兴者和 Kaurna 人开始复兴 Kaurna 语。复兴之初，Kaurna 人就明确表示，Kaurna 语复兴与政治无关，Kaurna 人不谋求政治独立。实际上目前 Kaurna 人数量非常少，几乎不足万人，而且居住分散，不存在独立的条件。Kaurna 语言复兴者为 Kaurna 语复兴制定的目标是培养 Kaurna 语—英语双语人，继承和发扬 Kaurna 文化，为 Kaurna 人争取更大的社会权益。

经过二十多年的努力，Kaurna 语复兴活动取得了一定成绩，但更多的是失败。在语言本体规划方面，复兴者已经确定了 Kaurna 语的音位系统，编写了《Kaurna 语—英语词典（草稿）》，确定了 Kaurna 语主语—宾语—谓语的句法结构，但是在 Kaurna 语名词、动词等词形变化方面还存在争议。在语言教育规划方面，Kaurna 语教学已经走入校园，2011 年，南澳大利亚州共有 10 所学校开设 Kaurna 语课程；同时，Kaurna 语也进入了一些培训机构。在多方努力下，目前培养出三位能用 Kaurna 语交流的人，但这三人在用 Kaurna 语交流时，个别情况下还会有障碍。在语言地位规划方面，Kaurna 语未能获得任何官方语言地位，目前仅有部分公园、建筑物、河流等的名字用 Kaurna 语和英语双语命名；并且双语名称中通常英语名称更被外人知晓。综合以上分析，可以说截至目前 Kaurna 语的复兴是失败的。

三　台湾客家话保护概述

台湾地区的客家话是客家人的母语。由于台湾岛上使用客家话的人数少于使用闽南话和使用汉语北方方言的人数，因此客家话在台湾岛上长期受到汉语其他方言的排挤。日本殖民台湾时期，当局实施的“同化”“日化”“皇化”等政策迫使部分客家人放弃自己的母语，而转用日语。抗战胜利以后，国民党统治台湾岛初期，岛上实施“国语”独大的语文政策；客家人只能接受“国语”教育。并且客家人在公共场合也必须使用“国语”。在这些语言政策下，台湾客家人的母语能力被严重削弱。1987 年以后，台湾地区开始实施民主制度；语言文化政策也由“国语”独大转为多元文化发展。2001 年 6 月台湾地区成立了“行政院客家委员会”（后改为“客家委员会”），主导台湾地区客家语言文化保护。

目前台湾地区的行政机构和“客家委员会”颁布了多项规章制度，以保护客家语言文化。总的来看，颁布实施的这些政策条例主要从两方面保护客家话活力。一方面是培养客家人的客家话能力；另一方面是创造使用客家话的社会环境。采用的手段主要是资金奖励。例如，在学校开设客家语言文化课程，鼓励学生参加客家话水平考试，并给予客家话考试成绩突出的学生、教师、学校资金奖励。在这一政策刺激下，台湾地区开设客家语言文化课程的学校逐渐增多。目前约有 350 所中小学开设客家话乡土教育课程，另外有 3 所客家研究院、9 所客家研究所、2 个客家研究系从事客家语言文化研究和客家语言文化高等教育活动。另外，台湾地区还开设了客家话的电视广播节目，鼓励用客家话出版文学作品、进行艺术创作，以及发展客家文化产业，等等。在这些活动中表现优异的单位和个人，将获得“客家委员会”的资金奖励。

但在政治领域，客家话未能获得相关的地位。虽然 2003 年台湾教育主管部门下属的“国语会”曾讨论通过了《语言平等法（草案）》（后修改为《语言发展法（草案）》），规定台湾境内所有的语言文字在法律上一律平等；但这样的《草案》是在台湾地区“去中国化”、谋求法理“台独”的背景下制定的（君雅、陆羽，2007；赵会可、李永贤，2005），[①][②] 理所当然受到两岸爱好和平的人民的反对，最后只能夭折。

通过近十年的努力，台湾客家话的活力似乎并没有像人们预期的那样出现明显增强，使用人口反而出现减少趋势，只不过减少趋势在逐渐变慢。据台湾地区相关部门统计，2002 年、2003 年和 2010 年台湾地区能听懂客家话的比例分别为 76.6%、77.7% 和 60.9%；能用客家话流利交流的比例分别为 57.6%、65.2%、43.8%，从这些数据可以看出，台湾地区颁布实施的保护客家话的措施似乎没有达到预期效果，其作用仅仅是延缓了客家话濒危。

四　天祝藏语文保护概述

天祝藏族自治县位于河西走廊东端，自古以来这里就是多民族交汇的地区。由于特殊的地理环境和社会环境，当地的藏语文环境相对国内其他

① 君雅、陆羽：《台湾当局语言政策分析》，《语言文字应用》2007 年第 1 期，第 49—55 页。

② 赵会可、李永贤：《台湾语言文字规划的社会语言学分析》，《山西师范大学学报》2005 年第 6 期，第 131—135 页。

藏区弱，部分藏族已转用藏汉双语，甚至汉语单语。新中国成立以后，国家和地方相关机构出台了一系列保护藏语文的法律和政策，以保护天祝藏语文的活力。这些法律法规主要着眼于天祝藏语文的政治规划和教育规划。例如，明确规定在天祝藏族自治县境内，藏语文在行政、司法、文化、科技等领域享有同汉语文同等的地位；自治机关颁布的条例、文件、公告，应根据实际需要单独或同时使用藏、汉两种文字；召开重要会议或集会时应悬挂藏、汉两种文字会标；会议材料，自治县国家机关、企事业单位的公章、牌匾、公文头、证件和界碑，县城和乡镇的主要街道名称、门牌、路标、纪念碑和汽车门徽等，都应使用藏、汉两种语言文字。再如，在教育领域大力开展藏语文教育，对学习藏语文的学生给予资金补助；同时拓宽藏族学生的升学渠道和就业渠道。

通过这些努力，天祝藏族自治县的藏语文保持了原有活力。目前该地城镇和半农半牧区藏族群众掌握藏语文的能力与三十多年前几乎没有差异。这可以看作语言保护的成功个案。

五　语言保护的理论总结

以上四个研究个案中，希伯来语复兴是主要由政治力量推动的语言运动，最终希伯来语成功复兴了官方语言地位；澳大利亚 Kaurna 语复兴由民间发起，20 年的努力最终只培养了三位能讲 Kaurna 语的人，应该说这种努力是不成功的；台湾客家话保护主要采用经济手段拓宽客家话的使用领域，但从近十年的统计来看，台湾地区掌握客家话的人数却在减少；天祝藏语文保护主要采用政治手段，保障藏语文在社会各领域的地位，从三十多年的统计数据来看，天祝藏族的藏语文能力并没有随着经济社会的发展而降低。综合比较以上四个语言保护个案，可以得到以下的初步结论：

第一，截至目前，世界上并没有一种完全失去活力的语言通过人为干预后原封不动地被重新使用，也不存在一成不变地使用一种语言变体的民族。也就是说，不能以静态的眼光看待语言保护，语言保护与语言发展并不相互排斥；认为语言保护就是维护“语言纯洁”的观点是错误的。

第二，语言保护是一项系统工程，不仅包括保护语言的活力，还应该包括保护语言使用者的语言认同以及语言的社会地位。大多数时候，后者比前者在短期内更容易显现出成效。

第三，在语言保护工程中，政治手段似乎比经济手段更有效。希伯来语复兴与犹太建国紧密联系，天祝藏语文保护中国家和藏族自治机构给予天祝藏语文足够的政治地位。两者在保护语言方面都取得了成效。澳大利亚 Kaurna 语复兴和台湾客家话保护时主要采用了经济手段，二者的效果都不理想。

第二节　语言功能、语言发展与语言保护

第一节比较了中外语言保护的四个个案，初步发现了语言保护中的一些规律。语言保护是一项系统工程，至少应该包括保护语言活力和维护与提高语言认同两方面。同时应该以发展的眼光看待语言保护，不应该把语言保护纳入“纯语主义”的范畴。那么，应该如何处理保护语言活力与保护语言认同的关系？如何看待语言保护、语言发展与“语言纯洁”？以下将简要探讨这两个问题。

一　语言功能与语言保护

1. 语言的功能与作用

正常人生来具有语言能力，在家庭环境、学校环境和社会环境的影响下会掌握一种或多种语言，并且这些语言能力将伴随人的一生。正是由于语言的这种“易得性”和“平常性”，很少有人认真思考语言的功能与作用。语言学家雅各布逊认为，语言至少具有六种功能，分别为指示功能、意动功能、诗歌功能、表情功能、呼应功能、元语言功能（Jakobson，1960）。[①] 罗宾逊（Robinson，1972）对语言分类的标准与雅各布逊不同，他对语言功能的分类更细，按照他的观点，语言的功能包括回避功能、规

---

① Jakobson, R., Closing Statement: Linguistics and Poetic, In T. A. Sebeok (Ed.), *Style in Language*, Cambridge: MIT Press, 1960, PP. 350–377.

范功能、美学功能、调控功能、表演功能、控制（自己或他人）功能、情感功能、（情感、个性、自我认同等的）标志功能、角色功能、指示功能、指导功能、咨询功能、元语言功能等。[①] 系统功能语言学的创始人韩礼德（Halliday，1973）多年观察儿童语言习得，发现儿童语言具有七种功能：工具功能、调节功能、交往功能、个体功能、启发功能、想象功能、信息功能；成人的语言功能要比儿童的语言功能更加复杂，形成相互交叉的三大纯理功能：概念功能、语篇功能和人际功能。[②]

以上三位语言学家从不同角度阐述了语言的功能和作用。由于关注的重点不同，他们对语言功能的分类也不相同。但似乎他们都把更多的精力集中在语言的交际功能上。语言具有交际功能，这一点很容易理解。语言是人们传递信息、交流情感的工具，具有交际性。除了交际功能，我们还应该认识到语言的文化功能。在进行语言田野调查时，我们经常听到民族群众说这样的话，如果我们民族的人都不会自己的民族语言了，这个民族就不存在了。由此可见，在民族群众心目中，语言是民族身份的重要象征。另外，文学、诗歌等形式的民族文化都是以语言为载体世代流传的。如果失去了语言，民族文化的传承必将遭受毁灭之灾。由此可见，至少应该把语言的功能分为两个大类：语言的工具性功能和语言的文化性功能。语言的工具性功能是指语言用作交流、思维、思考等人类活动的一种工具，大致包括雅各布逊或韩礼德列举的语言的各种功能；语言的文化性功能是指语言是文化的一部分或特定文化的表现形式，它通常与语言使用者的身份、认同、情感等因素交织在一起，表现在语言习得、语言使用、语言态度、语言行为、语言倾向等方面。诚然，语言的工具功能和文化功能并不是截然分开的，更多的时候二者交织在一起，呈现出“你中有我、我中有你”的状态。

仔细观察以上采用二分法对语言功能的分类，[③] 我们发现它们在语言保护方面存在矛盾和冲突。如果仅考虑语言的工具性，似乎当今世界范围内

---

① Robinson, W. P., *Language and Social Behaviour*, Harmondsworth, England: Penguin Books, 1972.

② Halliday, M. A. K., *Explorations in the Functions of Language*, London: Edward Arnold, 1973.

③ 除了交际功能和文化功能，语言的功能还应该包括其他内容，如语言的资源功能。此处重点在于比较语言的交际功能和文化功能与语言保护的关系，因此采用二分法分析语言的功能。

的语言趋同是一种良性发展趋势，因为任何人都有权利选择“最便捷”“最有效”的交际工具，以便与更多人接触和交流，获取更多更有价值的信息。目前就全国范围来看，这种“最便捷”“最有效”的工具是汉语普通话；就世界范围来看，这种工具则是英语。从这一角度来说，我们完全没有必要保护语言文字多样性，全世界都使用一种语言和一种文字是最理想的选择，这样能够有利于世界各地的人们相互交流。另外，语言具有文化性，每种语言都是语言使用者与自然斗争的智慧和经验的结晶。为了满足民族认同感，维系本代人与上一代甚至祖先的联系，各民族都希望保护和发展自己的民族文化，希望这个世界上的语言文化丰富多彩，也就是说，需要我们保护语言文化的多样性。语言功能的内在矛盾性使得语言保护变得越发困难（相关研究具体见姚春林、贾海霞，2016）。①

2. 语言活力与语言认同

语言活力与语言认同是语言文化保护过程中应重点关注的两个方面。理想情况下，语言保护应同时增强语言的活力和语言使用者的认同。语言活力是一个客观标准，人们可以用一定的手段去测量，这种测量结果不会（或几乎不会）受人为因素的影响。语言认同是一个抽象概念，它通常与民族认同和身份认同联系在一起，有时又与语言态度有相似意义，是指在语言使用过程中（尤其在双语或多语社区），语言使用者对其使用的语言形成的某种看法或评价（王远新，1999）。② 语言认同表现在语言使用者日常生活的每一个领域。与语言活力不同，语言认同受个人因素影响较大，目前学术界并没有公认的测量方法和测量工具度量语言认同度的高低。

联系语言功能看语言活力与语言认同，语言活力与语言的交际功能相关，语言认同与语言的文化功能密切联系。上面谈到，从语言文化保护的角度来看，语言的交际功能和文化功能是不一致的。前者要求语言趋同，后者希望语言多样。有关研究也已经证明，语言活力与语言认同之间并没

---

① 姚春林、贾海霞：《从语言功能看语言文化保护的复杂性》，《西南民族大学学报》2016年第5期，第53—57页。

② 王远新：《论裕固族的语言态度》，《语言与翻译》1999年第2期，第9—14页。

有显著的关联，二者不存在显著的正相关（Yao & Zuckermann, 2016）。[①] 以上分析可以给语言保护一定的启示，语言保护中应妥善处理好语言活力与语言认同的关系。

二　语言发展与语言保护

1. 语言与民族

由于研究的角度不同以及对语言的认识不同，语言学家对语言的定义也不相同。据潘文国（2001）研究，从19世纪初到现在，人们给语言下的定义至少有160多种。[②] 但不管如何定义语言，人们似乎都承认语言是人类独有的符号系统，与人类的认知能力有关，同时与社会文化相联系。

除了难以给语言下一个能够被众人接受的定义之外，语言学者还面临如何区别语言与方言的问题，也就是如何区分讲不同语言的人所讲的语言变体究竟是同一种语言下的不同方言变体还是不同的语言。例如，在目前中国境内具体有多少语言问题上，中外学者的观点并不相同。尤其是中国学者和外国学者的观点，可以用迥异来形容。世界少数民族语文研究院认为，中国大陆大约有200—300种语言（Grimes, 2000; Gordon, 2005; Lewis, 2009; Lewis, Simons & Fennig, 2014）[③④⑤⑥]；而我国学者通常认为，中国的语言有100种左右（中国社会科学院、澳大利亚人文学院，1987；中国大百科全书编委会，1998；孙宏开，2006；孙宏开、胡增益、黄行，2007；

---

① Chunlin Yao（姚春林）& Ghil'ad Zuckermann, Language Vitality and Language Identity: Which one is More Important? Tibetan-Chinese Bilingual Education in Maketang Versus Huazangsi, *Language Problems and Language Planning*, Vol. 40, No. 2, 2016, PP. 163-186.

② 潘文国：《语言的定义》，《华东师范大学学报》2001年第1期，第97—108、128页。

③ Grimes, B. F. (Ed.), *Ethnologue: Languages of the World*, *14th Edition*, Dallas, Tex.: SIL International, 2000. 此书认为，世界上共有6809种语言，中国大陆有202种语言（包括1种已灭绝的语言）。

④ Gordon, R. G. (Ed.), *Ethnologue*: *Languages of the World*, *15th Edition*, Dallas, Tex.: SIL International, 2005. 此书认为，世界上共有6912种语言，中国大陆有241种语言。

⑤ Lewis, M. P. (Ed.), *Ethnologue*: *Languages of the World, Sixteenth Edition*, Dallas, Tex.: SIL International，2009. 此书认为，世界上共有6909种语言，中国大陆有296种语言。

⑥ Lewis M. P., Gary F. Simons, and Charles D., Fennig (Eds.), *Ethnologue: Languages of the World*, *Seventeenth Edition*, Dallas, Texas: SIL International, 2014. 此书认为，世界上共有7106种语言，中国大陆有301种语言。

中国社会科学院，2012）。[①][②][③][④][⑤] 中外语言学者对中国语言数量的看法的差异，根本原因在于对如何划分语言持不同标准。中国学者通常按照语言类型学、历史语言学以及民族学的综合标准划分语言，而国外学者通常以语言沟通度和民族认同度的标准划分语言（黄行，2011）。[⑥] 在日常生活中，似乎人们（尤其在判断他人的语言时）更倾向于语言沟通度的标准，以能否听懂对方的语言判断二者所讲的语言变体是否为同一语言。例如，汉语母语人听不懂英语和日语，据此判断英语和日语是与汉语不同的语言。

以上仅仅在共时层面考察什么是语言。如果从历时层面考察，我们将面临更大的难题。比如，如果我们向一位没有受过正规教育的现代伦敦人（母语为英语）播放一段现代纽约英语和一段古英语，然后让他判断这两种语言变体和他讲的语言是否为同一种语言。最大的可能，他会认为现代纽约英语和他讲的语言为同一种语言，而古英语是另一种语言；如果你告诉他第一种是纽约英语，第二种是古英语，那么可能他会改变看法，至少会认为第二种语言和他讲的语言是同一种语言。[⑦] 由此看出，在判断自己的语言时，人们似乎更加关注语言认同，而把语言的沟通度放在第二位的位置。

---

① 中国社会科学院、澳大利亚人文学院：《中国语言地图集》，香港朗文出版（远东）有限公司 1987 年版。此书认为，中国有 82 种语言。

② 中国大百科全书编委会：《中国大百科全书 · 语言文字卷》，中国大百科全书出版社 1998 年版。此书认为，中国的语言为 80 种左右。

③ 孙宏开：《中国少数民族语言活力排序研究》，《广西民族大学学报》2006 年第 5 期，第 6—10 页。此文认为，中国有 114 种语言。

④ 孙宏开、胡增益、黄行：《中国的语言》，商务印书馆 2007 年版。此书认为，中国有 129 种语言。

⑤ 中国社会科学院：《中国语言地图集（第二版）》，商务印书馆 2012 年版。此书认为，中国有 130 种语言。

⑥ 黄行：《我国民族语言的沟通度与语言族群认同》，《云南师范大学学报》2011 年第 2 期，第 8—14 页。

⑦ 目前西方语言学界的大部分学者都在回避世界上不同的英语变体究竟是多种语言还是一种语言的不同方言这一问题。这些语言变体差异不大，不会造成通话障碍。如果纯粹按照语言沟通度的观点，这些应该被称为方言。但是这些变体被应用于不同国家，每个独立的国家都希望有自己独立的语言，因此，从政治角度出发，大部分人不接受这些变体仅仅是不同方言的观点。大部分时候，西方学者会回避这些英语变体是不同语言或不同方言的问题，他们用美国英语（American English）、澳大利亚英语（Australian English）这样的术语称呼这样的语言变体。

由以上语言标准出发考虑语言保护，我们会得到与探讨语言功能时类似的结果，那就是语言保护时应重点关注语言认同。如果人们对一种语言变体具有较高的认同，他就会认为这种语言变体是自己的语言。事实上，希伯来语复兴的实例已经证明了这一点。现代希伯来语（或“以色列语”）与古典希伯来语分属不同的语言系属，但现代犹太人认为二者相同，都是他们的语言，因此认为希伯来语复兴是成功的。笔者参加澳大利亚邦格拉语复兴时遇到了一个类似的问题。复兴澳大利亚原住民语言邦格拉语时，复兴者需要为邦格拉语增加词汇，为此，语言复兴者将英语按照邦格拉语的语音结构修改后借入邦格拉语中（目前邦格拉人以标准英语或“洋泾浜”英语为第一语言），几乎所有的邦格拉人都不接受这些词汇，他们认为这些词汇是英语而不是他们的民族语言。当语言复兴者将非英语语言（汉语、日语、西班牙语等）按照邦格拉语的语音结构修改后借入时，邦格拉人大多接受这些词汇。他们简单地认为，这些词汇不是英语，不是自己熟悉的异族人的语言，而是自己民族的语言。

2. 语言发展与语言保护

语言不是一成不变的，而是一个不断发展变化的系统。这一点已经成为语言学者的共识。历史语言学者在这一领域做出过重要贡献。19 世纪历史语言学盛行于欧洲，经过多年的比较研究，语言学家们最后确认目前欧洲使用的大部分语言都属于印欧语系的语言，这些语言都源于一个共同的原始母语。也就是说，现代欧洲的大部分语言都是由原始印欧语发展变化而来的。后来语言学家们进一步比较了世界上其他地区的语言，确认了汉藏语系、阿尔泰语系、闪含语系、乌拉尔语系、高加索语系、南亚语系、南岛语系、达罗毗荼语系，[①] 证明世界上其他地方的语言也是由几个原始母语逐渐发展变化来的。

兴起于 20 世纪 60 年代的社会语言学证明，在共时层面语言也是发展变化的。社会语言学产生之前，语言学家同意语言发展变化的观点，但是认为语言的发展变化是无法观察的（Saussure，1959；Bloomfield，

① 目前世界上仍有一部分语言的系属没有确定。

1933）。[①][②] 从 20 世纪 50 年代开始，以拉波夫（William Labov）、特鲁吉尔（Trudgill）、米尔罗伊（Milroy）等为首的一批社会语言学家通过观察现实生活中不同社会群体（年龄、性别、阶层、受教育程度）和不同社会网络中语言人如何使用语言，总结出共时层面语言发展变化的特征（Wardhaugh，2000），[③] 将语言的共时变化与历时发展有机结合起来，从而在共时层面证明了语言发展变化的特性。

语言学家布莱特（Bright，1960）在研究印度的语言和方言过程中提出，语言的变化可以分为“有意识的变化”（conscious linguistic change）和“无意识的变化”（unconscious linguistic change）；前者通常由社会地位较高的群体发起，而后者多由社会底层推动。[④] 事实上，普通人如果稍微细心一些，就能观察到语言的这两种变化。社会精英通过语言规划决定人们学习哪种语言，使用哪种语言。例如，规定现代汉语普通话应以北京语音为标准音、以北方话为基础方言、以典范的现代白话文著作为语法规范（黄伯荣、李炜，2012）；[⑤] 规定民族自治地区应通用普通话和民族语等。这些都会导致语言的“有意识的变化”。普通人在使用语言过程中，并不一定按照社会规则使用语言。例如，近些年现代汉语中涌入了大量的字母词和数字词。这些词汇不符合国家规范，却被广大人民群众使用。这些是语言的“无意识的变化”。在语言的两种变化中，自下而上的“无意识的变化”会被绝大多数语言使用者接受，而自上而下的“有意识的变化”可能被语言使用者接受，也可能遇到语言使用者的拒绝甚至抵抗。

汉语是汉民族以及中国部分其他民族的母语和第一语言。在历史长河中，汉语发生了很大变化。现代汉语母语人与两千多年前的汉语使用者肯定无法通话，但没有人会认为现代汉语与古代汉语是两种不同的语言，而是会把两者认作是同一种语言的延续。其部分原因在于汉语的发

---

① Saussure, F. de, *Course in General Linguistics*, New York: HMcGraw-Hill, 1959.

② Bloomfield, L., *Language*, New York: Henry Holt, 1933.

③ Wardhaugh, R., *An Introduction to Sociolinguistics*, Beijing: Foreign Language Teaching and Reach Press/ Blackwell Publishers Ltd, 2000.

④ Bright, W., *Social Dialect and Language History*, *Current Anthropology*, Vol. 1, No. 5/6, 1960, PP. 424-425.

⑤ 黄伯荣、李炜：《现代汉语》，北京大学出版社 2012 年版。

展通常是自下而上的“无意识的变化”；即使有过自上而下的“有意识的变化”，这些变化也得到了绝大多数汉语使用者的认可。反观澳大利亚的原住民 Nunga 人，他们曾以 Nunga 语为母语和第一语言，殖民者到来以后强迫他们学习英语，Nunga 人只能放弃自己的语言转用 Nunga 英语。虽然 Nunga 英语保留了大量 Nunga 语词汇，甚至部分保留了 Nunga 语的语法（Dixon, 1980），[①] 但是 Nunga 人却并不认为 Nunga 英语是本民族的语言。

联系以上观点看语言保护，如果因为“有意识的变化”而使语言的本体发生较大变化，语言使用者就会对变化后的语言缺乏认同，他们会觉得自己原有的语言没有得到应有的保护，就会对这样的境况感到不满；反之，如果因为“无意识的变化”而使语言的本体发生变化，甚至较大变化，语言使用者仍会对新的语言持有较强的认同，他们就能够欣然接受这种变化，感觉自己的语言没有遭到破坏。

三　语言保护的本质

要研究语言保护，必须了解语言的本质。语言是人类特有的、与认知能力和社会文化息息相关、具有层级性、开放的、动态的符号系统。任何活的语言都是发展变化的，世界上没有一成不变的语言。语言的发展变化应包括“有意识的变化”和“无意识的变化”两类。语言保护也并非让语言保持原貌、静止不动。语言是人类社会的重要组成部分，在社会生活的各方面发挥着作用，既可以传递信息，又可以承载社会文化。但是从语言保护角度去看，语言的这两种功能具有内在的矛盾性。本质上语言的工具功能要求语言趋同，而语言的文化功能则要求语言多元。语言活力也是一个复杂的概念，具体内容包括政府的语言态度、语言使用者的语言态度，以及语言在社会政治、经济、文化、教育、宗教、生产等方面的使用情况。由于语言和语言活力内涵的多样性，语言保护无法同时满足语言本质和语言活力本质的所有方面的要求，这就要求语言保护工作者科学理性地处理语言保护与语言发展、语言借用、语言转用、语言认同

① R. M. W. Dixon, *The Languages of Australia*, Cambridge, London, New Rochelle, Melbourne, Sydney: Cambridge University Press, 1980.

之间的关系。

语言发展变化是不可阻止的，在发展变化过程中必定伴随语言借用，如果语言借用的比例达到一定程度，甚至会造成语言转用。那么借用其他语言成分后的语言是否还是原来的语言？在保持一种语言不变为另一种语言的前提下，最多能够从其他语言借用多大比例的语言成分？转用其他语言后的语言是否还是原来的语言？这些问题似乎很深奥，但前人的研究已经给出了答案。黄行（2011）曾指出，一种语言的使用者对该语言的认同不但和语言的本体结构无关，和语言的交际功能乃至说话人的民族归属也没有直接的关系。[①] 也就是说，人们对发展变化后的语言是否还是自己的语言与这种语言从其他语言中借用了多少语言成分没有关系，而只与对这种语言的认同有关。

语言的发展变化是不可阻挡的，语言保护工作无法让语言的本体保持不变，但可以帮助语言使用者维持对他们使用的语言的认同。不管这种语言的本体发生了多大的变化，对这种语言的认同也可以保持不变。语言保护工作的理想方式应该不排斥语言的发展与变化，但是语言的发展与变化应该以“无意识的变化”为主，同时培养语言使用者的语言认同。具体来说，语言管理机构和语言保护机构应该赋予不同语言在社会生活各领域平等的社会地位和相同的权益，让语言使用者感觉到自己语言的价值，让他们感觉到自己的社会权利（包括语言权利）获得了应有的尊重；同时让语言使用者自己决定语言本体的发展方向和发展速度，让“无意识的变化”成为语言发展的主流。这样做，能够保证语言能够按照其自身规律发展变化，满足语言发展的内部要求，同时能够让语言使用者对变化前后的语言保有同样强烈的语言认同。这样的语言保护政策，应该是既满足语言使用者的期望，又符合语言发展规律的政策。

① 黄行：《我国民族语言的沟通度与语言族群认同》，《云南师范大学学报》2011 年第 2 期，第 8—14 页。

第三节　本书的不足及展望

本书只是语言保护理论的初步探索，研究中还存在一些不足，需要在今后的工作中逐步改进。

第一，本书描写了国内外语言保护的四个个案。天祝藏语文保护研究使用的学术资料主要基于国内专家学者的文献和第一手田野调查资料；澳大利亚 Kaurna 语复兴研究使用的学术资料主要基于笔者在澳大利亚访学期间收集的书面资料、Kaurna 语复兴学者 Rob Amery 提供的资料以及第一手田野调查资料；希伯来语复兴的学术资料主要基于本人的国外博士后合作导师 Ghil'ad Zuckermann 教授（以色列人，主要研究复兴语言学和濒危语言学）提供的材料。应该说这三个研究个案使用的材料都比较权威。而对台湾客家话的研究主要基于在国内及澳大利亚收集到的有关台湾客家话保护的二手资料以及笔者与台湾“客家委员会”邮件联系取得的资料。这部分资料的权威性有待进一步考察。今后研究中，应尽量到研究地进行实地考察，或在熟悉当地语言保护的专家的指导下从事研究工作。

第二，目前国内外实施的语言保护和语言复兴工程很多，本书只选择了四个研究个案。虽然这些个案有一定的代表性，但每种语言的发展、变化都有其独特的规律，语言保护也不可能完全按照同一种模式进行。因此，今后研究中应关注更多语言保护和语言复兴个案，以便使得到的理论能够适用于更多的语言保护个案。

第三，本书试图在描写国内外语言保护典型个案的基础上探讨语言保护的理论。但是影响语言保护的因素非常多，涉及语言学、心理学、民族学、社会学、经济学等方面的理论和知识。由于本人学识有限，本书的理论探讨比较肤浅，似乎还没有挖掘到影响语言保护的根本问题。今后的研究和工作中，应加强语言学及其相邻学科的知识和理论的积累，力求对描写的语言个案给予全面合理的解释，并探讨出语言保护的一般规律。

参考文献

[1] Amery Rob, *Language Reclamation: The Interaction between Linguistics and Social Processes in the Restoration of Languages no Longer Spoken*, Canberra: The Australian Linguistics Society Conference, 1996.

[2] Aneta Pavlenko, Multilingualism in Post-Soviet Countries: Language Revival, Language Removal, and Sociolinguistic Theory, *The International Journal of Bilingual Education and Bilingualism*, Vol. 11, No. 3-4, 2008, PP. 275-314.

[3] Austin Peter, *A Grammar of the Diyari Language of North-east South Australia*, Cambridge: Cambridge University Press, 1981.

[4] Austin, Peter & Crowley, Terry, Interpreting old spelling, Nicholas Thieberger (Ed.), *Paper and Talk*: *A Manual for Reconstituting Materials in Australian Indigenous Languages from Historical Sources*, Canberra: Aboriginal Studies Press, 1995, PP. 54-102.

[5] Australia Department of Education and Youth Affairs, *Towards a National Language Policy*, Canberra: Australian Government Publish Service, 1982.

[6] Australia Institute of Aboriginal and Torres Strait Islander Studies, *National Indigenous Languages Survey Report* 2005, The Department of Communication, Information Technology and the Arts, 2005.

[7] Australian Ethnic Affairs Council, *Perspectives on Multicultural Education*, Canberra: Australian Government Publishing Service, 1981.

[8] Blevins, J. & Monica, A, *Chochenyo Language Revitalization*: *A First Report,* The Annual Meeting of the Society for the Study of the Indigenous Languages of the Americas. Oakland, 2004.

[9] Bloomfield, L., *Language*, New York: Henry Holt, 1933.

[10] Bright, W., Social Dialect and Language History, *Current Anthropology*, Vol. 1, No. 5/6, 1960, PP. 424–425.

[11] Chiung, W.–V., *Peh–oe–ji, Childish Writing*? Harvard University: The 6th Annual North American Taiwan Studies Conference, 2000.

[12] Chris Kennedy, Language Planning, *Language Teaching*, Vol. 15, No. 4, 1982, PP. 264–284.

[13] Christina Eira & Vicki Couzens, *Meeting Point*: *Setting up a Typology of Revival Language in Victoria*, Victorian Aboriginal Corporation for Language / AIATSIS Grant Project, 2010.

[14] Chunlin Yao（姚春林）& Ghil‘ad Zuckermann, Language Vitality and Language Identity: Which One is More Important? Tibetan–Chinese Bilingual Education in Maketang Versus Huazangsi, *Language Problems and Language Planning*, Vol. 40, No. 2, 2016, PP. 163–186.

[15] Clarke, Phillip A., *Contact, Conflict and Regeneration*: *Aboriginal Cultural Geography of the Lower Murray*, *South Australian*, Adelaide: The University of Adelaide, 1994.

[16] Clarke, Phillip A., The Aboriginal presence on Kangaroo Island, South Australian, In Simpson J. and Hercus L. (Eds.), *History in Portraits. Biographies of Nineteenth Century South Australian Aboriginal Women*, Aboriginal History Monograph, 1998, PP. 14–48.

[17] Clyne, M., *Australia's Language Potential,* Sydney: University of New South Wales Press Ltd, 2005.

[18] Committee on the Teaching of Migrant Languages in School, *Report of the Committee on the Teaching of Migrant Languages in Schools,* Canberra: Australian Government Publishing Service，1976.

[19] Cooper, Robert L., *Language Planning and Social Change*, Cambridge: Cambridge University Press, 1998.

[20] Crystal, D., *Language Death*, Cambridge: Cambridge University Press, 2000.

[21] David Steinberg, *History of the Ancient and Modern Hebrew Language*（电子书）, http://www.adath-shalom.ca/history_of_hebrew.htm#glinert，2011.

[22] Dixon Reginald, *Immigration and the "White Australia" Policy*, Sydney: Current Book Distributors, 1945.

[23] Dreyer, J. T., The Evolution of Language Policies and National Identity in Taiwan, In M. E. Brown & S. Ganguly (Eds.), *Fighting Words*: *Language Policy and Ethnic Relations in Asia*, Cambridge: MIT Press, 2003, PP. 385–409.

[24] Elizabeth Anne Finn, *Home in the Holy Land*, James Nisbet & Co., 21 Berners Street, 1866.

[25] Fasold, R., *The Sociolinguistics of Society,* Oxford: Basil Blackwell Ltd.

[26] Fellman Jack, *Contributions to the Sociology of Language: The Revival of Classical Tongue*: *Eliezer Ben Yehuda and the Modern Hebrew Language,* Meuchen, DEU: Walter de Gruyter, 2011.

[27] Fishman, J. A., *Reversing Language Shift: Theoretical and Empirical Foundations of Assistance to Threatened Language*, Clevedon–England: Multilingual matters, 1991.

[28] Galpagalp, J., Wanymuli, D., de Veer, L. & Wilkinson, M., *Dhuwal Djambarrupuyngu Dharuk Mala ga Mayali–Djambarrupuyngu Word List,* Yirrkala: Literature Production Centre, 1984.

[29] Gesenius, F. W. (A. E. Cowley Revised), *Gesenius' Hebrew Grammar,* Oxford University Press, 2006.

[30] Ghil'ad Zuckermann & Michael Walsh, Stop, Revive, Survive: Lessons from the Hebrew Revival Applicable to the Reclamation, Maintenance and Empowerment of Aboriginal Language and Cultures, *Australian Journal of Linguistics*, Vol. 31, No. 1, 2011, PP. 111–127.

[31] Ghil'ad Zuckermann, Review Article of Nakdimon Shabbethay Doniach and Ahuvia Kahane (Eds.), The Oxford English–Hebrew Dictionary, *International Journal of Lexicography*, Vol. 12, No. 4, 1999, PP. 325–346.

[32] Gordon, R. G. (Ed.), *Ethnologue*: *Languages of the World*, *15th*

Edition, Dallas, Tex.: SIL International, 2005.

[33] Gorenflo, L. J., Suzanne Romaine, Russell A. Mittermeier & Kristen Walker-Painemilla, Co-occurrence of Linguistic and Biological Diversity in Biodiversity Hotspots and High Biodiversity Wilderness Areas, *Proceedings of the National Academy of Sciences of the United States of America*, Vol. 109, No. 21, 2012, PP. 8032-8037.

[34] Grimes, B. F. (Ed.), *Ethnologue*: *Languages of the World*, 14*th Edition,* Dallas, Tex.: SIL International, 2000.

[35] H. M. Stationery Office, *National Education in Ireland*: 71*st Report of the Commissioners*, 1904, Dublin: HMSO, 1905.

[36] Halliday, M. A. K., *Explorations in the Functions of Language*, London: Edward Arnold, 1973.

[37] Heylen, Ann, Dutch Language Policy and Early Formosan Literacy (1624-1662), Ku Weiying (Ed.), *Missionary Approaches and Linguistics in Mainland China and Taiwan*, Leuven: Leuven University Press, 2011, PP. 199-251.

[38] Hogan-Brun, G. & Ramoniene, M., Perspectives on Language Attitudes and Use in Lithuania's Multilingual Setting, *Journal of Multilingual and Multicultural Development*, Vol. 26, No.5, 2005, PP. 425-441.

[39] House of Representative Standing Committee on Aboriginal and Torres Strait Islander Affairs, *Language and Culture — A Matter of Survival*: *Report of the Inquiry into Aboriginal and Torres Strait Islander Language Maintenance*, Canberra: Australian Government Publishing Service, 1992.

[40] Hudson-Edwards, A., Language Policy and Linguistic Tolerance in Ireland, Adams & Brink (Ed.), *Perspective on Official English*: *The Campaign for English as an Official Language of the USA*, New York: Mouton de Gruyter, 1990, PP. 63-81.

[41] Ilker Ayturk, Revisiting the Language Factor in Zionism: The Hebrew Language Council from 1904 to 1914, *Bulletin of the School of Oriental and African Studies*, Vol. 73, No.1, 2010, PP. 45-64.

[42] Iris Parush, Another Look at "the Life of 'Dead Hebrew'": Intentional Ignorance of Hebrew in Nineteenth-century Eastern European Jewish society, *Book History*, Vol. 7, No. 2, 2004, PP. 171-214.

[43] Jack Fellman, The "Revival" of the Hebrew Language, *Anthropological Linguistics*, Vol. 15, No. 5, 1973, PP. 250-257.

[44] Jakobson, R., Closing Statement: Linguistics and Poetic, In T. A. Sebeok (Ed.), *Style in Language*, Cambridge: MIT Press, 1960, PP. 350-377.

[45] John Kwock-ping Tse, Language and a Rising New Identity in Taiwan, *International Journal of the Sociology of Language*, Vol. 2000, No. 143, 2000, PP. 151-164.

[46] Knibbs, G. H., *Official Book of the Commonwealth of Australia No.*1, Melbourne: McCarron, Bird & Co., Printers, 1908.

[47] Kwan Elizabeth, *Living in South Australia: A Social History. Vol.* 1, *from before* 1836 *to* 1914, Adelaide: South Australian Government Printer, 1987.

[48] Lewis Clinert. *Modern Hebrew*: *An Essential Grammar (the Third Edition)*, Routledge, 2005.

[49] Lewis M. P., Gary F. Simons, and Charles D. Fennig, *Ethnologue: Languages of the World, Seventeenth Edition*, Dallas, Texas: SIL International, 2014.

[50] Lewis, M. P. (Ed.), *Ethnologue*: *Languages of the World, Sixteenth Edition*, Dallas, Tex.: SIL International, 2009.

[51] Lewis, M. P. & Gary F. Simons, Assessing Endangerment: Expanding Fishman's GIDS, *Revue Roumaine de Linguistique*, Vol. 55, No. 2, 2010, PP. 103–120.

[52] Lewis, M. P., and Simons, G. F., *Assessing Endangerment*: *Expanding Fishman*'s *Gids*, Revue Roumaine de Linguistique, SIL International, Dallas, 2009.

[53] Lo Bianco, J., A Review of Some of the Achievements of the National Policy on Languages, In A. Liddicoat (Ed.), *Language Planning and Language Policy in Australia*, Applied Linguistics Association of Australia, 1991, PP. 23-38.

[54] Lo Bianco, J., *National Policy on Languages*, Canberra: Australian Government Publishing Service, 1987.

[55] Luise Anna Hercus, *A Nukunu Dictionary*, Canberra: Luise A. Hercus, 1992.

[56] Martin，K., Aynu Itak: On the Road to Ainu Language Revitalization, *Media and Communication Studies*, Vol. 60, 2011, PP. 57–93.

[57] McConnell, G. D. & Tan Kerang, *The Written Languages of the World*: *A Survey of the Degree and Modes of Use, Vol. 4: China*, Quebec City: Laval University Press, 1995.

[58] Mercator–education, *Cornish: The Cornish Language in Education in the UK,* http://www.mercator–research.eu/fileadmin/mercator/dossiers_pdf/cornish_in_uk.pdf, 2001.

[59] Michael Clyne, *Community Languages*: *The Australian Experience*, Cambridge, London, New Rochelle, Melbourne, Sydney: Cambridge University Press, 1991.

[60] Michael Walsh & Colin Yallop, *Language and Culture in Aboriginal Australia*, Canberra: Aboriginal Studies Press, 1993.

[61] Ming–Hsuan Wu, Language Planning and Policy in Taiwan: Past, Present, and Future, *Language Problems & Language Planning*, Vol. 35, No. 1, 2011, PP. 15–34.

[62] Moshe Nahir, Corpus Planning and Codification in the Hebrew Revival, *Language Problems and Language Planning*, Vol. 26, No. 3, 2002, PP. 271–298.

[63] Moshe Nahir, Language Planning Functions in Modern Hebrew, *Language Problems and Language Planning*, Vol. 2, No. 2, 1978, PP. 89–102.

[64] Moshe Nahir, Micro Language Planning and the Revival of Hebrew: A Schematic Framework, *Language in Society*, Vol. 27, No. 3, 1998, PP. 335–357.

[65] Moshe Pelli, Literature of Haskalah in the late 18th century, *Zeitschrift für Religions– und Geistesgeschichte*, Vol.52, No.4, 2000, PP. 333–348.

[66] Moshe Pelli, When did Haskalh Begin? Establishing the Beginning of Haskalah Literature and the Definition of "Modernism", *Leo Baeck Institute Year Book*, Vol.44, No.1, 1999, PP. 55–96.

[67] Myra Willard, *History of the White Australia Policy to* 1920, Melbourne: Melbourne University Press, 1923/1967.

[68] Natasha Warner, Quirina Luna & Lynnika Butler, Ethics and Revitalization of Dormant Languages: The Mutsun Language, *Language Document and Conservation*, Vol.1, No.1, 2007, PP. 58–76.

[69] Paul Wexler, *Two–tiered Relexification in Yiddish: The Jews, Sorbs, Khazars and the Kiev–Polessian Dialects*, Berlin: Mouton de Gruyter, 2002.

[70] Paulston Christina Brat, Chee Chen Pow, Mary C. Connerty, Language Regenesis: A Conceptual Overview of Language Revival, Revitalisation and Reversal, *Journal of Multilingual and Multicultural Development*, Vol. 14, No. 4, 1993, PP. 275–286.

[71] Proctor, J. & Gale, M., *Tauondi Speaks from the Heart: Aboriginal Poems from Tauondi Collage*, Adelaide: Tauondi Collage, 1997.

[72] R. M. W. Dixon. *Australian Languages: Their Nature and Development*, Cambridge, London, New Rochelle, Melbourne, Sydney: Cambridge University Press, 2002.

[73] R. M. W. Dixon, *The Languages of Australia*, Cambridge, London, New Rochelle, Melbourne, Sydney: Cambridge University Press, 1980.

[74] Raphael Kutscher, *A History of the Hebrew Language*, Leiden: The Magnes Press, 1982.

[75] Raymondm Arkey, Race and Organized Labor in Australia, 1850–1901, *Historian*, Vol. 58, No. 2, 1996, PP. 343–360.

[76] Reuven Sivan, *The Revival of the Hebrew Language*, Jerusalen: E. Rubinstein Publishing, 1980.

[77] Riagain, P., Irish Language Production and Reproduction 1981–1996, Fishman, J. A. *Can Threatened Language Be Saved?*, Clevedon: Multilingual Matters, 2001, PP. 195–214.

[78] Riagain, P., *Language Policy and Social Reproduction*: *Ireland* 1893-1993, Oxford: Clarendon Press, 1997.

[79] Riona Nic Congaif, "Life and the Dream" : Utopian Impulses within the Irish Language Revival, *Utopian Studies*, Vol. 23, No.2, 2012, PP. 430–449.

[80] Rob Amery & Georgina Yambo Williams, Reclaiming through Renaming: The Reinstatement of Kaurna Toponyms in Adelaide and the Adelaide Plains, In Luise Hercus, Flavia Hodges & Jane Simpson. (Eds.), *The Land is a Map*: *Place Names of Indigenous Origin in Australia,* Canberra: Pandanus Books in Association with Pacific Linguistics, 2002, PP. 255–276.

[81] Rob Amery, Language Planning and Language Revival, *Current Issues in Language Planning*, Vol. 2, No. 2–3, 2001, PP. 141–221.

[82] Rob Amery, *Warrabarna Kaurna! Reclaiming an Australian Language*, Lisse, Abingdon, Exton, Tokyo: Swets & Zeitlinger Publishers, 2000.

[83] Robert St. John, *Tongue of the Prophets: The Life Story of Eliezer Ben Yehuda*, New York: The Country UFE Press, 1952.

[84] Roberto Bachi, *A Statistical Analysis of the Revival of Hebrew in Israel*, Eliezer Kaplan School of Economics and Social Science, the Hebrew University, 1955.

[85] Robinson, W. P., *Language and Social Behaviour*, Harmondsworth, England: Penguin Books, 1972.

[86] Rowley, C. D., *The Destruction of Aboriginal Society*: *Aboriginal Policy and Practice–Volume* 1, Canberra: Australian National University Press, 1970.

[87] Saussure, F. de, *Course in General Linguistics*, New York: McGraw–Hill, 1959.

[88] Scott, M. & Tiun, H. K., Mandarin–only to Mandarin–plus: Taiwan, *Language Policy*, 2007 (Vol. 6) (Special Issue: The Emergence of Chinese): 53–72.

[89] Shears, L., This is Our Position, *News Exchange* 3, 1979–03–14.

[90] Shimon A. Shur, Modern Hebrew in the Light of Language Planning

Terminology, History, and Periodization, *Hebrew Studies*, Vol. 37, No. 1, 1996, PP. 39–54.

[91] SSABSA (Senior Secondary Assessment Board of South Australia), *Australia's Indigenous Languages Framework*, Wayville: SSABSA, 1996.

[92] T. V. Parfitt, The Use of Hebrew in Palestine 1800–1882, *Journal of Semitic Studies*, Vol. 17, No. 2, 1972, PP. 237–252.

[92] Tamar Zewi, Multilayers in Modern Hebrew Syntax, *Hebrew Studies*, Vol. 49, No. 1, 2008, PP. 195–206.

[94] Teichelmann, C. G. & Moorhouse, M., Report on the Aborigines of South Australia, *South Australia Register*, 1842–01–08.

[95] Teichelmann, C. G. & Schurmann, C. W., *The Aboriginal Language of South Australia*, Adelaide: Thomas and Co., 1840.

[96] Tom Gara, The life of Ivaritji ("Princess Amelia") of the Adelaide Tribe, *Journal of the Anthropological Society of South Australia*, Vol. 28, No. 1, 1990, PP. 64–105.

[97] Wardhaugh, R., *An Introduction to Sociolinguistics*, Beijing: Foreign Language Teaching and Reach Press/Blackwell Publishers Ltd ., 2000.

[98] Weinstein, B., Language Planning in Francophone Africa, *Language Policy and Language Planning*, Vol. 4, No. 1, 1980, PP. 55–77.

[99] Welsh Assembly Government, *Welsh Language Scheme* 2011-2016, http://wales.gov.uk/docs/drah/policy/20110331wlseng.pdf, 2012–07–16.

[100] Whorf, Benjamin Lee (author), John B. Carroll (Ed.), *Language, Thought and Reality*: *Selected Writings*, Cambridge, Mass. MIT Press, 1956.

[101] William Eggington, Language Policy and Planning in Australia, *Annual Review of Applied Linguistics*, Vol. 14, 1994, PP. 137–155.

[102] Yocheved Deutch, Language Law in Israel, *Language Policy*, Vol. 4, No. 3, 2005 , PP. 261–285.

[103] 陈保亚:《语势、家庭学习模式与语言传承——从语言自然接触说起》,《北京大学学报》2013 年第 5 期。

[104] 陈嘉曼:《桑植县举办白族语言培训班》, 张家界在线(http://

www.zjjzx.cn/news/szxw/324796.html)，2013 年 12 月 4 日。

[105] 陈美如:《台湾语言教育政策之回顾与展望》，高雄复文图书出版社 2009 年版。

[106] 陈鸣钟、陈兴唐:《台湾光复和光复后五年省情（上册）》，南京出版社 1989 年版。

[107] 陈淑娇:《台湾语言活力研究》，载郑锦全、何大安、萧素英、江敏华、张永利《语言政策的多元文化思考》，台湾中央研究院语言学研究所，2007 年。

[108] 戴庆厦、刘菊黄、傅爱兰:《云南蒙古族嘎卓语研究》，《语言研究》1987 年第 1 期。

[109] 董文朝、董文梅、张蓓蓓:《云南通海蒙古族民族心理认同研究》，《云南民族大学学报》2012 年第 3 期。

[110] 郭宇春:《犹太人与俄国革命运动》，《黑龙江社会科学》2007 年第 5 期。

[111] 国家语言资源监测与研究中心:《中国语言生活状况报告(下)》，商务印书馆 2005 年版。

[112] 国家语言资源监测与研究中心:《中国语言生活状况报告(下)》，商务印书馆 2006 年版。

[113] 国家语言资源监测与研究中心:《中国语言生活状况报告(下)》，商务印书馆 2007 年版。

[114] 国家语言资源监测与研究中心:《中国语言生活状况报告(下)》，商务印书馆 2008 年版。

[115] 国家语言资源监测与研究中心:《中国语言生活状况报告(下)》，商务印书馆 2009 年版。

[116] 和即仁:《关于云南蒙古族卡卓语的形成》，《民族语文》1998 年第 4 期。

[117] 和即仁:《云南蒙古族语言及其系属问题》，《民族语文》1989 年第 5 期。

[118] 贺阳:《现代汉语欧化语法现象研究》，《世界汉语教学》2008 年第 4 期。

[119] 洪堡特（Humboldt）:《论人类语言结构的差异及其对人类精神发展的影响》，姚小平译，商务印书馆 1997 年版。

[120] 黄伯荣、李炜:《现代汉语》，北京大学出版社 2012 年版。

[121] 黄行:《少数民族语言文字使用情况调查述要》,《民族翻译》2013 年第 3 期。

[122] 黄行:《我国民族语言的沟通度与语言族群认同》,《云南师范大学学报》2011 年第 2 期。

[123] 黄行:《我国少数民族构成要素的因子分析》,《世界民族》2001 年第 1 期。

[124] 黄行:《中国少数民族语言活力研究》，中央民族大学出版社 2000 年版。

[125] 黄建铭:《本土语言政策发展与复振的网络分析》,《公共行政学报》2011 年第 39 期。

[126] 黄顺盖:《台湾地区语言政策述论》,《中山中文学刊》1998 年第 4 期。

[127] 黄宣范:《语言、社会与族群意识: 台湾语言社会学的研究》，文鹤出版社 2008 年版。

[128] 黄增强:《试论犹太复国主义运动成功的内部因素》,《云南学术探索》1998 年第 2 期。

[129] 蒋颖、赵燕珍、邱月、常俊之:《喀卓青少年母语习得的新问题》,《民族教育研究》2008 年第 2 期。

[130] 教育部语言文字信息管理司:《中国语言生活状况报告》，商务印书馆 2011 年版。

[131] 教育部语言文字信息管理司:《中国语言生活状况报告》，商务印书馆 2012 年版。

[132] 教育部语言文字信息管理司:《中国语言生活状况报告》，商务印书馆 2013 年版。

[133] 教育部语言文字信息管理司:《中国语言生活状况报告》，商务印书馆 2014 年版。

[134] 君雅、陆羽:《台湾当局语言政策分析》,《语言文字应用》2007

年第 1 期。

[135] 柯剑星:《台湾省国语教育的昨天今天与明天》,《华文世界》1991 年第 61 期。

[136] 李西勤:《台湾光复初期推行国语运动情形》,《台湾文献》1995 年第 46 期。

[137] 联合国教科文组织非物质文化遗产部濒危语言特设专家组:《语言活力与语言濒危》，布鲁塞尔：新欧洲的语言多样性研究大会，2003 年。

[138] 罗香林:《客家研究导论》，古亭书屋 1975 年版。

[139] 马学良述，瞿霭堂、劲松整理:《马学良学述》，浙江人民出版社 2000 年版。

[140] 纳日碧力戈、符广兴:《云南通海蒙古族民族认同研究综观》,《中央民族大学学报》2014 年第 2 期。

[141]“内政部”户政司:《中华民国 103 年 2 月统计月报》，http://sowf.moi.gov.tw/ stat/month/list.htm，2014 年 3 月 18 日。

[142] 潘文国:《语言的定义》,《华东师范大学学报》2001 年 第 1 期。

[143] 施正锋:《各国语言政策：多元文化与族群平等北爱尔兰语言政策》，前卫出版社 2002 年版。

[144] 孙宏开、胡增益、黄行:《中国的语言》，商务印书馆 2007 年版。

[145] 孙宏开:《中国少数民族语言活力排序研究》,《广西民族大学学报》2006 年第 5 期。

[146] 天祝藏族自治县教育局:《天祝藏族自治县民族教育工作情况汇报》，天祝藏族自治县教育局，2010 年。

[147] 天祝藏族自治县教育局:《天祝藏族自治县双语教育发展指南》，天祝藏族自治县教育局，2011 年。

[148] 汪知亭:《台湾教育史料新编》，台湾商务印书馆 1978 年版。

[149] 王力:《汉语史稿（重排本)》，中华书局 1980 年版。

[150] 王远新:《中国民族语言学：理论与实践》，民族出版社 2002 年版。

[151] 王远新:《中国少数民族非物质文化遗产中的民族语言文字》，载赵学义、关凯《政策视野中的少数民族非物质文化遗产》，民族出版社

2010 年版。

[152] 王远新：《论裕固族的语言态度》，《语言与翻译》1999 年第 2 期。

[153] 吴本荣：《陈仪与台湾光复初期的语言政策》，《广西社会科学》2006 年第 10 期。

[154] 夏光南：《元代云南史地丛考》，中华书局 1935 年版。

[155] 熊南京、李芳兰、李雪强：《荷兰殖民统治者对台湾原住民的语言政策及其对语言生态的影响》，《南昌航空大学学报》2010 年第 1 期。

[156] 徐南号主编：《台湾教育史》，师大书苑有限公司 1996 年版。

[157] 徐向群：《希伯来语语法》，北京大学出版社 2006 年版。

[158] 姚春林、贾海霞：《从语言功能看语言文化保护的复杂性》，《西南民族大学学报》2016 年第 5 期。

[159] 姚春林：《藏族牧区小城镇的语言文化生活——甘肃省甘南藏族自治州玛曲县尼玛镇语言使用及语言态度研究》，《重庆工商大学学报》2014 年第 1 期。

[160] 姚春林：《城市化进程中甘青藏区语言文化生活研究——以甘肃省天祝藏族自治县华藏寺镇为个案》，《中央民族大学学报》2013 年第 6 期。

[161] 姚春林：《城镇化背景下青海省黄南藏族自治州马克唐镇语言使用及语言态度研究》，《语言学研究》2014 年第 14 期。

[162] 姚春林：《活力与濒危：安多藏语文活力研究——青海省黄南州古什当村藏语文使用及态度调查》，《华南理工大学学报》2015 年第 5 期。

[163] 姚春林：《经济大发展背景下藏族牧区的语言文化生活——青海省黄南藏族自治州羊直牧委会藏语文使用及态度研究》，《北华大学学报》2014 年第 2 期。

[164] 张红梅：《日据时期台湾的语言教育》，《长江大学学报》2011 年第 4 期。

[165] 张维安、林修澈、戴宝村：《大学校院客家学院（系所）现况调查研究》，行政院客家委员会，2007 年。

[166] 张学谦：《爱尔兰语言运动及独立建国》，载林央敏《语言文化与民族国家》，前卫出版社 1998 年版。

[167] 张学谦：《如何唤醒沉睡中的语言？希伯来语复振的经验》，《台

湾国际研究季刊》2011 年第 4 期。

[168] 赵会可、李永贤:《台湾语言文字规划的社会语言学分析》,《山西师范大学学报》2005 年第 6 期。

[169] 赵润琴、王锋:《湖南湖北同胞到大理学习白语白文》,《大理日报》, 2013 年 7 月 17 日 A1 版。

[170] 赵云侠:《犹太复国主义产生前的犹太民族问题》,《世界历史》1996 年第 2 期。

[171] 郑连斌、陆舜华、丁博、于会新、刘海萍、张兴华:《云南蒙古族体质特征》,《人类学学报》2011 年第 1 期。

[172] 中国大百科全书编委会:《中国大百科全书·语言文字卷》, 中国大百科全书出版社 1998 年版。

[173] 中国第二历史档案馆:《中华民国史档案资料汇编(文化)》, 江苏古籍出版社 1999 年版。

[174] 中国社会科学院、澳大利亚人文学院:《中国语言地图集》, 香港朗文出版(远东)有限公司 1987 年版。

[175] 中国社会科学院:《中国语言地图集(第二版)》, 商务印书馆 2012 年版。

[176] 中国社会科学院民族研究所、国家民委文化宣传司:《中国少数民族语言使用情况》, 中国藏学出版社 1994 年版。

[177] "中国语言生活状况报告" 课题组:《中国语言生活状况报告(上)》, 商务印书馆 2005 年版。

[178] "中国语言生活状况报告" 课题组:《中国语言生活状况报告(上)》, 商务印书馆 2006 年版。

[179] "中国语言生活状况报告" 课题组:《中国语言生活状况报告(上)》, 商务印书馆 2007 年版。

[180] "中国语言生活状况报告" 课题组:《中国语言生活状况报告(上)》, 商务印书馆 2008 年版。

[181] "中国语言生活状况报告" 课题组:《中国语言生活状况报告(上)》, 商务印书馆 2009 年版。

[182] 钟安西:《日据时期台湾教育制度述评》,《近代史研究》1994 年

第 6 期。

[183] 钟志清：《希伯来语复兴与犹太民族国家建设》，《历史研究》2010 年第 2 期。

[184] 周庆生：《国外语言规划理论流派和思想》，《世界民族》2005 年第 4 期。

[185] 诸葛漫、徐佳：《复兴语言学：一个新的语言学分支》，《语言教学与研究》2013 年第 4 期。

[186] 诸葛漫、姚春林、徐佳：《一门新的语言学分支：复兴语言学——兼谈濒危语言和濒危方言复兴的普遍制约条件和机制》，《世界民族》2012 年第 6 期。

[187] 诸葛漫、姚春林：《试论澳大利亚原住民的母语权及语言赔偿》，《北京大学学报》2014 年第 1 期。

[188] 祝畹瑾：《“师傅”用法调查》，《语文研究》1984 年第 1 期。

[189] 祝畹瑾：《社会语言学概论》，湖南教育出版社 1992 年版。

附　　录

此项研究耗时长达五年，本人在研究过程中先后得到了国家留学基金委、中国博士后科学基金会、国家民委、国家语委的基金资助，在此一并表示感谢。研究过程中也在国内外期刊上发表了一些前期成果。在此奉上部分资助证明，重温课题申请过程中的喜怒哀乐，并与读者共同分享部分前期成果。

附录一　国家留学基金委资助证明

此项研究包含两个国外语言复兴的个案和两个国内语言保护的个案。为掌握国外语言复兴的第一手资料，2012 年笔者成功申请到了国家留学基金委的资助，于 2013 年 3 月至 2014 年 3 月在澳大利亚阿德莱德大学从事博士研究。没有国家留学基金委的资助，本项目无法顺利完成，在此对国家留学基金委表示感谢。

国家留学基金管理委员会函件

国家留学基金资助出国留学资格证书

证书编号：201204920001

姚春林同志(出生日期：5/2/1974)：

经审核批准，您已被录取为2012年国际区域问题研究及外语高层次人才培养项目出国留学人员，录取文号为留金发[2012]3015 号，学号为201204920001。

国家留学基金将资助您赴澳大利亚留学，留学单位University of Adelaide，留学身份为博士后。留学期限为12个月，资助期限12个月。留学资格有效期保留至2013年12月31日。

资助方式为 A1类：国家留学基金提供在外留学期间规定期限内的奖学金生活费和一次往返国际旅费。

国家留学基金管理委员会

二〇一二年五月三十一日

备注：

1. 国内是否预发生活费：

■是；

□否。

2. 其他：

附录二　中国博士后科学基金会资助证明

此研究由本人的博士后出站报告修改而成，在完成过程中获得了第 53 批博士后科学基金资助。以下是中国博士后科学基金立项材料。

中国博士后科学基金资助证书
Certificate of China Postdoctoral Science Foundation Grant

中国社会科学院 姚春林 博士后研究人员，经专家评审，获得第 53 批中国博士后科学基金面上资助 二 等资助。特颁此证。

This is to certify that has received the -class General Financial Grant from the China Postdoctoral Science Foundation.

博士后编号Postdoctor No.：106882

资助编号Grant No.：2013M530825

2013 年 5 月 6 日

附录三 国家民委资助证明

本研究中的澳大利亚原住民语言保护个案研究，获得了国家民委资助，在此表示感谢。以下是国家民委项目协议书和课题结项书。

一 国家民委项目协议书

项目协议书

委托单位（甲方）：国家民族事务委员会
承 担 人（乙方）： 姚春林

根据《国家民委科研项目管理办法》的规定，经评审和公示（或因工作需要），甲方决定由乙方承担国家民委民族问题研究项目 2015 年度课题澳大利亚原住民语文政策研究：兼论对我国民族语文保护的启示，项目类别一般项目（编号：2015-GM-065）。

经双方协商，达成如下协议：

第一条 乙方根据甲方需要和要求提出研究方案，经甲方同意后即可实施。

第二条 乙方需按《国家民族事务委员会课题申报表》所填写方案开展研究工作，并达到该方案提出的目标，按要求及时高质量地完成课题研究任务。

第三条 甲方有权对乙方的研究项目进行监督、检查。乙方应在研究项目进行过程中接受甲方的监督、检查。

第四条 乙方按协议约定的方式及进度进行研究工作。研究工作严格按照《国家民委科研项目管理办法》中的要求进行，需于 2016 年 5 月 31 日前完成。因故确实不能按期完成者，可向甲方提出延期结题申请，但延长期限不得超过半年。

第五条 甲方提供乙方研究费用 3 万元。甲方于本协议签订后的 7 天内向乙方支付全部经费。

乙方在结题时需向甲方出具财务部门盖章的《国家民委民族问题研究项目经费使用决算表》。待乙方提交课题成果并经甲方鉴定通过后，甲方再向乙方支付经费总额的 20%。乙方若没有在规定期限内提交结题报告，甲方不再拨付尾款且撤销乙方承担的项目。对因故中止研究者（指乙方因出国、生病或其他原因不能继续研究的），甲方将追回已拨经费的剩余部分；对无故不完成研究任务者，甲方将追回已拨经费。

第六条　甲方有权对乙方的资金使用情况进行审计。乙方经费管理单位要配合甲方对资金使用情况进行审计。

第七条　甲方收到乙方提交的最终研究成果后，尽快开展课题鉴定工作，并在网上公示鉴定结果；若鉴定不合格，乙方应在两个月内修订并重新提交成果给甲方进行第二次鉴定。第二次鉴定仍不合格者，甲方停止向乙方拨付尾款，撤销乙方承担的项目，并追回已拨经费的剩余部分。

第八条　乙方可以研究报告、调研报告等形式结题。结题时乙方向甲方提交研究成果一式三份、成果核心内容一份及相关电子文本。“成果核心内容”主要包括对问题的描述、原因分析、对策建议等，不超过5000字。

第九条　若无特殊约定，项目成果的著作权属于乙方，但甲方有权优先使用。未经甲方同意，乙方不得公开项目成果。

第十条　本协议与经费相关的内容，不适用于自筹经费项目。

第十一条　乙方需在收到本协议书的五个工作日内，在协议书上签字（或盖章）并向甲方寄送一份协议书，过期视作自动放弃项目。

第十二条　未尽事宜由双方作补充协议解决，补充协议与本协议具有同等法律效力。

第十三条　本协议书自甲乙双方签字或盖章之日起生效。本协议一式两份，由甲乙双方各持一份，具有同等的法律效力。

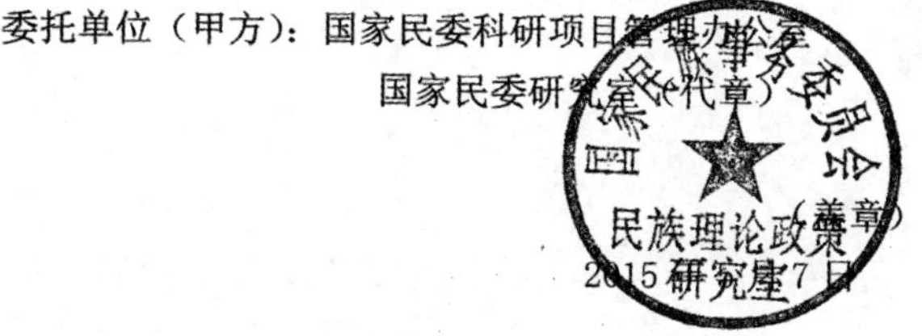

委托单位（甲方）：国家民委科研项目管理办公室

国家民委研究室（代章）

（盖章）

2015年 月7日

课题负责人（乙方）签字：

年　月　日

二　国家民委项目结项书

结 项 证 书

项目类别：国家民委民族问题研究一般项目（批准号：2015-GM-065）

项目名称：澳大利亚原住民语文政策研究：兼论对我国民族语文保护的启示

负 责 人：姚春林　　主要参加人：曹红梅 贾海霞 马忠娥 徐佳 王显志

鉴定等级：良好

本项目经审核准予结项，特发此证。

国家民委科研项目管理办公室

国家民委研究室（代章）

2016-09-07

附录四　国家语委后期资助证明

本书能够最终出版，是因为获得了国家语委语言文字科研项目优秀成果后期资助，在此对国家语委表示感谢。以下是国家语委资助证书。

国家语委科研规划领导小组办公室

国家语委语言文字科研项目优秀成果后期资助计划

立项通知书

姚春林 老师：

您申报的“中外语言保护典型个案比较研究”课题，经我办组织专家评审，现正式批准为国家语委语言文字科研项目优秀成果后期资助 2016 年度项目。

项目批准号：HQ135-5

批准经费：7 万元。其中第一期拨款(80%) 5.6 万元近期将由教育部财务司拨至你单位财务账号，请注意查收。

项目完成时间：2017 年 12 月 1 日前。请按照《国家语委科研项目管理办法（2015 修订版）》的要求和您申报的《国家语委语言文字科研项目优秀成果后期资助计划申请表》中设计的研究内容及研究计划开展研究，确保项目按期保质保量完成。所有出版或发表的项目研究成果，须在显著位置标明“国家语委语言文字科研项目优秀成果后期资助计划”字样和项目批准号，否则项目结项不予通过。

国家语委科研规划领导小组办公室

2016 年 11 月 21 日

办公室

附录五　重要前期成果

本研究在完成过程中发表了一些前期成果。其中最重要的一篇发表在 SSCI 刊物 *Language Problems and Language Planning* 上。现附于此，与大家分享。

John Benjamins Publishing Company

This is a contribution from *Language Problems & Language Planning* 40:2

Language vitality and language identity — which one is more important?

Tibetan-Chinese bilingual education in Maketang versus Huazangsi

Chunlin Yao and Ghil'ad Zuckermann
North China University of Science and Technology, China / The University of Adelaide, Australia

How to protect language diversity in the world is a hotly discussed topic in linguistic research. This study investigates the relationship between Tibetan language vitality and language users' identity in Maketang and Huazangsi Tibetan Autonomy County. On the basis of empirical data, the study suggests that there are no strong, positive correlations between Tibetan language vitality and the speakers' language identity (or with their language activities and inclinations). However, pragmatic matters constitute an important factor that influences speakers' activities and inclinations. These findings can be explained by conflicting functions performed by language: language as a communication tool on the one hand, and language as a receptacle of culture on the other. Bilingual (or multilingual) education can fulfill a useful role in balancing these two language functions. As a result of the evidence in this study, we argue that language protection cannot preserve both language vitality and language identity, and that, therefore, language protection should pay more attention to issues of language identity rather than to issues of language vitality.

Keywords: language vitality, language identity, functions of language, bilingual education

Introduction: languages and language protection in China

Figures from the Summer Institute of Linguistics (SIL) International show that there are approximately 6,909 languages (or language varieties) in the world, of which 51 percent are spoken by no more than 10,000 people each, while 22 percent are spoken by fewer than 1,000 people each (Lewis, 2009). Figures published in the

Language Problems & Language Planning 40:2 (2016), 163–186. DOI 10.1075/lplp.40.2.04yao
ISSN 0272–2690 / E-ISSN 1569–9889 © John Benjamins Publishing Company

Proceedings of the National Academy of Sciences of the United States of America state that the speed of extinction for languages is a thousand times faster than that for biological species. As a result, 50 to 90 percent of current languages will die out in the next 100 years (Gorenflo, Romaine, Mittermeir, & Walker-Painemilla, 2012). Finding ways in which current languages may be preserved is thus a pressing task for both linguists and policy makers (see Zuckermann, & Walsh, 2011; Zuckermann, Yao Chunlin & Xu Jia, 2012; Zuckermann, 2009, Zuckermann & Yao Chunlin, 2014).

In China, 56 recognized ethnic groups speak more than 130 languages (Wang, 2010), representing five language families: Sino-Tibetan (including Chinese, Tibetan, Zhuang, Miao, etc.), Altaic (including Uyghur, Mongolian, Xibe, etc.), Austroasiatic (such as Wa, Blang, Deang, etc.), Austronesian (in Taiwan, such as Formosan, etc.), and Indo-European (e.g., Russian, Tajik, etc.). In order to protect language diversity in China, the Chinese legislature has published several laws at various governmental levels, such as the *Constitution of the People's Republic of China*, the *Law of the People's Republic of China on the Standard Spoken and Written Chinese Language, the Education Law of the People's Republic of China*, and the *Law of the People's Republic of China on Regional National Autonomy*, all of which seek to guarantee the rights and social power of minority languages. All nationalities have the freedom to use and develop their own spoken and written languages and to preserve or reform their own folkways and customs. In performing their functions, the organs of self-government of the national autonomous areas, in accordance with the regulations on the exercise of autonomy in those areas, employ the spoken and written language or languages in common use in the locality. Citizens of all of China's nationalities have the right to use their native spoken and written languages in court proceedings. The People's Courts and People's Procuratorates are required to provide translation for any party to the court proceedings not familiar with the spoken or written languages commonly used in the locality. In an area where people of a minority nationality live in a concentrated community or where a number of nationalities live together, court hearings are to be conducted in the language or languages commonly used in the locality; indictments, judgments, notices and other documents should be written, according to actual needs, in the language or languages commonly used in the locality. In reality, in most parts of China the laws are observed by the government, but some business agencies do not apply ethnic language service to their clients (see Yao Chunlin, 2012, 2013a, 2013b).

In recent years the Communist Party of China has emphasized language protection. On October 18, 2011 the Sixth Plenary Session of the Seventeenth CPC Central Committee (2011) passed the *Decision of the CPC Central Committee on major issues pertaining to deepening reform of the cultural system and promoting the great development and flourishing of socialist culture*, which highlighted ethnic language protection in China. It asserted that:

> [We] will scientifically protect the spoken and written languages of all ethnic groups. We will promote the flouring and development of cultural programs related to ethnic minorities; carry out work to protect their unique cultures; and increase the translation, publishing or broadcasting of radio and television shows, movies, Party newspapers and periodicals, and other publications in minority languages. (p. 6)

As language protection in the world has become a thorny and emergent issue, it is imperative to ascertain the vitality of the languages in China and to analyze theories of language protection. In this context, this article seeks to establish the vitality of the Tibetan language.

Language vitality is a complexity variety which cannot be assessed by a single factor. The United Nations Education, Scientific and Culture Organization (UNESCO) identifies language vitality on six factors: Intergenerational Language Transmission, Absolute Number of Speakers, Proportion of Speakers within the Total Population, Shifts in Domains of Language Use, Response to New Domains and Media, and Availability of Materials for Language Education and Literacy (UNESCO Ad Hoc Expert Group on Endangered Languages, 2003). It also points out that language attitudes and policies are important factors assessing language vitality. Lewis and Simons (2010) assess language vitality from four aspects: the current identity function of the language, the level of official use, the generation transmission of the language, and the literacy status.

In the current study, the language use and language attitude are investigated to assess Tibetan language vitality. The reasons for this are as follows. First, there are similar language policies in Maketang and Huazangsi as the legislatures in both Maketang and Huazangsi enact local laws based on the *Constitution of the People's Republic of China*. Second, the literacy status and the response to new media are similar in Maketang and Huazangsi as the two share the same Tibetan dialect and literacy rates. Therefore, the most important factors on Tibetan language vitality are the use of Tibetan both inside and outside the home and the attitudes toward the language.

The Tibetan language belongs to the Tibeto-Burman language family, which is a sub-class of the Sino-Tibetan language family. It is spoken in China, India, Bhutan and Nepal by Tibetan people as well as other ethnic groups. The Tibetan language spoken in China can be divided into three dialects: the Ü-Tsang (Central Tibetan) dialect, spoken mainly in the Tibetan Autonomous Region; the Khams dialect, spoken mainly in Sichuan province and Yunnan province; and the Amdo dialect, spoken mainly in Qinghai province and Gansu province. These three dialects are related variants of a common Tibetan language and have the same writing system, but they differ from one another phonologically. The three dialects of Tibetan do not differ from one another sociolinguistically, and none appears to have a higher social status than the others.

This article focuses on the language vitality and language speakers' identity of the Amdo dialect area (see Yao Chunlin, 2012, 2013a, 2013b). The Amdo dialect is spoken in Qinghai province, Gansu province, and in a small part of Sichuan province. It is, in turn, composed of four sub-dialects:

- Nongqu, spoken in a predominantly agricultural area;
- Muqu, spoken in a predominantly pastural area;
- Bannongbanmuqu, employed in a mixed region which is partially agricultural and partially pastural; and
- Daofu, spoken in Daofu county and Luhuo county.

From July to August 2011, three Tibetan postgraduate students and the first author went to Qinghai and Gansu provinces to investigate the vitality of the Amdo dialect. We selected seven language communities from the Amdo-speaking area, including areas where the Nongqu, Muqu and Bannongbanmuqu sub-dialects were spoken as targets of investigation. The collected data were analyzed to assess the vitality of the Amdo dialect as well as the language speakers' language identity in these areas. According to the survey, the vitality of the Amdo dialect is strongest in pastural areas, while that mixed pastural/agricultural areas it is somewhat less so. The Amdo language vitality in the agricultural area is rather weak, but is stronger in the town than in the countryside (Yao Chunlin, 2012, 2013a, 2013b). This article will compare the language vitality and language speakers' identity in towns of Maketang (Qinghai Province) with that in Huazangsi (Gansu Province). Both of the towns are in Tibetan autonomous area and the Tibetan people are the dominant ethnic group in both towns.

Language vitality and language identity

As suggested above, Language vitality is a complexity variety which cannot be assessed by a single factor. The UNESCO identifies language vitality on six levels: safe, vulnerable, endangered, severely endangered, critically endangered, and extinct (UNESCO Ad Hoc Expert Group on Endangered Languages, 2003). Safe languages are those that are "spoken by all generations and intergenerational transmission is uninterrupted;" vulnerable languages are those where "most children speak the language, but it may be restricted to certain domains (e.g., home);" endangered languages are those that are no longer learned by children as a mother tongue at home; severely endangered languages are those which are "spoken by grandparents and older generations; while the parent generation may understand it, but they do not speak it to children or among themselves;" critically endangered languages are those where "the youngest speakers are grandparents and older, and they speak the language partially and infrequently" and finally, extinct languages are those where "no one can speak or remember the language."

Ethnic identity includes the sense of membership in the ethnic group, and attitudes and feelings about group membership (Phinney, 1996). Ethnic identity is composed of four aspects: ethnic awareness (an understanding of one's own group and its relationship with other groups), ethnic self-identification (one's acceptance of membership in one's own group), ethnic attitudes (feelings about one's own group in particular, but also about other groups) and ethnic behaviors (that is, the specific patterns of behavior specific to one's own ethnic group). In this article, we will focus on Tibetan ethnic identity both in general terms and specifically with respect to the articulated language identity of the individuals and groups studied.

Basic contextual information: Maketang and Huazangsi

Maketang, which is the location of the government of Jianzha County, Huangnan Tibetan Autonomous Prefecture, is about 36.9 square kilometres, and has 7,000 citizens, 49 percent of whom are ethnically Tibetan. Huazangsi, which is the location of the government of Tianzhu Tibetan Autonomous County, is about 438 square kilometres and has 4,520 families, 18,901 citizens, 34.9% of whom belong to ethnic minorities, including Tibetan people, Tu people, Hui people, Man people and Mongolian people.

Research methodology

The study upon which this article is based involved data collected through questionnaires conducted orally. The questionnaire was composed of five parts: basic information, language acquisition environments, ways of language acquisition, language use, and language attitudes (see appendix). During the investigation process, the research team read the questions and possible responses, and then the interviewee indicated his or her responses. In order to avoid omitting potential answers not covered by the options provided, the questionnaire designer left wide margins on the questionnaire, where the interviewers could record any useful information that arose in the process of investigation. For example, a question in the questionnaire asks where there are elementary schools in local area offer classes with different language or languages (such as classes taught in the Tibetan language, Modern Standard Chinese, or English), whether classes are bilingualism or trilingual in nature, and which kind of classes interviewees would prefer their offspring to attend In the field investigation, some interviewees indicated preferences for Tibetan-Chinese bilingual education or Tibetan-Chinese-English trilingual education. Further, some told the interviewer their preferred teaching types of bilingual/trilingual education, such as the Tibetan immersion teaching type or the Chinese immersion teaching type. There is no question on teaching type in the questionnaire, but this kind of information was deemed very useful to the study. Therefore, the research team recorded the information in the margins of the questionnaire.

Selection of research subjects

This study was approved by the Committee of Ethnic and Integrity in Research with Humans in Hebei United University (now named North China University of Science and Technology). It investigated the use of Tibetan and the attitudes toward Tibetan among all Tibetan social groups. Therefore, the research team tried to select roughly comparable numbers of female and male subjects, and attempted to include subjects from different age groups over 18 years old. In the investigation process, the research team invited some Tibetan persons to take part in the investigation based initially on their age and gender, and then asked them their education levels and occupations. Those who meet the requirements of the current study were selected as research subjects, and the research team shared with them the aim and purpose of the investigation. If the research subject accepted the invitation, the research team then proceeded to administer the questionnaire orally. At any time, the research subject was free to withdraw from the investigation. During the 1st to the 3rd of August, 2011, the research team obtained 29 questionnaires in Renmin Street at Maketang town. In the same method, during the 5th to the 8th of August, 2011, the research team obtained 33 questionnaires at the Central Park of Huazangsi. The basic information for these subjects is presented in Tables 1 and 2.

Table 1. Basic Information on the Research Subjects at Maketang (n=29)

Sex		Age			Education				
male	female	18–25	26–44	45 or more	temple education	1–6 years education	7–9 years education	10–12 years education	Tertiary degree
18	11	7	16	6	1	6	2	4	16
62.1%	37.9%	24.1%	55.1%	20.7%	3.4%	20.7%	6.9%	13.8%	55.2%

Table 2. Basic Information on the Research Subjects at Huazangsi (n=33)

Sex		Age			Education				
male	female	18–25	26–44	45 or more	No school education	1–6 years education	7–9 years education	10–12 years education	Tertiary degree
22	11	8	16	9	5	3	3	4	18
66.7%	33.3%	24.2%	48.5%	27.3%	15.2%	9.1%	9.1%	12.1%	54.5%

Language environments and language abilities

On their self-report, all subjects in both groups acquired the Tibetan language as their mother tongue since both their parents talked to them only in Tibetan before they were five years old (Table 3). In Maketang, at the time of the investigation, all of the subjects could understand and communicate with others in both Tibetan and Modern Standard Chinese, except one who was not able to communicate in Modern Standard Chinese. No one spoke local Chinese dialect. In fact, there is no local Chinese dialect in Maketang. All people here speak Tibetan and some of them speak Modern Standard Chinese seldom. Furthermore, 9 subjects could understand the Ü-Tsang dialect and 5 subjects the Khams dialect, while no one else could communicate in either of the two other Tibetan dialects (Table 4). As to writing abilities, the subjects' level of written Tibetan was higher than that in Chinese. The most important reason is that most of the interviewees got Tibetan education. Another reason is that writing Tibetan belongs to phonemic writing system while writing Chinese is morphemic writing system. If one can speak a language it is easier for him or her to master the character of phonemic writing system than the morphemic writing one. Altogether, 28 subjects could read Tibetan characters and 23 persons Chinese characters, while 28 persons could write in Tibetan characters, and 21 persons could write in Chinese characters.

Subjects had acquired the Tibetan language (both oral and written forms) differently from how they had acquired the Chinese language (Table 5). The largest group reported acquiring spoken Tibetan from their parents (29 persons), while smaller groups indicated that they had learned the language in school (23 persons) and through social communication (5 persons), while the written language was acquired primarily in school (26 persons), but also from parents (13 persons) and in temple learning (5 persons). In contrast, schooling (23 persons), social communication (18 persons), working abroad (6 persons), watching TV (6 persons) and training (5) were the ways in which subjects reported having acquired Modern

Standard Chinese, while they attributed schooling (24 persons) and training (5 persons) to their acquisition of written Chinese.

Table 3. Language Speaking When the Subjects Are Under Five Years Old

	Maketang (n=29)			Huazangsi (n=33)		
	Tibetan	Tibetan-Chinese	Chinese	Tibetan	Tibetan-Chinese	Chinese (Modern Standard Chinese)
Fathers	28			9	11	13 (2)
Mothers	29			12	8	13
Subjects	29			11	10	12

Table 4. Language Abilities at the Investigation Time

	Maketang (n=29)			Huazangsi (n=33)		
	Tibetan	Tibetan-Chinese	Chinese	Tibetan	Tibetan-Chinese	Chinese (Modern Standard Chinese)
Listening	29		29	23		33(24)
Speaking	29		28	20		33
Reading	28		23	17		28
Writing	28		21	16		27

Table 5. Language and Character Acquisition Methods

	Maketang (n=29)				Huazangsi (n=33)			
	Spoken Tibetan	Written Tibetan	Spoken Chinese	Written Chinese	Spoken Tibetan	Written Tibetan	Spoken Chinese	Written Chinese
Parenting	29	13			20		5	
Schooling	23	26	23	24	10	17	23	28
Social communicating	5		18		3		10	
Temple learning		5						
Working abroad			6				2	
Watching TV			6					
Training			5	5			1	

In Huazangsi, the parents of 13 subjects spoke only Chinese to them before they were 5 years old; 11 subjects' parents had used both Tibetan and Chinese; 9 subjects' parents only Tibetan. Among all the parents who could speak Chinese, two could speak both Modern Standard Chinese and the local Chinese dialect; others could only speak the local Chinese dialect. Both the parents who spoke Modern Standard Chinese to their children were teachers. In this language environment, 12 subjects acquired local Chinese dialect, 11 subjects Tibetan and 10 subjects acquired both Tibetan and local Chinese dialect as their mother tongue (Table 3). Although two parents speak both local Chinese dialect and Modern Standard Chinese to the interviewees, no one acquired Modern Standard Chinese as their mother tongue.

All of the subjects could understand both Modern Standard Chinese and the local Chinese dialect and could communicate in the local dialect; and 24 subjects could communicate in Modern Standard Chinese. 23 subjects could understand the Tibetan language, while 20 subjects could communicate in Tibetan (Table 4).

The research team interviewed two subjects who could speak only the local Chinese dialect. One said that his grandparents and parents were all Han people, but that he was ethnic Tibetan officially (i.e., in his government census record). In ethnicity and culture, he was Han. Another one said that she used to speak in Tibetan, but other persons told the investigation team that the person involved was Han. As her husband was Tibetan, she regarded herself as Tibetan as well. 28 subjects could read in Chinese, 17 subjects in Tibetan; while 27 subjects could write in Chinese, and 16 subjects could write Tibetan.

In term of methods of language and writing system acquisition, parenting (20 persons), schooling (10 persons) and social communication (3 persons) were the ways in which they had acquired the Tibetan language; schooling (23 persons), social communication (10 persons), parenting (5 persons), working abroad (2 persons), training (1 person) were the ways of in which Modern Standard Chinese had been acquired. Schooling was the only way for those who had acquired the skill to write in Chinese characters and/or Tibetan characters (Table 5).

From the above we can conclude that the language environment for children under five years old in Maketang represents a Tibetan environment, while in Huzangsi it is a Tibetan-Chinese bilingual environment. At the time of investigation, Tibetan had a stronger vitality than Chinese in Maketang while Chinese had a stronger vitality in Huazangsi.

Language use

In Maketang, according to the survey, all subjects communicated with their parents in the Tibetan language; when they talked to their peers (sisters, brothers, wives, husbands), 25 subjects spoke in Tibetan and 4 subjects in either Tibetan or Chinese. Further, 20 subjects talked to their offspring in Tibetan while 2 subjects used either in Tibetan or Chinese. When talking with other Tibetans in town, all subjects said that they only spoke in Tibetan; when talking with other ethnic groups, 13 subjects spoke in Tibetan, 9 subjects in Chinese and 7 subjects in either Tibetan or Chinese. When they met strangers for the first time 13 subjects would speak in Tibetan, 12 subjects in either Tibetan or Chinese, and 4 subjects in Chinese (Table 6).

Table 6. Language Use

		Maketang (n=29)			Huazangsi (n=33)		
		Tibetan	Tibetan-Chinese	Chinese	Tibetan	Tibetan-Chinese	Chinese
At home	Father	19			1	9	14
	Mother	21			3	8	12
	Peer(s)	25	4		5	6	19
	Child(ren)	20	2		3	5	12
Out of home	Other Tibetan	29			6	9	18
	Other ethnic	13	7	9			33
	Stranger(s)	13	12	4			33

According to the investigation, in Huazangsi 14 subjects communicated with their fathers in Chinese, 9 subjects in either Tibetan or Chinese, and 1 subject in Tibetan, while, in contrast, 12 subjects communicated with their mothers in Chinese, 8 subjects in either Tibetan or Chinese, and 3 subjects in Tibetan. In communicating with peers (sisters, brothers, wives, husbands), 19 subjects spoke in the Chinese language, 6 subjects in either Tibetan or Chinese, 5 subjects in Tibetan. 12 subjects talked to their offspring in Chinese, 5 subjects in either Tibetan or Chinese, and 3 subjects in Tibetan. When talking with other Tibetans in town, 18 subjects said that they only spoke in the Chinese language, 9 subjects in either Tibetan or Chinese, 6 subjects in Tibetan, while when they talked with other ethnic groups, all subjects only spoke in the Chinese language. When they met strangers for the first time, all subjects would also exclusively speak in Chinese (Table 6).

In Maketang the Tibetan language serves as the main tool of communication, spoken both inside and outside of the family. The Chinese language is only a supplement to the Tibetan language. It is only spoken between cross-ethnic groups and with strangers. Based on these facts we can conclude that the Tibetan language has a strong vitality in Maketang. In contrast, in Huangzangsi, the Chinese language served as the main tool of communication, spoken in the society and among Tibetan family members, while the Tibetan language was only spoken within Tibetan families by half of the subjects. Following UNESCO's criteria, the vitality of the Tibetan language would be placed at level one "safe" in

Maketang while it is between level 2 "vulnerable" and level 3 "definitely endangered" in Huazangsi, perhaps more towards "vulnerable" than "definitely endangered." These facts clearly show that the Tibetan language has stronger vitality in Maketang than in Huazangsi.

Language attitudes

During our investigation in Maketang, 13 subjects indicated that they believed that the Tibetan language is useful to all people and 16 subjects thought that the language is only useful to Tibetan people, while 27 subjects expressed the view that the Chinese language is useful to all people and 2 subjects thought that the Chinese language is only useful to Han people. 12 subjects hoped that the Tibetan language would flourish in the future and 17 subjects hoped that the Tibetan language would flourish at least in the local area, while 27 subjects hoped the Chinese language would flourish in the future and 2 subjects hoped Chinese would flourish at least in areas with Han people.

In Huazangsi, 20 subjects believed that the Tibetan language is useful to all people; 11 subjects thought that Tibetan is useful only to Tibetan people; 2 subjects thought the Tibetan language was useless. 31 subjects thought that Modern Standard Chinese is useful to all people and 2 subjects thought that Modern Standard Chinese is only useful to Han people. 21 subjects hoped the Tibetan language would flourish in the future; 11 subjects hoped Tibetan would flourish at least in the local area; and 1 subject hoped that the Tibetan language wouldn't be used. 31 subjects hoped the Chinese language would flourish in the future and 2 subjects hoped Chinese would flourish at least in areas with Han people.

The above data show that the subjects in Maketang and in Huazangsi hold positive attitudes toward both the Tibetan and the Chinese languages. The subjects in Maketang and Huazangsi believe both Chinese language and Tibetan language are useful and hope the two languages can flourish in the future. Precisely speaking, their attitudes toward the Chinese language are more positive than to the Tibetan language and the attitudes toward the Tibetan language of the subjects in Huazangsi are a little more positive than of those in Maketang.

Language activities and inclination

About language life

In terms of TV programs, in Maketang, 22 subjects watched both Tibetan and Chinese language programs, 5 subjects only watched Tibetan language programs, and 2 subjects watch only Chinese language programs. Correspondingly, in Huazangsi 19 subjects watched both Tibetan and Chinese language programs, 12 subjects watched only Chinese, and 2 subjects watched only Tibetan language programs. As to radio programs, in Maketang 15 subjects preferred both Tibetan and Chinese language programs, 10 subjects preferred only Tibetan language programs, 1 subject only Chinese language programs and 3 subjects did not listen to the radio at all. In Huazangsi, on the other hand, 17 subjects preferred both Tibetan and Chinese language programs, 13 subjects only Chinese language programs, 2 subjects only Tibetan language programs and one subject did not listen to the radio at all (Table 7).

Table 7. Language Life

	Maketang (n=29)			Huazangsi (n=33)		
	Tibetan	Tibetan and Chinese	Chinese	Tibetan	Tibetan and Chinese	Chinese
TV programs	5	22	2	2	19	12
Radio programs	10	15	1	2	17	13

With respect to reading, in Maketang 4 subjects read Tibetan newspapers or books every week, 10 subjects almost every week, 5 subjects almost every month, and 10 subjects reported that they did not read Tibetan newspapers or books at all. In Huazangsi, 3 subjects read Tibetan newspapers or books every week, 6 subjects almost every week; 5 subjects almost every month; and 19 subjects did not read Tibetan newspaper or books.

About education of the next generation

Education is an important issue related to ethnic language and culture preservation and ethnic development. In order to understand the subjects' viewpoints on education, the questionnaire included the question, "If there were an elementary school in your area which offered classes with different language or languages, such as the classes teaching in the Tibetan language, Modern Standard Chinese, English, or bilingualism, or trilingualism, which kind of classes would you like your offspring to attend?" In Maketang, 10 subjects preferred Tibetan language education, 9 subjects preferred Tibetan-Chinese-English trilingual education or Tibetan-Chinese bilingual education, and 1 subject preferred English education. In Huazangsi, in contrast, 15 subjects preferred Tibetan-Chinese-English trilingual education, 7 subjects Tibetan-Chinese bilingual education, 6 subjects Tibetan language education, 2 subjects Chinese-English bilingual education or Chinese education, and 1 subject education in English.

Another thing that should be pointed out is that those who preferred bilingual education or trilingual education in Maketang and Huazangsi held different views regarding the type of bilingual or trilingual education. In Maketang those favoring bilingual or trilingual education preferred Tibetan language immersion teaching. That is, courses such as math or science were preferred to be taught in Tibetan except courses like Chinese and/or English. In contrast, in Huazangsi, the subjects preferred Chinese language immersion classes.

Interviews on this topic revealed more details about the subjects' views on education. Almost all subjects in Huazangsi expressed the opinions that for Tibetan people their ethnic language is undeniably very important to their kids while the national language (Chinese) and the international language (English) are also important to their children. For the sake of education and employment, they wish their offspring to attend Chinese language immersion education. The subjects in Maketang agreed that the three languages (Tibetan, Chinese and English) are all important to their kids. In terms of education and employment, most of the subjects even agreed that Chinese and English are more important to their kids than the Tibetan language. As they judged their own command of Chinese to be not very good, at least not as good as Han people, they could not instruct their kids at home as Han people do, which means their kids are at a disadvantaged position from the beginning when they compete with Han children in education or employment. Superficially the subjects at the two towns had different viewpoints to bilingual (or trilingual) types of teaching, but essentially all of them expressed practical views toward education.

Comparison between Maketang and Huazangsi

The above analysis shows that the Tibetan language activities in Maketang were a little more widespread than in Huazangsi, since more subjects in Maketang preferred Tibetan language programs, books and newspapers. In terms of children's education, almost all subjects in both Maketang and Huazangsi preferred Tibetan language education, either in a monolingual, bilingual or trilingual setting.

Discussion: Language vitality and language identity

The investigation data show that the language environment consists of Tibetan in Maketang and is bilingual Tibetan-Chinese in Huzangsi. Using UNESCO's criteria, the vitality of Tibetan language in Maketang is at the level of "safe" while it is between the levels of "vulnerable" and "definitely endangered" in Huazangsi town (perhaps more toward "vulnerable" than toward "definitely endangered"). These facts show that the Tibetan language has a stronger vitality in Maketang than in Huazangsi. As to language identity, it seems that the subjects' attitude towards the Tibetan language disaccords with their language activities and inclination, which are the most important parts of language identity. The attitudes toward Tibetan in Huazangsi are a little more positive than in Maketang, but the Tibetan language activities in Maketang are a little more extensive than in Huazangsi. Moreover, subjects in both Maketang and Huazangsi express pragmatic viewpoints on education.

The Tibetan language vitality in Maketang is stronger than in Huazangsi, while the speakers' attitudes towards Tibetan in Maketang are less positive than in Huazangsi. Comparing the language vitality and language attitudes in Maketang and in Huazangsi, we can see that the language vitality and the speakers' attitudes towards the language do not have a strong, positive correlation with each other.

The research data show that practical purpose is an important factor influencing speakers' activities and inclinations. This means that language vitality is not a factor of decisive importance in speakers' activities and inclination. That is to say, there are no strong and positive correlations between Tibetan language vitality and Tibetan language identity, with their language activities and inclination.

With respect to language protection, the relation between language vitality and speakers' language attitudes reveals that in China, language contact and bilingualism (or multilingualism) are irreversible historical trends in language development; therefore it is unrealistic for language speakers to maintain language vitality as strongly as several decades ago. As a result, it seems a little more important to cultivate language ethnicity than to protect language vitality.

Language functions refer to the purposes for which language is used, both formally and informally. Jakobson divides language functions into six types: referential, aesthetic/poetic, emotive, conative, phatic and metalingual (Hu Zhuanglin, 2001). The influential linguist M.A.K. Halliday divides language functions into seven kinds: instrumental, regulatory, heuristic, interactional, personal, imaginative, and informative (Hu Zhuanglin, 2001). No matter how to divide language functions, we cannot look down upon language functions with the two broad ranges: functions of language as a tool of communication and functions of language as a vehicle of culture. The former refers to the fact that language is a kind of tool for human beings to communicate with each other; the latter refers to the fact that language is both a kind of culture in and by itself as well as the carrier of a culture. Sometimes the two functions are in opposition with each other. On the one hand, as a kind of communicational tool, speakers may prefer convenience and practicality. In the current time, Modern Standard Chinese is the most convenient and practical tool for social communication in China, especially the cross ethnic communication, while English holds a favored position in the world. Using these tools of communication human beings can communicate with more people. From this viewpoint, language protection (or language revival) is not necessary. On the other hand, in terms of the cultural functions of language, language diversity is expected. Therefore, we should preserve all kinds of languages that are currently endangered.

The contradiction between the two kinds of functions of language presents the most difficult hurdle in language protection. Bilingual education (or multilingual education) is a useful way of balancing these two kinds of language functions. In bilingual education, ethnic minority teaching and learning should focus on ethnic culture and language identity. On the other hand, teaching and learning in the nationally dominant language should highlight the communication function. At the investigation time, Tibetan language still has a high level of vitality. As the two broad functions of language do not have significant positive relationship even negative relationship with each other, it is hard to protect language vitality in the future.

Acknowledgement

The study was supported by Hebei Education Department (BJ2014081), and China Postdoctoral Scholarship Committee (2013M530825). We give our warm thanks to them.

References

Gorenflo, L. J., Romaine, S., Mittermeier, R. A., & Walker-Painemilla, K. (2012). Co-occurrence of linguistic and biological diversity in biodiversity hotspots and high biodiversity wilderness areas. *Proceedings of the National Academy of Sciences 109/21*: 8032–8037.

Hu Zhuanglin. (2001). *An Introduction to Linguistics*. Beijing: Beijing University Press.

Lewis, M. P. (Ed.). (2009) *Ethnologue: Languages of the world* (16th ed.). Dallas, Tex.: SIL International.

Lewis, M. P. & Simons, G. F. (2010) Simons. Assessing Endangerment: Expanding Fishman's GIDS. *Revue Roumaine de Linguistique 55/ 2*: 103–120.

Phinney, J. S. (1996). When we talk about American ethnic groups, what do we mean? *American Psychologist 51/9*: 918–927. doi:10.1037/0003-066X.51.9.918

The Sixth Plenary Session of the Seventeenth CPC Central Committee. (2011, October 26). The Decision of the CPC Central Committee on Major Issues Pertaining to Deepening Reform of the Cultural System and Promoting the Great Development and Flourishing of Socialist Culture, *Renmin Daily (Renmin Ribao)*. 1–11.

UNESCO Ad Hoc Expert Group on Endangered Languages. (2003) *Language Vitality and Endangerment*. Paris: The International Expert Meeting on UNESCO Programme Safeguarding of Endangered Languages.

Wang Yuanxin. (2010). Chinese ethnic languages and character, a kind of non-objection culture heritage. In Zhao Xueyi & Guan Kai (Eds.), *Chinese Ethnic Non-objection Culture Heritage*, Beijing: Minzu Press. 134 - 192.

Yao Chunlin. (2012). Energetic or Endangered: Case Study on Tibetan Language Use and Attitude in the First Villager Group of Juhua Village, a Tibetan-Chinese Bilingual Community. *Chinese Sociolinguistics, 18/2*, 63–69.

Yao Chunlin. (2013a). Case Study on Language Use and Attitude in Maketang Town under Urbanization. *Language Research 14*: 181–189.

Yao Chunlin. (2013b). How Urbanization Affects the Language Life in Amdo Dialect Region: Case Study on Tibetan Use and Attitude in Huazangsi Town. *Journal of the Central University for Nationalities (Philosophy and Social Sciences Edition) 6*: 153–159.

Zuckermann, G., & Walsh, M. (2011). Stop, Revive, Survive!: Lessons from the Hebrew Revival Applicable to the Reclamation, Maintenance and Empowerment of Aboriginal Languages and Cultures. *Australian Journal of Linguistics, 31*(1), 111–127. doi:10.1080/07268602.2011.532859

Zuckermann, G., Yao Chunlin, & Jia, Xu. (2012). Universal Constraints and Mechanisms in the Reclamation and Empowerment of Endangered Languages and Dialects. *World Ethno-National Studies, 6*, 66–73.

Zuckermann, G., & Yao, Chunlin. (2014). Native Title Rights and the Compensation for the Loss of Aboriginal Languages. *Journal of Peking University (Philosophy and Social Sciences), 1*, 156–163.

Zuckermann, G. (2009). Hybridity Versus Revivability: Multiple Causation, Forms and Patterns. *Journal of Language Contact, 2*(2), 40–67. doi:10.1163/000000009792497788

Appendix

藏语文使用及态度调查问卷
Questionnaire on Tibetan Use and Attitudes toward Tibetan
调查时间/Time of the Investigation_年/year_月/month_日/day
被调查者姓名/Name of the interviewee
调查地点/Place of the Investigation
被调查者联系方式/Contact the interviewee

1. 性别/Gender：1) 男/Male 2) 女/female

2. 您的年龄/age:_（周岁）

3. 您是_族/ethnic

4. 您的出生地/place of birth：

5. 您是_年迁入本地的（调查地出生，不填此题）/when did you immigrant here? If you were born here, please ignore the question.

6. 除本地外，您在哪些地方居住过一年以上_（具体到市/县）/did you live in other place more than 12 months? If yes, please write down the place and the time where and when you lived in details.

7.您的受教育程度/education degree
1) 从没上过学/no formal education
2) 寺院教育/temple education
3) 小学/1–6 years education
4) 初中/7–9 years education
5) 高中（含中专、技校、职高）/10–12 years education
6) 大专及以上/Tertiary degree

8. 您现在做什么工作（离退休人员按原职业选择）/occupation：
1) 公务员/civil servant
2) 工人/labor
3) 企事业工作人员/clerk
4) 教师/teacher
5) 教师以外的专业技术人员/other technician
6) 学生/student
7) 农民/peasant
8) 牧民/ herdsman
9) 其他/others（请注明/please write down here in details_）

9. 您经常收看什么语言或方言的电视节目（可多选）？In what language or dialect do you watch TV program? (multiple choice)
1) 藏语/Tibetan（①安多方言/ Amdo；②卫藏方言/Ü-Tsang；③康方言/ Khams）
2) 普通话/ Modern Standard Chinese
3) 汉语方言/Chinese dialect（请注明/please write down here in details_）
4) 其他语言/other language（请注明/please write down here in details_）

10. 您经常收听什么语言或方言的广播（可多选）？In what language or dialect do you listen to broadcast program? (multiple choice)
1) 藏语/Tibetan（①安多方言/ Amdo；②卫藏方言/Ü-Tsang；③康方言/ Khams）
2) 普通话/ Modern Standard Chinese
3) 汉语方言/Chinese dialect（请注明/please write down here in details_）
4) 其他语言/other language（请注明/please write down here in details_）

11.您是否阅读藏文期刊报纸/ How often do you read Tibetan newspapers or magazines？
1) 经常阅读/often (read them every week)
2) 有时阅读/some times (read them almost every week)
3) 偶尔阅读/seldom (read them every month)
4) 从来不阅读/never (never read them)

12. 您小时候（上学或5周岁前）最先学会哪种语言或方言（可多选）？/What language(s) could you speak when you were five years old (multiple choice)?
1) 藏语/Tibetan（①安多方言/ Amdo；②卫藏方言/Ü-Tsang；③康方言/ Khams）
2) 普通话/ Modern Standard Chinese

3) 汉语方言/Chinese dialect（请注明/please write down here in details_）
4) 其他语言/other language（请注明/please write down here in details_）

13. 您现在能用哪些语言或方言与别人交谈（可多选）？/What language(s) can you speak now (multiple choice)?
1) 藏语/Tibetan（①安多方言/Amdo；②卫藏方言/Ü-Tsang；③康方言/Khams）
2) 普通话/Modern Standard Chinese
3) 汉语方言/Chinese dialect（请注明/please write down here in details_）
4) 其他语言/other language（请注明/please write down here in details_）

14. 小时候，您父亲跟您说什么语言或方言（可多选）？/ In what language did your father speak to you before you were five years old? (multiple choice)
1) 藏语/Tibetan（①安多方言/ Amdo；②卫藏方言/Ü-Tsang；③康方言/ Khams）
2) 普通话/ Modern Standard Chinese
3) 汉语方言/Chinese dialect（请注明/please write down here in details_）
4) 其他语言/other language（请注明/please write down here in details_）
5) 无此情况(指记事前未见过父亲或男性抚养人)/ for some reasons the interviewee cannot answer the question

15.小时候，您母亲跟您说什么语言或方言（可多选）？/ In what language did your mother speak to you before you were five years old? (multiple choice)
1) 藏语/Tibetan（①安多方言/ Amdo；②卫藏方言/Ü-Tsang；③康方言/ Khams）
2) 普通话/ Modern Standard Chinese
3) 汉语方言/Chinese dialect（请注明/please write down here in details_）
4) 其他语言/other language（请注明/please write down here in details_）
5) 无此情况(指记事前未见过母亲或女性抚养人)/ for some reasons the interviewee cannot answer the question

16.现在您跟父亲说什么语言或方言（可多选）？In what language do you speak to your father? (multiple choice)
1) 藏语/Tibetan（①安多方言/ Amdo；②卫藏方言/Ü-Tsang；③康方言/ Khams）
2) 普通话/ Modern Standard Chinese
3) 汉语方言/Chinese dialect（请注明/please write down here in details_）
4) 其他语言/other language（请注明/please write down here in details_）
5) 无此情况(指父亲或男性抚养人已不在世) for some reasons the interviewee cannot answer the question

17. 现在您跟母亲说什么语言或方言（可多选）？In what language do you speak to your mother? (multiple choice)
1) 藏语/Tibetan（①安多方言/ Amdo；②卫藏方言/Ü-Tsang；③康方言/ Khams）
2) 普通话/ Modern Standard Chinese
3) 汉语方言/Chinese dialect（请注明/please write down here in details_）
4) 其他语言/other language（请注明/please write down here in details_）
5) 无此情况(指父亲或男性抚养人已不在世) for some reasons the interviewee cannot answer the question

18.您在家跟妻子（或兄弟姐妹）说什么语言或方言（可多选）？/ In what language do you speak to your peers (couple, sister or brother) at home? (multiple choice)
1) 藏语/Tibetan（①安多方言/ Amdo；②卫藏方言/Ü-Tsang；③康方言/ Khams）
2) 普通话/ Modern Standard Chinese

3) 汉语方言/Chinese dialect（请注明/please write down here in details_）
4) 其他语言/other language（请注明/please write down here in details_）
5) 无此情况(无兄弟姐妹、未婚或丈夫、妻子去世者) for some reasons the interviewee cannot answer the question

19.您在家跟子女说什么语言或方言（可多选）（未婚者不填此项）？/ In what language do you speak to your child/ren at home? (multiple choice)
1) 藏语/Tibetan（①安多方言/ Amdo；②卫藏方言/Ü-Tsang；③康方言/ Khams）
2) 普通话/ Modern Standard Chinese
3) 汉语方言/Chinese dialect（请注明/please write down here in details_）
4) 其他语言/other language（请注明/please write down here in details_）
5) 无此情况(没有子女或子女尚不能说话者)/for some reasons the interviewee cannot answer the question

20.您跟本民族邻居或熟人聊天时说什么语言或方言（可多选）？/In what language do you speak to other Tibetan? (multiple choice)
1) 藏语/Tibetan（①安多方言/ Amdo；②卫藏方言/Ü-Tsang；③康方言/ Khams）
2) 普通话/ Modern Standard Chinese
3) 汉语方言/Chinese dialect（请注明/please write down here in details_）
4) 其他语言/other language（请注明/please write down here in details_）
5) 无此情况/for some reasons the interviewee cannot answer the question

21.您跟外民族邻居或熟人聊天时说什么语言或方言（可多选）？/In what language do you speak to other Ethnic? (multiple choice)
1) 藏语/Tibetan（①安多方言/ Amdo；②卫藏方言/Ü-Tsang；③康方言/ Khams）
2) 普通话/ Modern Standard Chinese
3) 汉语方言/Chinese dialect（请注明/please write down here in details_）
4) 其他语言/other language（请注明/please write down here in details_）
5) 无此情况/ for some reasons the interviewee cannot answer the question

22.您在当地遇到陌生人的时候说什么语言或方言（可多选）？/In what language do you speak to strangers if you meet him/her at the investigation place? (multiple choice)
1) 藏语/Tibetan（①安多方言/ Amdo；②卫藏方言/Ü-Tsang；③康方言/ Khams）
2) 普通话/ Modern Standard Chinese
3) 汉语方言/Chinese dialect（请注明/please write down here in details_）
4) 其他语言/other language（请注明/please write down here in details_）
5) 无此情况/ for some reasons the interviewee cannot answer the question

23.您的语言程度怎样？/oral language abilities

		安多方言/ Amdo	卫藏方言/Ü-Tsang	康方言/ Khams	普通话/ Modern Standard Chinese	汉语方言/ Chinese dialect: in details ( )	其他语言/ other language: in details ( )
听/ listening	1) 能听懂/can understand it						
	2) 听不懂/can-not understand it						
说/ speaking	1) 会说/can speak it						
	2) 不会说/can-not speak it						

24.您的文字程度怎样？/written language abilities

		藏文/ Tibetan character	汉文/ Chinese character	其他文字/ other language charac-ter: in details ( )
读/ reading	1) 能读书看报/ can read essays in it			
	2) 看不懂/ cannot read essays in it			
写/ writting	1) 能写文章或其他作品/ can write essays in it			
	2) 不会写/ cannot write essays in it			

25.您是怎样学会下列语言的？/ How do you learn the following oral language(s)?

	安多方言/ Amdo	卫藏方言/Ü-Tsang	康方言/ Khams	普通话/ Modern Standard Chinese	汉语方言/ Chinese dialect: in details ( )	其他语言/ other language: in details ( )
1) 家里人影响自然学会/ Parenting						
2) 学校学习/ Schooling						
3) 培训班学习/ Training						
4) 社会交往/ Social com-municating						
5) 在外地/ Working abroad						

6) 寺庙学习 / Temple learning			
7) 电视学习 / Watching TV			
8) 其他:请注明 / other ways: in detail （）			

26.您是怎样学会下列文字的？// How do you learn the following written language(s)?

	藏文 / Tibetan character	汉文 / Chinese character	其他文字 / other language character: in details （）
1) 家里人影响自然学会 / Parenting			
2) 学校学习 / Schooling			
3) 培训班学习 / Training			
4) 社会交往 / Social communicating			
5) 在外地 / Working abroad			
6) 寺庙学习 / Temple learning			
7) 电视学习 / Watching TV			
8) 其他:请注明 / other ways: in detail （）			

27.您认为下列语言有用吗？/ Do you think the following oral language (s) useful?

	安多方言 / Amdo	卫藏方言 /Ü-Tsang	康方言 / Khams	普通话 / Modern Standard Chinese	汉语方言 / Chinese dialect: in details （）	其他语言 / other language: in details （）
1) 很有用 / useful						
2) 对一部分人在部分地区有用 /useful to part of people or in special places						
3) 没有用 / useless						
4) 无法回答 / for some reasons the interviewee cannot answer the question						

28.您认为学习下列文字有用吗？/ Do you think the following written language (s) useful?

	藏文/ Tibetan character	汉文/ Chinese character	其他文字/ other language character: in details （）
1) 很有用/ useful			
2) 对一部分人在部分地区有用/useful to part of people or in special places			
3) 没有用/ useless			
4) 无法回答/ for some reasons the interviewee cannot answer the question			

29.您希望下列语言或方言有怎样的发展？/ Expectation to the following oral language(s)

	安多方言/ Amdo	卫藏方言/Ü-Tsang	康方言/ Khams	普通话/ Modern Standard Chinese	汉语方言/ Chinese dialect: in details （）	其他语言/ other language: in details （）
1) 有很大的发展/ flourish in the future						
2) 在一定范围内发展/ flourish in local area						
3) 在不久的将来不再使用/ stop using it						
4) 无法回答/ for some reasons the interviewee cannot answer the question						

30.您希望下列文字有怎样的发展？/ Expectation to the following written language(s)

	藏文/ Tibetan character	汉文/ Chinese character	其他文字/ other language character: in details （）
1) 有很大的发展/ flourish in the future			
2) 在一定范围内发展/ flourish in local area			
3) 在不久的将来不再使用/ stop using it			
4) 无法回答/ for some reasons the interviewee cannot answer the question			

31. 假如您家附近有不同语言授课的小学，您希望子女上什么语言授课的小学？"If there were an elementary school in your area which offered classes with different language or languages, such as the classes teaching in the Tibetan language, Modern Standard Chinese, English, or bilingualism, or trilingualism, which kind of classes would you like your offspring to attend?"

1) 藏语/Tibetan（①安多方言/ Amdo；②卫藏方言/Ü-Tsang；③康方言/ Khams）
2) 普通话/ Modern Standard Chinese
3) 汉语方言/Chinese dialect（请注明/please write down here_）
4) 其他语言/other language（请注明/please write down here_）

调查员（签名）/interviewer (sign)：

摘要

从马克唐和华藏寺的藏汉双语教育看语言活力与语言认同的关系

如何保护语言文字多样性是当今语言学界面临的一项重大课题。本研究通过对比中国甘肃省天祝藏族自治县和青海省尖扎县藏语文活力和藏语文认同发现，语言活力和语言认同不存在强相关性；语言的实用性是决定语言使用者行为倾向的重要因素。这些发现可以通过语言功能的内部矛盾性来解释：工具性和文化性是语言的两大功能，语言的工具性功能要求语言趋同，而文化性功能则需要语言保持多样性。目前双语教育被公认为保护语言文化多样性的重要手段，但是双语教育并不能同时增强语言的活力和语言的认同感。因此，语言保护应重点培养语言使用者的语言认同。

Resumo

Lingva vivoforto kaj lingva identeco: Kiu pligravas? Tibeta-ĉina dulingva edukado en Maketang kompare kun Huazangsi

Protektado de lingva diverseco en la mondo estas varme diskutata temo en lingvistikaj esploroj. La nuna studo ekzamenas la rilaton inter tibeta lingva vivoforto kaj la identeco de lingvouzantoj en Tibetaj Aŭtonomiaj Provincoj Tianĵu kaj Ĝianĵa. Surbaze de empiriaj donitajoj, la studo sugestas, ke mankas potenca, pozitiva korelacio inter tibetlingva vivoforto kaj la lingvoidento de parolantoj (aŭ kun iliaj lingvaj aktivadoj kaj emoj). Tamen, pragmataj elementoj konsistigas gravan faktoron, kiu influas la aktivadojn kaj emojn de parolantoj. Tiuj eltrovoj estas klarigeblaj pro la kontraŭdiraj funkcioj plenumataj de la lingvo: lingvo kiel komunikilo unuflanke kaj lingvo kiel deponujo de kulturo aliflanke. Dulingva (aŭ multlingva) edukado povas plenumi utilan rolon kiel ekvilibrigilo inter tiuj du lingvaj funkcioj. Rezulte de la atestoj de tiu ĉi studo, ni argumentas, ke lingva protektado ne kapablas samtempe konservi kaj lingvan vivoforton kaj lingvan identecon, kaj ke, sekve, en lingva protektado oni prefere dediĉu pli da atento al demandoj de lingva identeco ol al demandoj pri lingva vivoforto.

Authors' addresses

Yao Chunlin
School of Foreign Languages
North China University of Science and Technology
No. 46 Xinhuaxidao
Tangshan, Heibei
PRC 063009

yao_chunlin@126.com;
yao_chunlin@yahoo.com

Ghil'ad Zuckermann
918 Napier Building
Adelaide, SA 5005
Australia

ghilad.zuckermann@adelaide.edu.au

About the authors

Yao Chunlin is an Associate Professor in North China University of Science and Technology and a postdoctoral researcher in Chinese Academy of Social Sciences. His research areas include sociolinguistics and endangered languages.

Ghil 'ad Zuckermann, DPhil (Oxon), PhD (Cantab) (titular), is Chair of Linguistics and Endangered Languages, a tenured Full Professor (Level E, the highest rank), at the University of Adelaide. He is a leading expert of (1) revivalistics, a new trans-disciplinary field of enquiry surrounding language reclamation (e.g., Barngarla), revitalization (e.g., Adnyamathanha) and reinvigoration (e.g., Irish), (2) multiple causation, cross-fertilization and horizontal gene transfer in languages, (3) sources of lexical expansion and camouflaged borrowing, (4) contact linguistics, and (5) the study of language, culture and identity.

索　引

致　谢

时光荏苒，日月如梭，转眼已过不惑之年，在高校工作已五年有余，往事历历在目，在家人、前辈及朋友的鼓励和支持下，我从一个农村娃变为一位普通工人，再成为一名海归博士后、大学副教授、硕士研究生导师。这一路走来，我经历了艰辛，也尝到了奋斗的快乐，更体会到了家人、导师、朋友的关爱。借此机会，向所有支持我、帮助我的人表达诚挚的敬意。

首先，感谢我的家人。父母把我带到这个世界上，教会了我诚实、善良、勤奋的优良品质，给了我一个快乐的童年。谢谢父母的养育之恩，谢谢你们为我付出的一切！我的妻子是一位白衣天使，和父母一样，她也有一颗善良、勤劳的心。别人到了而立之年，几乎都完成了学业，进入事业的起步阶段。因为特殊的经历，我在而立之年却刚刚走入学校。教育孩子、照顾老人等所有家庭重任都压在妻子身上。多年来她任劳任怨、默默支持我的学习和工作。感谢她为我、为这个家庭的默默付出。我的儿子和同龄小孩一样顽皮可爱，喜欢玩游戏、喜欢躺在父母怀里撒娇。但当看到我要读书写文章的时候，他就会收起孩子的本性，从来不打扰我的工作和学习。爸爸在此说一声："谢谢你，我的小宝贝！"正是有了家人的支持与理解，才让我能够一路坚持下来。可以说，我的成功是家人一同努力的结果。

其次，感谢我的导师们。人们常说，人生中遇到一位良师就是非常幸运的。我可以自豪地向人家宣布，我遇到了一批良师。2008 年至 2011 年我在中央民族大学读书期间，遇到了我的博士导师王远新教授。王教授严谨的治学理念给我留下了深刻的印象。学生提交的每一篇文章，他都一字一句地批改，连一个标点符号也不放过。正是在王教授的影响下，我的语言学功底和中文写作功底获得了长足的进步。我特别要感谢王教授的，是他为我推荐了另一位好导师，中国社会科学院的黄行研究员。和王教授一样，黄教授知识渊博，治学严谨，是当今中国语言学界的泰斗。未曾谋面之前，我就对黄教授无比崇拜。2011 年 7 月，有幸成为他的博士后，这让我有了近距离接触黄教授的机会。黄教授贵为语言学界泰斗，却平易近人，对晚辈关爱有加，这让我非常感动。在我做黄教授博士后的三年多时间中，黄教授给了我太多的帮助，在此我对您真挚地说一声："谢谢！" 除了在国内遇到良师，我在澳大利亚阿德莱德大学（the University of Adelaide）还遇到了一位非常优秀的"洋导师"Ghil'ad Zuckermann 教授。我在国外访学期间，Ghil'ad Zuckermann 教授带我去澳大利亚原住民的聚居地做田野调查，把复兴语言学理论毫不吝啬地传授给我，极大地丰富了我的研究视野。正是在这三位语言学专家的指导下，我逐渐掌握了语言学理论和研究方法。没有他们的指导与帮助，我在语言学研究上不可能取得成绩。

再次，我要感谢我的朋友们。攻读博士学位期间，我遇到了曹红梅博士、吐尔逊•卡得博士、邬美丽博士、赵剑宏博士等同学。我们都跟随王远新教授学习社会语言学，有共同的研究兴趣和研究方向，经常在一起相互帮助、共同探讨，分享语言学研究中的苦与乐。在中央民族大学我还遇到了杨忠旦增先生、闫拉旦先生、格塔卓玛（汉名"马忠娥"）女士等藏族朋友。他们和我一起深入藏区进行田野调查，帮我收集第一手研究资料。我还要感谢在澳大利亚阿德莱德大学遇到的李崖博士、徐佳博士、吴明华博士、郭蓓博士、孙萌女士和 Jasmine Morley 女士。他们陪我度过了那一段孤独岁月，与我探讨研究中遇到的困惑，帮助我收集研究材料。有了这些朋友的帮助，语言学研究不再枯燥，我也体会到了研究的乐趣。这更加坚定了我继续走下去的决心。

最后，我要感谢国家语委、国家民委、中国博士后科学基金会、国家出国留学委员会，它们在不同时期为完成本研究提供了资金支持。感谢评审本课题的评审专家，感谢中国社会科学院的孙宏开研究员、孙伯君研究员，中央民族大学的李锦芳教授、罗自群教授。你们辛勤的付出、无私的指导使我的研究不断进步。感谢那些未曾谋面的朋友们。在撰写这篇研究报告过程中，我参考了近 200 部（篇）研究著作和论文，向台湾的"客家委员会"发去过 20 多封邮件。这些著作或文章的作者以及"客家委员会"的工作人员大多和我从未谋面，或许以后也没有机会相见。但正是他们的辛勤劳动启发了我的研究灵感，使我最终完成了研究工作。

在我的周围，还有许许多多给过我帮助的人，请原谅我无法一一喊出你们的名字。在此我也要对你们表示感谢："感谢天下所有曾经帮助过我的人们！"

姚春林

丙申年畅月于朝阳陋室